Hilal Virit

Miteinander sprechen

Miteinander wachsen

AF640076

humboldt

INHALT

Diese Formulierung ist unglücklich und kann Distanz in die Beziehung zu deinem Kind bringen.

Diese Formulierung hilft euch weiter und fördert eine gute Beziehung zu deinem Kind.

Diese Verhaltens-Ratschläge können dich in der Beziehung zu deinem Kind weiterbringen.

VORWORT

Wir können unsere Kinder nicht ändern. Auch wenn wir noch so oft denken „Es wäre doch so viel einfacher. Es müsste doch nur ein bisschen anders sein.“ Ja, das wäre schön. Aber ihr Wesen behalten sie für immer, und das kann ganz schön herausfordernd sein.

Wir können aber anstatt auf das Wesen auf das Verhalten unserer Kinder einwirken, damit unser Miteinander leichter wird. Wie das geht? Indem wir sie in ihrem Wesen annehmen. Indem wir ihnen helfen, sich, uns und die Welt immer besser zu verstehen. Indem wir ihnen Zeit für ihre Entwicklung geben und ihnen mit Verständnis begegnen. Und indem wir uns selbst besser verstehen und *unser* Verhalten verändern. Denn wir Eltern tragen die Verantwortung für die Eltern-Kind-Beziehung, für das Miteinander zu Hause, und das meint auch die Kommunikation.

Kaum jemand weiß das besser als Hilal Virit. Ich kenne und schätze sie als Fachfrau für Psychotherapie, Pädagogik und (Entwicklungs-)Psychologie. Sie erklärt die Fakten kurz, leicht verständlich und auf den Punkt. Damit gibt Hilal Eltern leichtfüßig Wissen mit und erleichtert ihren Alltag. Denn wie auch ich in meiner Arbeit stellt sie keine unerfüllbaren Aufgaben, sondern denkt daran, was Eltern können und was Eltern brauchen, um ausreichend gut mit ihren Kindern umzugehen. Wenn sie Eltern einen Rat gibt, hat sie zum einen die Kinder und ihre Wesensarten im Auge: Was können unsere Kinder, was brauchen unsere Kinder, und welche guten Gründe haben sie, wenn sie uns nicht hören? Zum anderen sieht sie aber auch die Eltern, ihre Ressourcen und die alltägliche Schwere durch Gewohnheiten und Altlasten.

In dieser Arbeit sehe ich bei Hilal neben all dem Fachwissen vor allem ganz viel Herz. Und in eben dieser Art befasst sie sich in ihrem ersten Buch mit der Kommunikation zwischen Eltern und Kind. Sie zeigt, wie in Familien *miteinander* geredet wird statt von oben herab. Die Lesenden können sich und ihre Kinder besser verstehen und miteinander wachsen. Denn nur, wenn wir in die Tiefe gucken, können wir nachhaltig etwas in unserer Familie verändern. Für Situationen, die alle Eltern umtreiben und immer wieder verzweifeln lassen, zeigt Hilal, wie die Worte der Großen die Kleinen tatsächlich erreichen können. Als Bindungsträumerin bin ich sehr dankbar für dieses Buch, das die Bedürfnisse aller Familienmitglieder sieht und Bindungssicherheit stärkt!

Inke Hummel

Pädagogin M.A., Familienberaterin bei „sAchtsam Hummel“,
SPIEGEL-Bestseller-Autorin

ELTERN-KIND-BINDUNG DURCH KOMMUNIKATION

Beziehung statt Erziehung – wie Eltern ihren Nachwuchs ins Erwachsenenleben begleiten, hat sich über die Jahre hinweg grundlegend gewandelt. So heißt es in der heutigen Kindererziehung auf Augenhöhe zu gehen, Kinder liebevoll zu begleiten, sie in Entscheidungsprozesse mit einzubeziehen, Bedürfnisse feinfühlig wahrzunehmen und zu stillen. Der Schlüssel zu alledem sind kleine Veränderungen in der Kommunikation der Eltern, hin zu liebevollen Worten und einer empathischen Sprache. Dann fühlt sich ein Kind verstanden und geborgen – und das stärkt nicht nur seine Persönlichkeit, sondern auch die Eltern-Kind-Bindung.

Fragen zur Kindererziehung begegnen uns Eltern auf Schritt und Tritt: in Elternzeitschriften, in alltäglichen Gesprächen, auf dem Spielplatz, und – nicht zu vergessen – in den sozialen Medien. Vielleicht versuchst du ja, deine Erziehung kindgerecht zu gestalten, deinen Kindern nicht von oben herab etwas überzustülpen, sondern sie einzubeziehen und liebevoll zu begleiten. Doch dann hörst du immer wieder andere Eltern und Großeltern sagen: „Die Kinder tanzen euch auf der Nase herum! Wir würden so ein Verhalten nicht durchgehen lassen!" Und da keimen klitzekleine Zweifel in dir auf. Sie bringen dich ins Grübeln, ob dein Erziehungsstil wirklich der richtige ist und das überfordert dich vielleicht in deiner Elternrolle, in welcher du dich zeitweise ohnehin ein wenig orientierungslos fühlst – du bist hin- und hergerissen zwischen deinem Bauchgefühl, zu wissen, was das Richtige für dein Kind ist, und dem, was „die anderen" als den „richtigen" Weg bezeichnen.

Hierbei nehmen „die anderen" im Extremfall dann völlig entgegengesetzte Positionen ein: Auf der einen Seite stehen diejenigen, die strikt auf die Einhaltung von Regeln pochen und für die die Meinung der Kinder nicht zählt – salopp gesagt: Das ist die Fraktion: „Ich als Erwachsene*r stelle die Regeln auf und die gelten, weil ich es sage."

Natürlich teilst du diese strikten Ansichten in keinster Weise, dennoch fühlst du dich unbewusst unter Druck gesetzt, „richtig" und „regelkonform" handeln zu müssen, denn dein Kind braucht ja schließlich Grenzen und Regeln.

Auf der anderen Seite siehst und hörst du von vielen Eltern, die ausschließlich bedürfnisorientiert erziehen wollen. Sie bestehen darauf, dass sofort auf die Signale der Kinder reagiert und ihre Bedürfnisse durchgehend beachtet und gedeckt werden müssen. Dabei kann auf die Bedürfnisse der Erwachsenen keine Rücksicht genommen werden.

Und dann stehst du auf dem Spielplatz und willst nach Hause. Doch dein Kind kommt der Bitte, jetzt mitzukommen, nicht nach und fängt mit dir das Diskutieren an. Da ist es dann da, das Dilemma (in dir). Lässt du es noch weiterspielen und selbst entscheiden? Oder setzt du dich durch und zeigst dem Kind eine Grenze auf? Dabei bemerkst du auch die Blicke der „anderen". Du denkst dir „Oh, komm doch jetzt einfach, wieso hörst du denn nicht auf mich und sprichst so mit mir? Warum schauen denn alle so? Mache ich etwas falsch? Vielleicht sollte ich sie noch spielen lassen, sie hat gerade so viel Spaß. Aber ich muss noch Abendessen machen. Also, dann ziehe ich das jetzt durch. Ab nach Hause!"

Lass dir eins sagen: All diese Zweifel und Gedankengänge sind vollkommen nachvollziehbar. Und auch: Lass dich nicht an den Pranger stellen, nur weil du in den Augen der anderen „nicht perfekt" reagierst oder sich dein Kind nicht „perfekt" (was ist überhaupt perfekt?) benimmt. Kinder brauchen keine „perfekten" Eltern, die sich verbiegen und stressen, um irgendwelche gerade angesagten Erziehungs-Konzepte zu 100 % umzusetzen. Sie brauchen keine stetigen „Ja-Sager" und „Wunsch-Erfüller". Kinder brauchen eine Bindung zu dir, eine echte Verbundenheit durch eine bedingungslose Annahme (... so wie ich bin) und die elterliche Bereitschaft, sie in ihrem Leben zu begleiten.

Die kindliche Persönlichkeit kann sich frei entfalten, wenn Kinder spüren und erfahren, dass die elterliche Liebe an keine Bedingung geknüpft ist. Das lässt sie fest daran glauben: „Ich werde immer geliebt, so wie ich bin!"

Empathie – die Superkraft für deine Kommunikation

Sicherlich kennst du Situationen, in denen du die Signale deines Kindes richtig deutest, mit deinen Worten viel bewirkst, dich verbunden fühlst, dein Kind dir zuhört und dich anlächelt. Solche Momente bringen Leichtigkeit in euren Elternalltag. Genau dann hast du vielleicht ganz unbewusst deine Superkraft genutzt, um von „Herzen zu Herzen" zu sprechen.

Nicht nur die Bedürfnisse deines Kindes, sondern auch deine wurden in der genannten Situation gestillt. Das gelungene Gespräch ist eine Win-Win-Situation für die ganze Familie und kann das Zusammenleben positiv sehr beeinflussen.

Wahrscheinlich fragst du dich aber gleichzeitig, wieso nicht alle Begegnungen so friedlich ablaufen können. Wenn du dich an die letzten Wochen zurückerinnerst, fallen dir so viele Streitsituationen, Tränen, Wut, Überforderung und Verzweiflung ein. Du forderst dein Kind auf, etwas zu tun, es kommt dieser Bitte nicht nach, die Situation eskaliert. Meckern, Schimpfen und Drohen sind jetzt die Hauptdarsteller eures Gesprächs. Dies führt dazu, dass deine Sicherungen durchbrennen. Völlig verständlich, da dir bisher nicht klar war, dass du über diese Kommunikations-Superkraft verfügst und sie immer nur zufällig aktiviert hast. Du kanntest die Macht der Worte und die Wirkung empathischer Kommunikation noch nicht. Wie auch? Auf der Baby-Erstausstattungsliste stehen Strampelanzug und Wickelkommode, doch die Themen „Wie kann ich einfühlsam sprechen“ und „Welche Worte erreichen mein Kind“, werden dort nicht erwähnt. Elterliche Kommunikationsfähigkeit wird irgendwie als selbstverständlich angesehen.

Wenn ich im Internet nach „Mit Worten Bindung schaffen“ suche, finde ich nur Beiträge zu „Paar- und Liebesbeziehungen“. Bei „Kommunikation richtig einsetzen“ werden viele teure Rhetorikkurse für Politiker*innen und Manager*innen angezeigt. Und auch in vielen Elternratgebern ist die Kommunikation auf ein einzelnes Kapitel begrenzt. Kopfschüttelnd frage ich mich: Wieso ist das so? Sprache und Wortwahl sind in der Beziehung zu unseren Kindern doch auf keinen Fall Nebendarsteller und sollten nicht auf ihre „Zweckdienlichkeit“ reduziert werden, die nur darauf ausgerichtet ist, dass das Kind meine Anweisungen befolgt: „Zieh deine Schuhe an!“, „Sprich bitte leise!“, „Komm jetzt endlich!“ Natürlich ist es richtig, dass Aufforderungen zum Familienalltag gehören, doch Kinder sollten solchen Bitten nicht aufgrund irgendwelcher Zwänge oder Ängste nachkommen, sondern kooperativ, also freiwillig, weil sie echte Verbundenheit zu uns spüren und sich sicher sein können, dass wir das Richtige für sie entscheiden, wenn wir etwas von ihnen wollen. Dabei ist Sprechen viel mehr als nur den Mund zu bewegen und Bindung mehr als nur „Ich liebe dich!“ zu sagen. Die Entscheidung für eine feinfühlige Familienkommunikation beeinflusst nicht nur die Gedanken, Emotionen und die Sprachkompetenz des Kindes, sie ist die Grundlage für eine gute Eltern-Kind-Beziehung.

WAS HABEN WIR DAVON, WENN WIR EINFÜHLSAM SPRECHEN?

- Kommunikation ist die Basis für eine sichere Eltern-Kind-Bindung.
- Empathie wird erlernt und gefördert.
- Kinder und Eltern verstehen sich besser, können ihre innere Welt besser ausdrücken (Bedürfnisse).
- Konflikte können gut gelöst und auch verhindert werden.
- Gute Gespräche machen Spaß und können befreiend wirken.
- Das Selbstbewusstsein wird gestärkt.
- Das Kind lernt Resilienz, die Anpassungsfähigkeit bei Problemen und Veränderungen, und wird zu einer widerstandsfähigen Persönlichkeit.
- Herausfordernde „Phasen" in der kindlichen Entwicklung können besser begleitet werden.
- Beim Kind entwickeln sich positive Glaubenssätze und ein positives Selbstbild.

Und es gibt einen Zusammenhang zwischen elterlichem Verhalten und der kindlichen Sprache. In verschiedenen Studien wurde herausgefunden, dass die Kinder, deren Eltern besonders feinfühlig auf sie reagierten und in ihrem Verhalten mehr Wärme zeigten, über bessere sprachliche Fähigkeiten verfügten. Wenn wir Eltern uns also unseren Kindern gegenüber herzlicher verhalten und sensitiv auf ihre einzelnen Äußerungen reagieren, dann wirkt sich das positiv auch auf ihre Sprachfähigkeit aus.

Die Wirkung der gesprochenen Sprache ist mächtig und verleiht dem Sprechenden eine Superkraft!

Die richtige Kommunikation ist der Weg zum Kind

Beim Aufbau dieser Eltern-Kind-Bindung spielt eine einfühlsame Kommunikation eine überaus wichtige Rolle. Die Art und Weise, wie du kommunizierst, für welche Worte du dich entscheidest, wie achtsam und geschickt du deine Sprache einsetzt, wird eure Beziehung sowie euren Familienalltag beeinflussen und natürlich auch das Leben deines Kindes prägen. Dabei ist es egal, welche Konzepte im Moment angesagt sind und wie sie heißen. Du musst in keine Schublade passen oder deiner Erziehung oder Beziehung (egal, wie du es nennen magst) ein Label geben können, um euren passenden Weg einer authentischen und wertschätzenden Familienkommunikation zu finden. Du darfst auch gut gemeinte „Rat-SCHLÄGE“ von Bekannten ignorieren, z. B. „Sind die Eltern entspannt, werden es die Kinder auch!“ oder „Komm schon, so dramatisch ist es nicht, es gibt Menschen, denen geht es schlechter!“, weil sie deine individuellen Ressourcen und die deiner Familie nicht einbeziehen und destruktiv sein können. Denn keiner kennt dein Kind so gut wie du! Für eure individuelle Bindungsbeziehung wäre es förderlich, wenn die „Kommunikationschemie“ stimmen würde. Dann kannst du in die Welt deines Kindes eintauchen und es genau dort zwischen bunten Farben und vielen Emotionen abholen.

DIE UNERBETENEN ERZIEHUNGSTIPPS

Es hat den Anschein, dass Eltern überall und ständig kritisiert werden und das komischerweise von einer Gruppe, die sich eigentlich am besten einfühlen sollte – von anderen Eltern. Deren unerwünschte „Erziehungstipps" können ein schlechtes Gewissen schüren, Druck aufbauen und auch die Sicht auf das eigene Kind „vernebeln", ohne einen echten Mehrwert zu bieten. So kannst du darauf reagieren und dein Gegenüber zur „Reflexion" einladen:

Erziehungstipp 1: „Deinem Kind würden Konsequenzen echt guttun."

Du: *„Was verstehst du denn unter Konsequenzen? Das, was du beschreibst, klingt für mich nach … (z. B. Strafen). Ich bin mir bewusst, dass die Selbst- und Emotionsregulationsfähigkeiten meines Kindes (aufgrund seines Alters) noch nicht ausgereift sind. Wenn ich mein Kind begleite, wird es diese entwickeln.*

Erziehungstipp 2: „Du hinderst dein Kind in der Entwicklung, weil du es nicht immer mitentscheiden lässt."

Du: *„Danke, dass du mich auf das kindliche Bedürfnis nach Selbstbestimmung aufmerksam machst. Das finde ich auch sehr wichtig. Gleichzeitig möchte ich meinem Kind Orientierung und Halt bieten. Dies erreiche ich durch elterliche Führung. Ich möchte nämlich verhindern, dass mein Kind mit unangemessenen Entscheidungen überfordert wird.*

Erziehungstipp 3: „Dein Kind hat dich total im Griff. Ignoriere es einfach."

Du: *„Ich merke, du sorgst dich um mich. Mein Kind kommuniziert auf diese Weise seine Bedürfnisse. Es ist mir wichtig, dass wir unseren Blick auf Kinder verändern und sie nicht für „manipulierende Tyrannen" halten. Dieser Perspektivwechsel entscheidet, wie wir die Kommunikation unserer Kinder deuten und darauf reagieren. Auch wenn es* *für dich anstrengend aussieht und für mich auch manchmal eine Herausforderung ist, werde ich mein Kind auf seinem Weg so gut es geht empathisch begleiten."*

Erziehungstipp 4:
„So wird dein Kind nie Regeln lernen."

Du: *„Natürlich sind uns soziale Regeln wichtig. Ich möchte, dass mein Kind versteht, was hinter der Regel steckt."*

Dein Alltag mit deinem Kind, deine Form der Beziehungsgestaltung, eure Kommunikation ist einzigartig. Also lass dich nicht in einen Wettbewerb der vermeintlich besten Eltern hineinziehen.

Für die Umsetzung der Strategien, der Tipps und Ratschläge wirst du allerdings Zeit benötigen und vor allem wird dein Kind Zeit brauchen, bis es dir zeigen wird, dass deine (neuen) Verhaltens- und Herangehensweisen fruchten. Die empathische Kommunikation ist wie ein Garten, in dem man erst die nötigen Samen finden, einpflanzen und wässern muss, damit man in absehbarer Zeit sieht, wie das Pflänzchen aus der Erde sprießt und dann wächst und gedeiht. Es geschieht nicht sofort, aber es geschieht. Dein Kind wird vielleicht noch weiterhin wütend reagieren, noch weiterhin mit Bauklötzen werfen, doch irgendwann wird es von sich aus sagen: „Nein Mama, das darf ich nicht werfen, das könnte dir weh tun," und dich dabei vielleicht ganz fest umarmen. Und das ist dann das sichtbare Ergebnis von liebevoller Kommunikation.

Geh erst in Verbindung, damit deine Worte Früchte tragen.

Die Frage, die wir uns jetzt in diesem Buch stellen werden, ist: Wie kann diese Kommunikation aussehen, mit welchen Worten erreichst du dein Kind am besten? Denn es ist dein *Kind*, das du erreichen willst, nicht das Ziel „Ich will, dass mein Kind auf mich hört".

Die „Samen", die du hier für euren „Kommunikationsgarten" bekommst, sind einfach umsetzbare Formulierungsbeispiele und Handlungsvorschläge, quasi wie ein Spickzettel für typische Alltagssituationen. Es werden „unglücklich formulierte Sätze" (die wirklich jede Mutter und jeder Vater kennt und vielleicht auch schon mal ausgesprochen hat) durch „zielführende Sätze" ersetzt. Dabei ist es wichtig, dass es „DIE RICHTIGEN WORTE" nicht gibt. Du entscheidest, welche Formulierungen und welche Passagen eure Eltern-Kind-Beziehung entkrampfen und vielleicht sogar aufblühen lassen können. Es sind Impulse, die dir ein gutes Bauchgefühl geben und dich dabei unterstützen, deinen individuellen Weg zu finden.

Kommunikation braucht eine sichere Eltern-Kind-Bindung

Dein Kind musste nach der Geburt nicht lange überlegen oder gar „Eltern-Dating-Apps" durchforsten, um zu wissen, an wen es sich binden soll. Die Bindung an eine Bezugsperson ist nun mal eine biologische Vorgabe in der kindlichen Entwicklung. Doch auch wenn es sich dich nicht aussuchen konnte, wird es trotzdem Erwartungen an dich haben. Es wird dich beobachten, um herauszufinden, ob es an- und wahrgenommen, gesehen, gehört, gefühlt und verstanden wird. Und anhand deiner Reaktionen wird dein Kind dann beurteilen, ob es sich sicher und geborgen in dieser Welt fühlen darf. Wenn du hierbei feinfühlig, unmittelbar, liebevoll und verlässlich die Bedürfnisse deines Kindes stillst – anfangs sind das erst einmal die körperlichen Bedürfnisse (z. B Schlaf, Nahrung), Sicherheit (z. B. Schutz), Zuwendung (z. B. Geborgenheit) – also mit deinem Kind kommunizierst, wird das unsichtbare emotionale Eltern-Kind-Band gestärkt. Dieses elastische Band zwischen Kind- und Bindungsperson ist die Basis für eine fruchtende Kommunikation.

Es ist also ein Wechselspiel. Die Kommunikation beeinflusst die Bindung und gleichzeitig beeinflusst die Bindung langfristig eure Eltern-Kind-Kommunikation. Daher rate ich dir, gehe als allererstes in Verbindung, damit deine Worte Früchte tragen.

Infolge der sicheren Basis wird ein Miteinander-Sprechen und Wachsen ermöglicht. Es gibt aber noch weitere Vorteile, wieso eine positive frühkindliche Bindungskommunikation sinnvoll ist. Eine sichere emotionale Bindung ist das schönste Geschenk, das du deinem Kind machen kannst. Sie ist wie ein Schutz-Umhang, der es immer begleitet und vor negativen Prägungen bewahrt.

WENN DEIN KIND SICHER GEBUNDEN IST, WIRD ES IM LEBEN …

- widerstandsfähiger gegen Belastungen sein.
- bei Problemen seinen Fähigkeiten vertrauen und nach Bewältigungsmöglichkeiten suchen (Durchhaltevermögen).
- eine hohe Empathiefähigkeit und eine gute soziale Kompetenz besitzen.
- gute Beziehungen aufbauen und führen können.
- in neuen Situationen kreativ nach Lösungen suchen, um sich anzupassen.
- sich sozial verhalten und ein gutes Selbstwertgefühl haben.
- seine eigenen Gefühle kennenlernen und benennen können.
- hilfsbereit sein, aber auch bei Bedarf Hilfe einholen.
- eine gesunde Neugier für sein Umfeld zeigen und seinen Radius nach und nach erweitern.
- sich körperlich und seelisch gesund entwickeln.

Bindung ist nur durch Kommunikation möglich

Das Gute ist, Bindung entsteht durch jede Interaktion, ob nun durch Sprache oder Handlungen. Und – das klingt wirklich nach einer Erleichterung für alle stressgeplagten Eltern – du musst dir dafür kein extra Wissen aneignen, es passiert einfach. In für die Bindung wichtigen Situationen äußert dein Kind seine Bedürfnisse, sammelt Wissen über dich und deine beruhigenden Verhaltensweisen und kann diese Bindungserfahrungen auf andere Situationen übertragen. Allein schon die frühe Wahrnehmung, dass du durch deine Stimme signalisierst, „Ich bin in der Nähe und biete dir Schutz“, kann das Gehirn deines Kindes langfristig als „positive Bindungserfahrung“ abspeichern. Durch deine einfühlsame Kommunikation entsteht dabei eine „innere Navigationsstimme“, die dein Kind auch begleiten wird, wenn du nicht da bist. Wenn es dann bereit ist, seinen Motor zu starten, um „die bunte (aber dennoch sichere) Welt“ zu erkunden, wird diese gespeicherte Navigationsstimme des Kindes aktiviert und ihm auf seiner Reise Orientierung sowie Halt bieten.

Für dich als Fürsorgeperson ist es wiederum gut zu wissen, dass es sowohl aufseiten deines Kindes als auch aufseiten der Bezugspersonen evolutionär entstandene Verhaltensprogramme gibt, die es intuitiv ermöglichen, auf die Bedürfnisse deines Kindes einzugehen, um eine ungestörte Entwicklung zu ermöglichen. Es unterstützt dich dabei, die kindlichen Signale richtig einzuschätzen, zu spiegeln und zu beantworten. Dein Kind sendet Signale, du übersetzt diese für dich und reagierst darauf. Daraus bildet sich das kindliche Urvertrauen: Da ich weiß, dass meine Eltern adäquat reagieren, wenn ich ein Signal sende, habe ich nicht nur Vertrauen zu meinen Eltern, sondern eine innere emotionale Sicherheit, die später zu einem Vertrauen in Beziehungen befähigt.“

Je jünger dein Kind ist, desto einfacher KANN (muss nicht) die Deutung dieser Signale sein: „Ich weine.“ (Signal des Kindes) – „Okay, du hast Hunger.“ (Deutung durch Mutter/Vater) „Lass mich dich füttern.“ (Reaktion der Eltern). Wird der Säugling mit der Zeit dann jedoch langsam zum Kindergarten- oder gar Schulkind, werden die gesendeten Signale immer komplexer und du verstehst nicht mehr ganz so genau, was dein Kind eigentlich möchte bzw. warum es so reagiert.

Du bist eine liebevolle Bezugsperson und fragst dich gerade, wieso eure Kommunikation an manchen Tagen gestört ist bzw. ihr euch gegenseitig missversteht? Dann sind die folgenden Informationen sicherlich hilfreich.

Was beeinflusst oder stört die Kommunikation?

Mit zunehmendem Alter funktioniert die Kommunikation zwischen dir und deinem Kind nicht mehr ganz so reibungslos wie am Anfang gleich nach der Geburt. Es gibt zahlreiche Faktoren, die auf die Signalübertragung Einfluss haben und diese stören können: Belastungen wie Stress im Alltag, persönliche Probleme (etwa finanzielle Sorgen, fehlendes soziales Netzwerk, Diskriminierung), eigene „Baustellen“ (z. B. psychische Erkrankungen bei den Eltern), Erziehungsdruck, Zeitmangel, auch Eigenheiten des Kindes (Temperament, psychische Störungen) und spezielle Entwicklungsphasen (z. B. Fremdeln oder – die früher sogenannte – Trotzphase) können zu Fehldeutungen führen. Dann heißt es für dich: „Ich weiß nicht mehr, was mein Kind mir sagen will.“ Oder „Mein Kind hört nicht, was ich von ihm will.“

Bedürfnisrätsel und ein falsches Wort

Miteinander sprechen und sich verbinden. Das kann doch nicht so schwer sein, oder? Doch – kann es. Das Gespräch mit Kindern kann manchmal einem Minenfeld ähneln. Insbesondere dann, wenn das

Kind seine Bedürfnisse noch nicht so richtig „rüberbringen“ kann und du dann auch noch unachtsam reagierst, kann es zu einer Explosion kommen. Eine solche misslungene Kommunikation ist die Hauptursache für die meisten Konflikte im Familienalltag.

Kind: „Wann kommt Mama?!

Auf die Frage kann der Vater unterschiedlich antworten:
Möglichkeit 1 Papa: „Gleich!“
Möglichkeit 2 Papa: „Ich sehe, dass du deine Mama vermisst, lass uns sie gerne anrufen. Sie ist sicherlich schon auf dem Weg hierher.“

Möglichkeit 1: Die Antwort „Gleich!“ verlangt von dem Kind, dass es sich mit einer ungenauen Zeitangabe beruhigen lässt. (Nebeninfo: Kinder bis 2 Jahre leben ausschließlich in der Gegenwart und haben noch keine Vorstellung, was „gleich“ bedeutet. Erst ab ca. 6 Jahren entwickeln sie ein Zeitgefühl, wie Erwachsene es verstehen.) Doch eigentlich geht es hier gar nicht um das genaue „Wann“, sondern eher darum, dass das Kind seine Mutter wiedersehen möchte, um zu kuscheln, sich zu verbinden und Geborgenheit zu spüren. Das „unsichtbare Band“ zwischen Kind und Mutter scheint „zu lange“ gedehnt worden zu sein, und das unglücklich gewählte Wort „Gleich!“ bringt es zum Reißen. Das Kind schreit: „ICH WILL ABER MAMAAAAA!“ Die Trennung von Mama hat das kindliche Bindungssystem aktiviert. Was da passiert, ist dem Kind aber gar nicht bewusst.

DAS KINDLICHE BINDUNGSSYSTEM

Das Bindungssystem kannst du dir so vorstellen: Ein genetisch verankertes System zwischen Eltern und Kind, das mit der Geburt des Kindes das erste Mal aktiviert wird und sein „Überleben“ sichern soll. Dieses System wird bei Bedrohung, Trennung, Schmerzen, Angst, unbekannten Situationen und fremden Menschen ausgelöst.

Auch wenn Kinder prinzipiell in der Lage sind, Fragen zu formulieren und die Worte stimmig aneinander zu reihen, gelingt es ihnen manchmal nicht, das auszudrücken, was sie eigentlich sagen wollen (Im Beispiel oben verkürzt das Kind die Aussage: „Du Papa, ich vermisse die Mama so und würde jetzt grade gern mit ihr kuscheln" auf das Fragewort „Wann".). Sie fangen dann an, Fragen zu wiederholen, „Aber, wann kommt Mama endlich?", „Ja, aber wann?" Dann haben Eltern oft das Gefühl, dass ihre Kinder nicht hinhören, sind gereizt und werden im Ton meist lauter, um zu verdeutlichen, dass sie schon auf die erste Frage geantwortet haben und wieso nun noch zehn weitere ähnliche Fragen folgen.

HALT MAL KURZ INNE ...

... und überlege, warum dein Kind so mit dir kommuniziert. Welches unerfüllte Bedürfnis könnte dahinterstecken?

1. Welches Verhalten zeigt mein Kind, was kann ich beobachten?
2. Was will mir mein Kind sagen?
3. Konnte es die Frage richtig formulieren?
4. Was braucht mein Kind gerade?
5. Wie kann ich einfühlsam und klar sprechen?
6. Was wird bei meinem Kind ankommen?

Wahrscheinlich denkst du jetzt: Das sind aber viele Überlegungen, die ich wegen der einen Frage „Wann kommt Mama?" anstellen muss. Ja, ich verstehe diese Sichtweise. Gerade unter Zeitdruck ist es schwer, alle diese Aspekte mit einzubeziehen. Wäre es da für dich ein Kompromiss, wenn du das mit dem Innehalten und Überlegen erst einmal nur bei festgefahrenen Konflikten ausprobierst?

Und versuche auch mal, die Situation mit den Augen und Ohren des Kindes wahrzunehmen, das heißt, sich in die Lage des Kindes hineinzuversetzen. Dann wächst das Verständnis und vor allem das Mitgefühl im Gespräch. Bei **Möglichkeit 2** („Ich sehe, dass du deine Mama vermisst, lass uns sie gerne anrufen. Sie ist sicherlich schon auf dem Weg hierher!") steckt dieses Mitgefühl, echtes Interesse, Erkennen des Bedürfnisses hinter dem Verhalten des Vaters. Es vermittelt Sicherheit.

Du siehst: Über Worte kannst du dich empathisch verbinden und deinem Kind wirklich das vermitteln, was es in dieser Situation braucht und dabei die Stimmung positiv beeinflussen. „Ich habe dich gesehen, gehört, gefühlt und verstanden!"

Wenn sich unerfüllte Bedürfnisse zu Konflikten hochschaukeln

„Ich muss dir nachlaufen, schreien, jammern, um täglich mein „Quantum" Bindung zu bekommen. Manchmal regst du dich über mein Bindungsverhalten auf, sagst dann auch mal unschöne Dinge. Was du dabei vergisst ist, dass ich deine Nähe, Schutz und Geborgenheit brauche, um zu wachsen. Wie eine Pflanze, die zum Wachsen die Sonne braucht!" Wenn dein Kind seine Bedürfniswünsche so präzise formulieren würde, wäre dein Auftrag glasklar und du könntest diesen Forderungen sicherlich verständnisvoll nachkommen. Doch wie wir ja vorhin schon erfahren haben, haben gerade kleine Kinder nur eingeschränkte Möglichkeiten sich verbal klar auszudrücken und nutzen deshalb in den ersten Jahren vor allem die Körpersprache.

Dein Kind versucht, z.B. durch Ziehen an der Kleidung, Anlächeln oder Klammern (nonverbale Kommunikation), Signale zu senden und hofft, verstanden zu werden. Doch gerade im turbulenten Familienalltag gelingt es oft nicht, die stille Sprache des Kindes als „Ich brauche deine Nähe!" zu entschlüsseln. Viele Erwachsene – du kennst das bestimmt auch aus eigener Erfahrung – reagieren dann ungeduldig und emotional und es kommen dann Bemerkungen wie:

„Es reicht jetzt, häng mir nicht ständig am Rockzipfel!“

Das Kind denkt: „Ich werde nicht verstanden! Dann suche ich mir andere Wege, deine Aufmerksamkeit zu bekommen!“

Du denkst: „Ich weiß nicht, was du willst! Ärgerst du mich absichtlich?“

Die Kombination aus Zeitnot und Nicht-Verstehen lässt dann auf beiden Seiten emotionalen Frust entstehen und die Situation schaukelt sich immer weiter hoch. Dein Kind versucht nun seinen Willen noch deutlicher zu zeigen, um sein Ziel zu erreichen, du fängst an zu schimpfen und drohst „Wenn du nicht aufhörst, gibt es Ärger!“ Es endet im Konflikt.

In einem solchen Kreislauf entfernst du dich vom ursprünglichen Bindungswunsch deines Kindes und deinem eigenen Wunsch „gewaltfrei“ zu erziehen. In diesem Fall wird dein Kind nach anderen Wegen suchen, um sein Bedürfnis zu stillen. Manche Verhaltensweisen des Kindes, für dich eventuell unangenehme, können dabei dazu führen, das ursprüngliche Ziel der Nähe zu erreichen. Auch wenn es dir nicht gefällt, die Annäherungsversuche deines Kindes können jetzt um Hauen, Schimpfen oder lautes Brüllen erweitert werden.

Welche Erkenntnisse können wir nun aus diesem Beispiel ziehen? Auch wenn du zu den einfühlsamsten und engagiertesten Eltern gehörst, nehmen manchmal Stress, Hektik oder andere Belastungen im Familienleben überhand. Dann kannst du auf die Bedürfniswünsche des Kindes nicht prompt reagieren und findest sie vielleicht in diesem Moment auch gar nicht so „positiv“. Kein Drama, du darfst Signale auch mal „übersehen“, wenn du überfordert oder genervt bist. Solche Momente werden eure Bindung und Beziehung nicht nachhaltig prägen. Euer elastisches Bindungssystem hält solche gelegentlichen Ausrutscher aus, wenn du die empathische Kommunikation grundsätzlich im Blick behältst, das heißt, wenn dein Verhalten gegenüber deinem Kind grundsätzlich von Einfühlsamkeit und Geduld geprägt ist. Lass also nicht zu, dass dein schlechtes Gewissen diesen einen schlechten Moment aus all den vielen guten herauspickt und dir in einem roten Rahmen an die Wand hängt.

So eine innere Stimme kann dir in schwierigen Situationen auch zuflüstern: „Du hast keine Superkräfte, die dir jetzt helfen würden. Du bist der Situation ausgeliefert!" Hier hindern dich Glaubenssätze, die Ansichten und Überzeugungen, die du im Laufe deines Lebens verinnerlicht hast, daran, nicht nur diesen einen Konflikt zu überstehen, sondern auch mit deinem Kind zu wachsen. Doch beides ist möglich. Du hast eine Kraft, die du entweder längst verloren glaubtest oder noch nicht voll ausgeschöpft hast: Diese Superkraft ist die EINFÜHLSAME und vor allem KLARE Sprache.

Und das Tolle daran: Du wirst nur einige kleine Dinge verändern müssen, um diese Superkraft in vollen Zügen nutzen zu können. Eine Fähigkeit, die du schon besitzt, musst du nur nachjustieren, um dein Kind zu erreichen, es auf seinem Entwicklungsweg zu begleiten und darüber hinaus in seiner Persönlichkeit zu stärken. Wenn Eltern also wissen „wie der Hase läuft" (d. h. wenn sie das Potenzial der empathischen Kommunikation kennen und ausschöpfen), können sie wesentlich mehr Ordnung in die chaotische, auch ambivalente, sehr gefühlsbetonte Welt des Kindes bringen.

Das kindliche Temperament als Taktgeber

Wir alle wissen, dass auch Kinder, die im gleichen Umfeld aufwachsen, völlig unterschiedlich sein können und jeder, der mehrere Kinder hat, kann eindrücklich verfolgen, wie unterschiedlich sie sich verhalten. Dafür ist das Temperament verantwortlich. Unter diesem Begriff werden alle Eigenschaften zusammengefasst, die ein typisches, oft gezeigtes Verhalten des Kindes beschreiben. Und das hat natürlich auch Einfluss auf die Kommunikation zwischen Eltern und Kindern.

Das Temperament hat eine neurobiologische Basis und ist teilweise erblich. Es gibt jedem Menschen eine Grundtendenz mit, wie Dinge verarbeitet werden und wie auf die Welt reagiert wird. Wenn man das Temperament eines Kindes mit 12 Jahren mit dem vergleicht, das es früher als 3-Jährige*r hatte, dann zeigen sich viele Gemeinsamkeiten. Dennoch ist das Temperament während des ganzen Lebens nicht komplett festgelegt, sondern kann sich auch im Laufe der Entwicklung verändern.

Anhand von Beispielen möchte ich nun einige der Kriterien aufzählen, in denen sich das Temperament von Kindern unterscheidet. Dabei werden nur die Extrempositionen genannt, natürlich sind alle Abstufungen möglich oder auch je nach Tagesform unterschiedlich.

Kinder unterscheiden sich beispielsweise darin, wie sie auf Veränderungen und Unbekanntes reagieren. Die einen tun das mit unangenehmen Gefühlen (z. B. Stress, Angst), die anderen sind generell aufgeschlossener gegenüber Neuem und können sich leichter anpassen. Außerdem reagieren sie mit unterschiedlicher Intensität auf neue Reize. Während die einen eher ausgeglichen sind und sich so schnell nicht aus der Ruhe bringen lassen, reagieren die anderen sehr intensiv auf andere Menschen oder neue Situationen (z. B. mit Angst oder einem Wutanfall). Kinder unterscheiden sich auch darin, wie lange so eine intensive Reaktion anhält oder wie schnell sie sich wieder beruhigen lassen oder auch selbst beruhigen. Während einige Kinder sich von allen möglichen Reizen leicht ablenken lassen, können andere ihre Aufmerksamkeit gut halten und sich auch länger konzentrieren. Auch das Ausmaß der motorischen Aktivität ist unterschiedlich. Wir alle kennen Kinder, die ständig in Bewegung sind, und andere, die nur langsam in Gang kommen. Ebenso sind Unterschiede in Bezug auf das Durchhaltevermögen und die Ausdauer zu entdecken.

In zahlreichen Studien wurde inzwischen festgestellt, dass sich das kindliche Temperament und das Elternverhalten gegenseitig beeinflussen und dass Kinder je nach Temperament mehr oder weniger auf das elterliche Verhalten ansprechen. Wenn wir also Kinder sehen, die (noch) nicht gut abwarten können, sehr hibbelig sind oder auf Neues häufig mit Weinen, Wutanfällen oder Angst reagieren, dann sollten wir uns immer bewusst machen, dass es sehr wahrscheinlich am kindlichen Temperament liegt und vor allem, dass weder Kind noch Eltern etwas dafür können. Wir können unsere Kinder zwar dabei unterstützen, aufmerksamer zu sein, sich leichter zu beruhigen oder offener auf Neues zuzugehen – aber einem Kind, dem diese Verhaltensweisen vom Temperament her nicht entgegenkommen, wird das trotzdem schwerer fallen als anderen.

Stolpersteine in der Kommunikation

Weil ich das so sage!

Ich zähle jetzt bis 3 …!

Lass das!

Ich sage es zum allerletzten Mal: Putz' deine Zähne!

Wenn du jetzt nicht kommst, dann gehe ich allein!

Pass doch auf!

Gleich heißt gleich!

Wie heißt das Zauberwort?

Das macht Papa aber traurig!

Dein Bruder zieht die Schuhe auch selbstständig an!

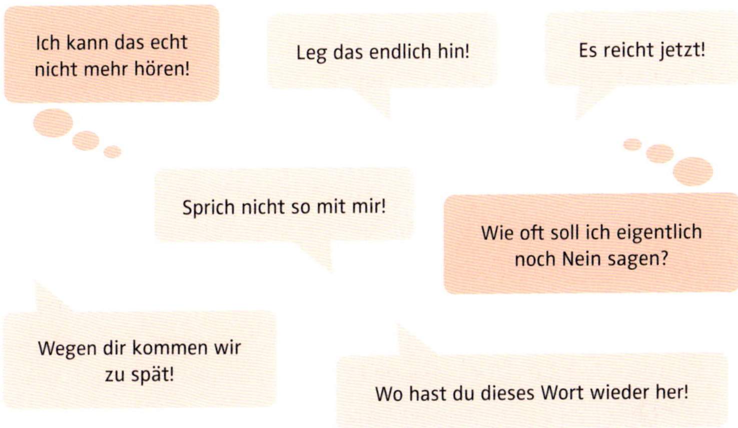

Musstest du gerade schmunzeln, weil dir die Sätze bekannt vorkamen? Oder hast du dich vielleicht sogar ertappt gefühlt, weil du sowas auch schon des Öfteren zu deinem Kind gesagt hast? Häufig passiert das – und zwar uns allen – wenn wir in Zeitnot und im Stress sind oder unter Druck stehen. Und dann fehlen uns die Worte oder Strategien, um ruhig und einfühlsam auf unser Kind einzugehen und tatsächlich verbunden zu bleiben.

Du holst dein Kind nachmittags von einem Spielnachmittag bei Freunden ab und möchtest endlich nach Hause, aber dein Kind macht keine Anstalten mitzukommen und schreit laut „NEINNN!" Da kann es schon sein, dass du ungeduldig oder sogar böse wirst. Doch Kinder leben in ihrer eigenen Welt. Ihr Denken und Fühlen unterscheidet sich von Erwachsenen. Hinter dem „Nein" steckt keine böse Absicht oder Tyrannei, auch wenn das manchmal so aussehen mag. Es ist eher der Wunsch nach Autonomie und Selbstbestimmung. Das, was für dich in dem Augenblick wichtig ist, kommt für dein Kind nicht mal auf die Prioritätenliste. Und das bedeutet, dass Konflikte im Alltag durch die unterschiedlichen Perspektiven und Bedürfnisse vorprogrammiert sind.

Welche Möglichkeiten hast du aber in herausfordernden Augenblicken, wenn Zeitmangel und Ungeduld eine Analyse oder Reflexion nicht zulassen? Da sucht dir dein Gehirn blitzschnell eine Lösung aus der „Das-hat-bisher-ganz-gut-funktioniert-Schublade". Dann folgt der Satz: „Wenn du nicht kommst, gehe ich halt allein!" Denn damit hattest du dein Ziel die letzten Male erreicht. Und tatsächlich: Puh, super, das Kind geht mit. Ziel erreicht, oder?

Naja. Um das herauszufinden, schauen wir uns vielleicht einmal an, welche Botschaft du deinem Kind gesendet hast und warum es dieser Aufforderung nachgekommen ist.

„Wenn du nicht kommst, gehe ich halt allein!" ist einer der vielen Sätze, die sich in den Familienalltag schleichen – manche aus einem Impuls heraus, andere werden von den eigenen Eltern übernommen – und dann irgendwann wiederholt werden. Und wenn sie auch dann, wie im vorliegenden Fall, ihre Wirkung zeigen (das Kind geht mit), werden sie des Öfteren verwendet und da abgelegt, was ich als „Gewohnheitsordner" bezeichnen würde.

Gewohnheiten entlasten unseren Alltag und bestimmen zu einem großen Teil unser tägliches Handeln. Sie lassen im Gehirn Autobahnen entstehen, breite, bequeme Straßen, die immer wieder benutzt werden, weil sie so leicht zu befahren sind. Um hingegen neue Gewohnheiten zu etablieren, muss man erst einmal neue Straßen anlegen, platt trampeln und Kraft aufwenden, bis dann mit der Zeit eine befahrbare Straße entsteht. Irgendwie anstrengend, oder?

Wie Gewohnheitssätze wirken

Kinderzimmer, 7:50 Uhr, automatisch und ohne große Überlegung fällt folgender Satz: „Wir kommen zu spät. Ständig musst du trödeln.“ Und sobald der in deinem Gehirn verankert ist, ist es wahrscheinlich, dass du ihn unabsichtlich öfter sagen wirst (die bequem zu befahrende Autobahn!). Du hinterfragst diese Sätze im Alltag nicht mehr, sondern legst sie in deinem Gewohnheitsordner ab, aus dem du sie immer wieder rausholen kannst.

Die Gewohnheitssätze sind für dich bequem, doch sie können für den Kontakt mit deinem Kind Hindernisse und regelrechte Stolpersteine darstellen. Denn die unklare Botschaft „Du trödelst immer!“ verwirrt dein Kind und beinhaltet keine klare Aufforderung. Deshalb schauen wir uns einmal an, welche Botschaften sich eigentlich hinter diesen typischen Elternsätzen verbergen.

1. Die Situation:
Das Kind ist ganz in sein Spiel vertieft. Die mehrfache Aufforderung der Mutter „Komm, wir gehen jetzt!“ wird überhört. Ihr Stresslevel steigt.

2. Die Mutter sagt den Gewohnheitssatz:
„Wenn du jetzt nicht kommst, gehe ich allein!“ Der Satz beinhaltet allerdings für das Kind eine Drohung.

3. Reaktion des Kindes:
Es denkt: „Meine Mama will mich hier allein lassen.“
Und weil es Angst vor dem Verlassenwerden hat, sagt es:
„Ich komme ja schon!“

4. Wirkung auf die Mutter:
Das Kind hört auf die Anweisung der Mutter. Der Satz wirkt also. Das Stresslevel der Mutter sinkt, sie fühlt sich selbstwirksam. Es folgt eine Verstärkung des Gewohnheitssatzes, er wird zur Wiederverwendung im Gewohnheitsordner abgeheftet.

Fazit:
Das Kind kooperiert nur aus Angst und lernt keinen angemessenen Umgang mit elterlichen Aufforderungen. Die Welt scheint unsicher, da das Risiko besteht, dass die Mutter es verlässt.

Wie ein Gewohnheitssatz im Gewohnheits-Ordner landet

Es ist also offensichtlich, dass Sprache einen großen Einfluss auf die kindlichen Emotionen, Gedanken und das Verhalten hat. Dennoch ist mir natürlich bewusst, dass keine Mutter und auch kein Vater absichtlich ihr/sein Kind verängstigen möchte. Eltern drohen, wenn sie keine Alternativen wissen, beziehungsweise ihre Sprache (noch) nicht geschickt nutzen können. Auch ein einfühlsamer Dialog, eine klare Haltung und wertschätzende Anleitung hätten das Kind dazu gebracht, „Ja, ich komme!" zu sagen.

*Welchen Weg wir auch einschlagen,
Kinder brauchen Eltern, die ihnen signalisieren:
Ich sehe deine Bedürfnisse, ich spüre unsere Beziehung,
mir ist bewusst, dass du im tiefsten Inneren kooperieren
möchtest, ich achte auf deine Grenze und gleichzeitig
auf meine, leite dich an, damit du dich in dieser Welt
orientieren kannst.*

Aber wie setze ich das um? Wie schaffe ich es, die einfühlsame und sehr klare Kommunikation in meinen Alltag einzuführen? Und ganz konkret: Wie schaffe ich es, die Stolpersteine, also meine Gewohnheitssätze, loszuwerden?

Der erste Schritt: Du solltest herausfinden, welche Gewohnheitssätze du deinem Kind gegenüber verwendest und wann du das machst. Denn wenn du herausfindest, wie du redest und was du automatisch aussprichst, kannst du wertvolle Erkenntnisse daraus gewinnen, wie du deine Sprache verändern solltest.

SAMMLE DEINE GEWOHNHEITSSÄTZE

Um festzustellen, wie viele Gewohnheitssätze du aussprichst, lege dir ein Blatt Papier zurecht, und jedes Mal, wenn du einen Gewohnheitssatz bewusst wahrgenommen hast, notiere dir die Antworten auf folgende Fragen:

- In welcher Situation ist der Gewohnheitssatz aufgetaucht?
- Uhrzeit?
- Welches Verhalten meines Kindes hat mich dazu gebracht diesen Satz zu äußern?
- Wie habe ich mich gefühlt?
- Wie hat mein Kind darauf reagiert?
- Hatte dieser Satz positive Effekte?

Die Beobachtung der eigenen Kommunikationsstolpersteine kann dich dabei unterstützen, herauszufinden, ob dein Kind z. B. tatsächlich nicht auf dich hört, sich auffällig verhält oder ob deine Gewohnheitssätze eure Verbindung blockieren.

Gerne kannst du deine Gewohnheitsliste an die Kühlschranktür hängen oder auf den Küchentisch legen und immer mal wieder ergänzen oder täglich abhaken, um zu sehen, ob du deinen Zielen der empathischen Kommunikation nähergekommen bist.

Konflikte bringen uns zum Nachdenken

Auch wenn es paradox klingt, manchmal sind Konflikte auch hilfreich. Denn ohne Streit, ohne Probleme würden wir uns unsere unbewussten Verhaltens- und Denkweisen gar nicht anschauen. Im hektischen Familienalltag passiert so viel nebenher, das wir vielleicht gar nicht registrieren. Da könnten wir uns viel Stress sparen, wenn wir genauer hinsehen würden. Streit ist ein Warnhinweis und ein essenzieller Impuls, um im Alltag zu reflektieren und zu überlegen, wie deine Sprache im Umgang mit deinem Kind eigentlich aussieht.

Das Thema liebevolle Worte und empathische Sprache wird in seiner Wirkung immer noch viel zu sehr unterschätzt. Aber das Bewusstsein darüber, wie eure bisherige Kommunikation abgelaufen ist, ist ein erster Schritt, die Superkraft der einfühlsamen Kommunikation in deinen Alltag zu integrieren. Wie du das konkret machst, zeige ich dir im letzten Teil des Buches. Und wenn du gerade das Gefühl hast, dass das ganz schön aufwendig und kompliziert sein könnte, dann möchte ich dir hier versichern, dass schon minimale Veränderungen in der Kommunikation zu maximalen Veränderungen im Familienalltag führen können.

WAS PASSIERT IM KIND?

Dein Kind durchläuft in den ersten Lebensjahren eine Vielzahl an Bildungs- und Entwicklungsschritten. Wenn du weißt, wie sich bei Kindern Sprache und Emotionen ausbilden, kannst du deine Kommunikation dem Entwicklungsstand deines Kindes anpassen. Damit entlastest du euer Zusammenleben und förderst gleichzeitig die gesunde Entwicklung.

Schon lange bevor dein Kind auf die Welt kam, hast du mit ihm kommuniziert und vielleicht festgestellt: „Ah, es hat mich gehört und sich bewegt!" Über das Wiegen, Singen, Sprechen und Streicheln vermitteln viele Eltern ihrem Kind bereits vor den ersten „sprachlichen" Äußerungen Gefühle von Sicherheit, Geborgenheit und Verlässlichkeit und legen dadurch unbewusst die ersten Grundbausteine für die Sprachentwicklung. Kinder erfahren Sprache mit allen Sinnen, sie hören, spüren, erleben Sprache und das schon, bevor sie selbst das erste Wort gesprochen haben. Sprechen ist genetisch angelegt, benötigt aber Anregungen aus der Umwelt, sobald das Baby auf der Welt ist. Das bedeutet, dass dein Kind vom allerersten Augenblick an von dir lernt. Wie du zuhörst, sprichst und in Kontakt gehst ist ausschlaggebend für eure Beziehungsqualität und die Sprachentwicklung. Das heißt allerdings auch, dass Kommunikation keine Einbahnstraße ist und nicht nur dein Kind eine neue Sprache lernen wird, sondern auch du dir die Frage stellen solltest: „Spreche ich denn die Sprache meines Kindes?"

Sprache ist mehr als nur das gesprochene Wort

Der Erwerb der Sprache ist weit komplexer, als es auf den ersten Blick scheinen mag. Schon in einem sehr frühen Stadium müssen Kinder ohne irgendwelches Vorwissen neben den gesprochenen Worten auch Mimik und Gestik ihres Gegenübers entschlüsseln, verstehen und darauf reagieren können. Manche Eltern sitzen dann dem Irrtum auf, dass ihr Kind, weil es schon alleine ins Auto einsteigen und sich in seinen Kindersitz setzen kann, auch eine solche elterliche Aussage versteht:
„Setz dich ordentlich hin, sonst passiert dir was!"

In einem solchen Fall könnte es dir dann durchaus passieren, dass dich dein Kind mit großen Augen anstarrt, aber nicht das macht, was du eigentlich wolltest (nämlich sich anschnallen). Und weil du davon ausgehst, dass dein Kind dich schon gut genug versteht, kann es dann schon mal sein, dass du gereizt reagierst, weil du denkst, dass es absichtlich nicht auf dich hört.

Doch auch wenn es im Alltag oftmals hektisch zugeht, solltest du dir ab und zu mal überlegen, ob dein Kind deine Worte und Sätze überhaupt entschlüsseln kann. Und wenn dir dann klar wird, dass es dazu vom Entwicklungsstand noch gar nicht in der Lage ist oder du dich unklar ausgedrückt hast, solltest du deine Superkraft der empathischen Kommunikation aktivieren, um deinem Kind das zu übermitteln, was du wirklich ausdrücken möchtest:
„Schnall dich bitte an, wir fahren los!"

Das Wissen über „Was versteht mein Kind überhaupt" wird dir dabei helfen, deine Kommunikation anzupassen, um „richtig" mit deinem Kind sprechen zu können. Und das führt unweigerlich zu weiteren Fragen: „Über- oder unterfordere ich mein Kind mit der Sprache, die ich im Augenblick mit ihm spreche? Wie sollte ich meine Sprache anpassen, damit meine Worte bei meinem Kind ankommen? Wie kann ich mein Kind sprachlich fördern? Um diese Fragen beantworten zu können, sollten wir uns erst einmal anschauen, welche Entwicklungsstadien die Sprache eines Kindes eigentlich durchläuft.

Was dein Kind versteht und wie du kommunizieren kannst

Wenn wir uns jetzt die einzelnen Phasen der Sprachentwicklung eines Kindes ansehen, sollten wir uns im Klaren darüber sein, dass die Unterschiede ziemlich groß sind, wann Kinder welche Fähigkeiten beherrschen. Denn sie entwickeln sich – zum Glück – alle in ihrem eigenen Tempo. Daher können die angegebenen Zeiträume nur eine grobe Orientierung sein. Die Tipps, die ich dir jeweils dazu gebe, können dir dabei helfen, die Sprachfähigkeit deines Kindes zu fördern.

Vor der Geburt

- Die Hörfunktion eines Fötus bildet sich ca. ab der 26. Schwangerschaftswoche aus (Pränatales Hören).
- Bereits im Bauch hört dein Kind aufmerksam deiner Stimme oder einer schönen Melodie zu und verfolgt, wie dein Herz schlägt.

→ Sprich in der Schwangerschaft mit deinem Baby, erzähle ihm, wie dein Tag war, hört gemeinsam Musik oder lies ihm eine Geschichte vor.

In den ersten Lebensmonaten

- Bereits Neugeborene reagieren auf Geräusche.
- Dein Baby wird schon sehr früh die eigene Muttersprache erkennen und deine Stimme von anderen Stimmen unterscheiden können. Das liegt nicht etwa daran, dass es diese Sprache bzw. die Worte bereits verstehen kann, sondern eher daran, dass ihm die verwendete Sprachmelodie, die Pausensetzungen und die Betonungen bekannt und vertraut sind.

→ Du kannst mit den Lippen blubbern oder schnalzen, dein Baby wird dann seinen Blick in die Richtung der Geräuschquelle lenken.

- Dein Baby ist auf nonverbale Hinweisreize wie Blickkontakt, Mimik und Gestik sowie den Klang deiner Stimme angewiesen. Es wird deine Gesichtsausdrücke beobachten und nachahmen.

→ Du könntest aus einer Entfernung von etwa 30 cm zu deinem Baby mehrmals langsam den Mund weit auf und zu machen (dazwischen ca. 8 Sekunden Reaktionszeit lassen), so kann dein Baby dich imitieren.

- Dein Baby wird in diesem Jahr den sogenannten „Babytalk" bevorzugen. Mit diesem feststehenden Begriff wird die Art und Weise bezeichnet, wie Erwachsene instinktiv mit Babys reden (übrigens ein weltweites Phänomen): Höhere Stimmlage, langsamere Sprechgeschwindigkeit, längere Pausen und übertrieben ausgesprochene Vokale. Das alles weckt die Aufmerksamkeit des Kindes. Das oft verpönte *Dutzidutzi* gegenüber einem Baby ist anfangs also gar nicht so schlecht, solange es nicht dabei bleibt und die Erwachsenen irgendwann auch Wörter mit Bedeutung und ganze Sätze äußern. Der Satz sollte dann grammatikalisch und artikulatorisch korrekt ausgesprochen werden.

→ Sprich melodiöser und in höheren Tonlagen. Vereinfache dabei kurze Sätze mit längeren Pausen zwischen den einzelnen Wörtern, wie „Woooo ist –––– Valentin?!"

- Das erste und zunächst wichtigste Kommunikationsmittel für deinen Säugling stellt das Schreien dar. Danach kommt das Gurren/das erste Lallen (1. Lallphase) hinzu.

→ Damit dein Kind seine eigenen Sprechwerkzeuge entdecken kann, kannst du während den Lallpausen sein Brabbeln (die gleichen Lautketten) imitieren „dadadadada" und dein Kind erwartungsvoll anschauen, dies wird ihm signalisieren, dass es nun an der Reihe ist (Sprecherwechsel). So lernt dein Kind Dialoge zu führen.

- Babys können bereits etwa ab dem 4./5. Monat ihren eigenen Namen in Gesprächen heraushören.

→ Probiere es aus! Sprich den Namen aus und warte, ob sich dein Kind zu dir wendet. Achtung: Wenn du deinem Kind Kosenamen gibst und es z. B. Bärchen nennst, dann solltest du bei dem Test auch „Bärchen" rufen.

- Im ersten halben Jahr nimmt dein Baby die gesprochene Sprache so wahr: **deinbabyhörtallesineinemstücksowieicheshiergeschriebenhabe**
- Mit ca. 6 Monaten beginnt dann so langsam das ausgiebige und verfeinerte Lallen (2. Lallphase). Jetzt fängt dein Baby an, die gehörte Sprache gedanklich in einzelne Bausteine zu zerlegen, und es lernt aktiv einzelne Wörter aus dem Redefluss herauszuhören. Dies ist ganz wichtig für die Sprachentwicklung, die grammatikalische Entwicklung sowie für die Erweiterung des Wortschatzes.

→ Sprich langsamer und betone Schlüsselwörter durch deine Sprachmelodie „Daaaas ist dein **BALL**!"

Eltern sollten Folgendes beachten: Wenn das Kind bis zum 8. Lebensmonat nicht brabbelt oder verstummt, also die 2. Lallphase ausbleibt, wendet euch bitte an eine/n Pädaudiolog*in (Fachärzt*in für kindliche Hörstörungen). Dies könnte auf eine „Hörminderung" hindeuten.

- Zwischen dem 7. und 10. Monat werden neben Einsilbern, wie z. B. „na", „ba", auch zwei Silben gebildet (z. B. „ada") und auch schon Mehrsilber (bababa, adaadaada). Bald wirst du vielleicht auch ein MAMA oder PAPA aus dem Munde deines Kindes hören. Zu diesem Zeitpunkt versteht es in der Regel aber noch nicht, was damit überhaupt gemeint ist. Dein Baby wird es allerdings in nächster Zeit häufiger verwenden, weil es an deiner Reaktion merkt, dass es dir Freude bereitet.

→ Dein Kind wird nun einfache Aufträge gekoppelt mit einer Geste, wie „Gib es mir!“ (Handbewegung) verstehen. Nutze dabei kurze prägnante Hauptsätze und vermeide Schachtelsätze.

- Ab dem 9. Monat kann dein Baby seine Aufmerksamkeit auf ein drittes Objekt richten.

→ Zeige bewusst auf ein Objekt und benenne es parallel:
„Das ist ein Hund!“

- Ab dem 10. Monat verstehen Babys vereinzelte Verben, die in alltäglichen Situationen häufig wiederholt und genutzt werden, wie z. B. „trinken“ oder „essen“ (situationsgebundenes Wortverständnis). In dieser Phase ist es wichtig, dass du viel mit deinem Kind sprichst und dabei so viel wie möglich benennst, bzw. kommentierst.

→ Sei wie ein/e Spielmoderator*in: Beschreibe das gemeinsame Spiel so detailliert wie möglich:
„Ah, du hast einen roten Baustein auf den grünen gelegt!“

- Um den 10. Monat herum fängt dein Kind an, gezielt auf Objekte seines Interesses zu zeigen.

→ Unterstütze dein Kind verbal und bilde einen Hauptsatz:
„Der Ball rollt!“

- Ab dem 10. Monat lernt dein Kind positive von negativer Mimik und Gestik zu unterscheiden. Es zeigen sich erste bewusste Äußerungen von Humor. So kann das Baby über Spielsachen oder Geräusche lachen.

→ Jetzt wird dein Kind das klassische Versteckspiel „Kuckuck“ lustig finden.

- **Die Wortproduktion** nimmt Fahrt auf, z. B. „wauwau“. Um den ersten Geburtstag herum werden die ersten Worte ausgesprochen. Gebärden, Ausrufe „Oh, oh!“, Abkürzungen „mate“ (Tomate) kommen hinzu. Worte müssen hierbei nicht korrekt ausgesprochen werden. Die Bedeutung ist deinem Kind jetzt bewusst (z. B. auch MAMA, PAPA).

→ Jetzt kannst du auch bewusst Spielzeuge und alltägliche Gegenstände, wie z. B. Schuhe, verlangen. Diesen Auftrag wird dein Kind verstehen und dir die Dinge geben.

- **Wortverständnis:** Am Ende des ersten Lebensjahres wird dein Kind die Bedeutung von 50–100 Wörtern kennen (es wird die Wörter aber mit Sicherheit noch nicht sagen können).

WELCHE WÖRTER VERSTEHT DEIN KIND UND WELCHE KANN ES SAGEN?

In den ersten Monaten und Jahren der Sprachentwicklung kannst du immer mal wieder aufschreiben, welche Wörter dein Kind versteht (passiver Wortschatz) und später dann auch, welche Wörter es sagen kann (aktiver Wortschatz). Dabei ist es nicht wichtig, dass das Wort vollkommen korrekt gebildet wird. So kann auch das Wort „Emesaft" in die Liste aufgenommen werden, wenn klar ist, dass dein Kind „Elefant" damit meint.

So hast du einen Überblick darüber, was dein Kind sprachlich schon kann. Und außerdem kann es auch Spaß machen, später einmal, wenn dein Kind schon größer ist, nochmal zu schauen, wann es was verstehen und sagen konnte.

Ab dem ersten Geburtstag

- Im Fokus steht in diesem 2. Lebensjahr der Ausbau des **Wortverständnisses**. Dein Kind wird jetzt laufend jede Menge neue Wörter in seinem Lexikon abspeichern. Und es muss Vermutungen darüber anstellen, welche Eigenschaften und Aussagen zu einem mit einem Wort bezeichneten Gegenstand gehören (z. B. Ball = Spielzeug, rund, bunt, man kann ihn werfen oder rollen).

→ Du kannst deinem Kind nun einfache Fragen stellen, wie z. B. „Wo ist deine NASE? Dein Kind versteht die Frage und wird auf seine Nase zeigen.

- Dein Kind wird bereits bekannte Wörter auf neue Begriffe mit gleichen oder ähnlichen Eigenschaften übertragen (sogenannte Übergeneralisierung). So kann es sein, dass es beispielsweise das Wort „Auto" für alle Fahrzeuge verwendet.

→ Wenn das Kind einen Bus sieht und „Auto" sagt, korrigiere es in deiner Wiederholung so: „Ja, du hast einen BUS gesehen!"

- Ab ca. 18 Monaten wird sich dein Kind mit dir in Zweiwortsätzen (Hauptwörter, Verben, Adjektive) unterhalten wollen „Papa, essen" oder „Mama, hoch!"

→ Sprich mit deinem Kind in alltäglichen Situationen, wie beim Anziehen, Zähneputzen, Spielen und Essen. Die Handlungen sind hier klar benennbar. Neue Wörter lernen Kinder besonders gut in wiederkehrenden Situationen und Tätigkeiten. Beim Spielen kannst du neue Wörter einführen und in unterschiedlicher Form wiederholen: „Hui, das Pferdebaby tollt. Das Fohlen hat Spaß mit seiner Mama!" Das neue Wort „Fohlen" darf dann noch mehrere Male wiederholt werden.

- Die Wörter „Nein!“, „Ich machen!“, „Du nicht!“ werden immer häufiger eingesetzt. Damit zeigt das Kind seinen Wunsch nach Autonomie und die Verwendung von Personalpronomen (ich, du) wird immer sicherer.

→ Dein Kind kann jetzt das meiste, was es von dir hört, auch verstehen. Wenn du eine Bitte allerdings als Frage formulierst, musst du auch ein mögliches Nein als Antwort akzeptieren. „Würdest du bitte deine Jacke anziehen? – „Nein!“ (Weiter hinten im Buch, z. B. im Abschnitt *Autonomiephase* findest du dafür genauere Alternativformulierungen.)

- Dein Kind nutzt nun „soziale“ Wörter, wie z. B. „Hallo, Danke, Bitte“, und kann den Plural von einfachen Wörtern, wie z. B. Auto – Autos, bilden.

→ Als Sprachvorbild wird sich dein Kind an dir orientieren. Falls es sich fehlerhaft äußert, korrigiere es in deiner Wiederholung.
Kind: „Oben Regel Ball“
Du: „Ja richtig, auf dem Regal ist der Ball!“

- Das erste Fragealter startet. Mithilfe der Satzmelodie stellt das Kind Fragen: „Tür auf?“

→ Greife die kindlichen Fragen auf und erweitere sie:
„Ich soll die Tür aufmachen? Gerne öffne ich die Tür!“

- Einfache Sätze werden richtig gebildet: „Ich gehe in die Kita“ und auch eine Art von Nebensätzen taucht auf: „Ich gehe in die Kita. Dort ist mein Freund!“

→ Spricht dein Kind bereits einige Worte, ergänze den Satz um ein weiteres Wort, so erweiterst du kontinuierlich den Wortschatz deines Kindes.
Kind: „Ich ziehe die Hose an.“
Du: „Ja, du ziehst die *warme* Hose an.“

- Im Redefluss des Kindes können Verzögerungen wie etwa Satzwiederholungen auftauchen: „Ich hab, ich hab, ich hab Hunger!"
→ Zuhören, Kind aussprechen lassen und abwarten, bis das Kind den Satz beendet hat. Kommt es über einen längeren Zeitraum hinweg zu Wiederholungen von Silben oder Lauten, zu Dehnungen „Waaassseerrrr" und/oder zu Blockaden „K--katze", wäre eine Abklärung bei einer/m Logopäd*in sinnvoll.

- Wortneuschöpfungen wie z. B. „Wabbelwurm" spielen jetzt eine große Rolle. Solche kindlichen Wortkreationen stehen dann für bestimmte Dinge, Handlungen oder Situationen.
→ Lass dich anstecken und korrigiere das Kind nicht. Nehmt solche Wörter auch gerne in die Familiensprache auf. Dein Kind wird sich verstanden fühlen.

- Dein Kind lernt jetzt selbstbezogene innere Gefühlszustände und körperliches Empfinden bewusster wahrzunehmen und zu benennen: „Papaaa, dunkel, Angst!"
→ Benenne deine Beobachtungen: „Du siehst ängstlich aus!" und erweitere damit seinen Emotionswortschatz.

- Das Fragealter beginnt. Die Fragen wo, wieso, weshalb, warum gehören ab jetzt mit zum Alltag. Es kommt auch vor, dass deine Aufforderungen mit einem „warum" hinterfragt oder sogar abgewiesen werden.
→ Achte auf Mimik und Gestik deines Kindes, wenn es „warum" sagt. Der Blick wird dir verraten, ob es die Aufforderung inhaltlich verstanden hat.

- Jetzt ist dein Kind in der Lage, Mehrfachaufträge zu verstehen und zu verfolgen: „Geh in dein Zimmer, hole deinen Kindergarten-Rucksack und packe deine Trinkflasche in den Rucksack!"
→ Wenn du merkst, dass dein Kind solche längeren Aufträge schnell vergisst, teile das Ganze in kurze Sätze auf und unterstütze dein Kind dabei.

Du: „Hol bitte deinen Kindergartenrucksack!" „Jetzt deine Flasche!" „Jetzt packen wir es zusammen ein!"

- Dein Kind wird dich im alltäglichen Gespräch gut verstehen. Schwierigkeiten bilden aber noch Gegensätze „Ich meinte die größere Flasche" und indirekte Verneinungen „Das darfst du nicht!"

→ Überlege, was du mitteilen möchtest, und formuliere dann deinen Satz.

Statt ihm zu erzählen, was es nicht tun soll: „Spring nicht auf dem Sofa!"

Erkläre genau, was du von deinem Kind erwartest: „Spiele auf dem Boden!"

- Du als Sprachvorbild hast eine unterstützende und lehrende Funktion und kannst dein Kind fördern, indem du dich mehr auf Details und die Grammatik fokussierst.

→ Stelle deinem Kind mehr Verständnisfragen, um auf bestimmte Merkmale hinzuweisen. „Welche Farbe hat der Ball?"

Du kannst die kindlichen Antworten aufgreifen und spiegelnd grammatikalisch korrigieren oder verändern.
Kind: „Papa ich will Brabrika!"
Du: „Ok, ich hole gleich Paprika!"

! Wenn du das Gefühl hast, dass dein Kind sich sprachlich nicht wie seine Altersgenossen entwickelt, siehe auch das Interview mit Prof. Bockmann zu „Late-Talker-Kindern" am Ende dieses Abschnitts.

Ab dem dritten Geburtstag

- Der Spracherwerb verlangsamt sich, dein Kind spricht mittlerweile fließend über seine Gedanken, Gefühle und Handlungen. Dein Kind kann jetzt einen Dialog führen (2x hin-her-hin-her).

→ Stelle Wer-, Was-, Wo- und Warum-Fragen. Frage dein Kind z. B. nach seinem Vor- und Nachnamen.

- Farben werden von deinem Kind weitgehend richtig benannt und es kann bis 10 zählen.

→ Zählt gemeinsam bei jedem Schritt bis 10, am besten abwechselnd.

- Die Erzählfähigkeit der Kinder steigt, vergangene Erlebnisse und Geschichten werden noch sehr vereinfacht erzählt. („Dann haben wir das ... dann das ... dann das gemacht")

→ Achte darauf, deinem Kind zuzuhören und es nicht in seinem Erzählfluss zu unterbrechen. Wenn das Kind unterbrochen wird, kann es passieren, dass es nicht mehr in die Geschichte zurückfindet.

Vom vierten bis zum sechsten Geburtstag

- Dein Kind versteht nun mehr als 20 000 Wörter (passiver Wortschatz) und benutzt im allgemeinen Sprachgebrauch etwa 1/4 davon (aktiver Wortschatz). Es bildet Sätze mit mehr als 4 Wörtern.
- Da die Sprachentwicklung weitestgehend abgeschlossen ist, fängt dein Kind an, neue, abstraktere Wörter (Dinge, die nicht gesehen oder angefasst werden können wie z. B. „Langeweile") und Fachbegriffe zu erlernen. „Ich friere im Winter. Ich bin eine Frostbeule!"

→ Wenn du schwierige Begriffe verwendest, erkläre deinem Kind anschließend noch einmal mit einfachen Worten, was du damit meinst.

- Nonverbale Zeichen wie Mimik und Gestik werden besser entschlüsselt.

→ Frage dein Kind z. B. „Wie gucke ich gerade?" Die Antwort wird dir zeigen, ob dein Kind nonverbale Signale deuten kann. Spielt das Spiel „Gefühlspantomime". Dabei kannst du dein Kind bitten, Begriffe wie „traurig" oder „glücklich" nur mit Gesten und Mimik darzustellen.

- Die Fragen deines Kindes können jetzt tiefer gehen oder auch philosophisch werden.

→ Um die innere Welt deines Kindes zu verstehen, kannst du auch die Gegenfrage „Was denkst du eigentlich, wieso das so ist?“ stellen und aktiv zuhören. Du darfst natürlich auch ehrlich sein! Wenn du die Antwort nicht kennst oder geben kannst, kannst du ruhig „Das weiß ich leider auch nicht!“ sagen. Wenn es Wissensfragen sind wie etwa „Warum regnet es?“ könnt ihr die Antwort auch gemeinsam im Internet oder in einem Buch suchen.

- Die Erzählfähigkeit wird verfeinert. Geschichten und Schilderungen von Erlebnissen wird dein Kind ab jetzt emotional ausschmücken und strukturieren. Ab ca. 5 Jahren kann es gehörte oder erfundene Geschichten mit mindestens zwei Ereignissen erzählen.

→ Um über den Kindergartentag zu sprechen, frage dein Kind:„Was war heute das Lustigste, was dein/e Erzieher*in gesagt hat?“, oder „Was war heute besonders schön in der Kita?“

Statt nur zu fragen:„Wie war's in der Kita?“

Ab dem sechsten Geburtstag

Jetzt reduziert sich das Tempo der Sprachentwicklung noch einmal. Ab Grundschuleintritt sind die wesentlichen sprachlichen Meilensteine gelegt. Dein Kind ist mit den Kommunikationsregeln vertraut und kann bei Nicht-Verstehen gezielt nachfragen (Was heißt ...?). Kinder setzen die Sprache jetzt auch geschickter und vielschichtiger ein, z. B. in Form von Witzen: „Kennst du den 1-Sekunden-Witz? – Oh schade, schon vorbei!“

Eines solltet ihr als Eltern aber bedenken: Wenn ihr ein Gespräch beginnt, muss sich euer Kind in die Sicht des Gegenübers, also in euch, hineinversetzen und das Thema genau verfolgen, um angemessen auf das Gespräch reagieren zu können. Vielen Kindern gelingt diese empathische Gesprächsführung, also die Perspektive des Gesprächspartners einzunehmen, in diesem Alter aber nur bedingt, denn sie ist erst mit etwa 9–10 Jahren voll entwickelt.

Wie du die Sprachentwicklung deines Kindes fördern kannst und was du vermeiden solltest

Auch wenn Kinder eine Eigenmotivation zum Erlernen der Muttersprache verspüren, kannst du dein Kind trotzdem dabei unterstützen und begleiten. Du kannst dabei auf folgende Punkte achten:

1. Mit liebevoller Zuwendung kannst du eine wertschätzende Lernatmosphäre schaffen, denn Kinder lernen vom Zuhören und Interagieren mit den Bindungspersonen.
2. Kinder profitieren vor allem in den ersten drei Lebensjahren von kindgerechter Sprache.
3. Spielerisch etwas vorlesen, erklären, beschreiben, erzählen, auf etwas zeigen und es benennen gehört nun zum Alltag. Erkläre deinem Kind in der jeweiligen Situation, was du gerade machst, wie z. B. „Ich bereite jetzt dein Essen vor. Dafür brauche ich …"
4. Das passive Sprachverständnis deines Kindes entwickelt sich schneller als das aktive Sprechen.
5. Dein Kind muss die Sprache hören. Dabei erleichterst du das Verstehen, wenn du besonders wichtige Wörter betonst oder wiederholst und automatisch Erklärungen dafür gibst. Das Gesagte solltest du mit entsprechender Mimik und Gestik unterstreichen und im unmittelbaren Kontext äußern. So begleitest du beispielsweise deine Aufforderung „Schau mal, wer da kommt" mit einer Zeigegeste zur geöffneten Tür.
6. Denke daran, dass du für deine Kinder das Modell zum Spracherlernen bist. Sei ein Sprachvorbild. Dein Kind wird alles ungefiltert aufsaugen und wiedergeben.
7. Lass dein Kind aussprechen, höre aktiv zu und ermutige es, Fragen zu stellen.

8. Zum Thema Fernsehen und Sprechenlernen ist Folgendes zu sagen: Sieht ein Kind altersgerecht aufbereitete Kindersendungen, können sich der passive Wortschatz und das Hörverständnis erweitern. Langes und nicht altersgerechtes Fernsehen hemmt hingegen sogar die Entwicklung kognitiver Fähigkeiten, der Sprache und der Aufmerksamkeit. Denn da es letztendlich um die Förderung der zwischenmenschlichen Kommunikation und nicht um einfaches Nachsprechen geht, lernen Kinder vor allem in der Interaktion mit echten Personen. Das Schauen von Kindersendungen sollte deshalb nur in sehr geringem Maße bzw. altersentsprechend stattfinden und stets durch eine erwachsene Person begleitet und danach besprochen werden. Nur so kann das Kind die gesehenen Informationen auch einordnen, Zusammenhänge erkennen und in seinem aktiven Wortschatz aufnehmen. Und: Die richtige Lautbildung und Aussprache kann dein Kind auch durch Kindersendungen nicht lernen, denn es hört ja zum überwiegenden Teil nur zu und spricht nicht aktiv.

SPIELERISCH DIE SPRACHE LERNEN

Diese Finger- und Wortspiele machen deinem Kind bestimmt Spaß und helfen ihm, neue Wörter zu lernen:

- „Wie groß ist die/der (Name des Kindes)?" und anschließend mit freudigem Gesichtsausdruck die Hände in die Luft strecken „So groß ist die/der (Name des Kindes)."
- Fingerspiele, wie z. B. „Das ist der Daumen" oder „Zehn kleine Zappelmänner" wecken das Interesse deines Kindes.
- Kinderreime und das gemeinsame Singen von Liedern, bei denen auch Bewegungen dazugehören, fördern das Sprechenlernen besonders effektiv: z. B. „Hoppe Hoppe Reiter" oder „Oben auf des Berges Spitze"
- Frage-Antwort-Spiele: „Wie macht die Katze?", warte auf die Antwort (aber bitte nicht zu lange) und antworte, solange dich dein Kind noch neugierig anblickt mit „Miau".

Was du bei der Begleitung der Sprachentwicklung deines Kindes besser vermeiden solltest:

1. Frage dein Kind beim gemeinsamen Bücherlesen nicht ständig ab. Es soll sich nicht unter Leistungsdruck gesetzt fühlen. Genießt lieber die gemeinsame Zeit und entdeckt neue Begriffe, die dein Kind dazulernen kann.
2. Wenn dein Kind ein Wort nicht richtig ausspricht, korrigiere es nicht direkt mit Sätzen wie
   „Das heißt nicht Lalerne, es heißt LATERNE. Sag mal LA-TER-NE."
   Dein Kind könnte aus Angst etwas falsch auszusprechen die Leichtigkeit und die spielerische Neugierde auf neue Wörter verlieren. Wertvoller wäre es, wenn du das Wort in einem eigenen Satz in euer Gespräch aufnimmst und richtig aussprichst. Diese neue bzw. richtige Variante wird sich dein Kind über kurz oder lang merken.
   „Ja stimmt, das ist eine richtig bunte Laterne."
   Dein Kind wird zum einen lernen, dass es „Laterne" und nicht „Lalerne" heißt, und zum anderen wird es sich freuen, dass du auf es eingegangen bist.

Sich mit Wörtern und Sätzen auszudrücken und mit anderen auszutauschen, gelingt nicht allen Kindern gleich schnell. Jedes Kind hat beim Sprachelernen sein eigenes Tempo und du solltest weder dich noch dein Kind unter Druck setzen, wenn es mit seiner Sprachentwicklung etwas langsamer ist. Doch wenn du das Gefühl hast, dass dein Kind sich nicht altersentsprechend entwickelt, sprich mit deinem Kinderarzt darüber. Bei Bedarf kann auch ein/e Logopäd*in aufgesucht werden. Er/sie kann durch unterschiedliche Tests feststellen, ob eine Sprach-, Sprech-, Stimm- oder auch Schluckstörung vorliegt und wenn nötig eine störungsspezifische Therapie für dein Kind einleiten.

„WENN DEIN KIND SPÄT MIT DEM SPRECHEN BEGINNT

Interview mit Dr. Ann-Katrin Bockmann, Dipl.-Psychologin, Kinder- und Jugendlichenpsychotherapeutin, Logopädin

Im Zusammenhang mit der kindlichen Sprachentwicklung fällt immer wieder der Begriff „Late Talker". Was heißt das?

Late Talker (Spät-Sprecher) sind Kinder mit einer verzögerten Sprachentwicklung. Mit zwei Jahren (zur U7) – das ist ein klassischer Entwicklungsmeilenstein – sollten Kinder 50 Wörter in ihrem expressiven Wortschatz haben. Die müssen sie nicht richtig aussprechen, sie können z. B. „NANE" für „BANANE" sagen, Hauptsache man erkennt die Worte. Außerdem sollten sie die ersten Zwei-Wort-Kombinationen wie „MAMA DA", „TEDDY EI" bilden können. Wenn Kinder diesen Meilenstein nicht erreichen, haben sie einfach erstmal eine „Auffälligkeit". Die gute Nachricht ist, dass viele dieser Late-Talker-Kinder einfach nur „Late Bloomer" (Spätblüher) sind, und die holen ihre Altersgenossen von ganz alleine ein. Aber ein Teil dieser „Late Talker" hat eine andere Verarbeitung für sprachliche Impulse im Gehirn und braucht einen anderen Input, und hier kann man vor allem mit einer intensiven Beratung der Eltern und Fachkräfte in den Krippen, z. B. durch geschulte Logopäd*innen ansetzen.

Wie können Eltern feststellen, ob ihr Kind ein/e „Late Talker*in" ist?

Also, wenn ich das Gefühl habe, mein Kind spricht nur sehr wenig, dann nehme ich einen Zettel – den habe ich in der Hosentasche oder am Kühlschrank – und wenn ich ein Wort höre, schreibe ich es auf, z. B. DA, JA, HEISS, NEIN, MAMA, PAPA, OMA usw. Es gibt auch Fragebögen, welche sich Eltern von zwei- und dreijährigen Kindern im Internet runterladen können (Link siehe unten). Dabei ist es wichtig, das Kind zu beobachten und die Wörter, die es schon kann, auf diesem Fragebogen anzukreuzen und zusätzliche noch dazuzuschreiben. Häufig wird den Eltern dann erst bewusst, wie viele Worte („DA" ist z. B. auch schon ein Wort) das Kind schon sprechen kann. Diesen ausgefüllten Fragebogen können Eltern auch zur U7 mitnehmen. Wenn sich Eltern sorgen, empfehle ich immer den/die Kinderärzt*in miteinzubeziehen. Diese/r kann dann eine Überweisung zur Logopädin oder zum Logopäden ausstellen, damit die Auffälligkeit überprüft wird.

Ab wann ist Logopädie sinnvoll?

Auch wenn viele behaupten, dass Logopädie vor dem vierten Lebensjahr nicht hilfreich sei, ist eine Überprüfung und eine ausführliche Elternberatung notwendig. Denn wir haben bereits mit zwei Jahren Riesenchancen, durch eine Frühintervention sehr gute Ergebnisse zu erzielen, und das mit weniger Anstrengung. Da die Wartezeit auf einen Termin bei Logopäden lange sein kann, würde ich den betroffenen Eltern raten, sich vorher schon zu informieren. Zu Late Talkern gibt es eine sehr gute Broschüre (Link für den Download unten).

Worauf können Eltern achten, wenn ihr Kind noch nicht spricht oder spät zu sprechen beginnt? Wie können sie ihre Kinder unterstützen?

Wenn Eltern zum Beispiel in der „PEKiP"-Gruppe merken, dass ihr Kind irgendwie „anders" ist als die anderen Kinder, dann sind sie häufig verunsichert, besorgt und haben Ängste. Dies führt typischerweise dazu, dass sie nicht mehr „natürlich" auf das Kind reagieren und es entspannt beobachten, sondern in eine Art „Helfer-Modus" wechseln. Sie haben das Gefühl, dass sie ihm etwas beibringen müssen. Und wenn das Kind nicht so gut sprechen kann, dann kaufen die Eltern ihm ein besonders gutes Bilderbuch und „arbeiten" es mit dem Kind durch. Da wird dann gefragt: „Guck mal, was ist denn da?" Wenn das Kind dann gar nichts sagt, lautet die nächste Frage: „Zeig mal, wo ist der Hund?" Und dann werden nur noch Fragen gestellt, bei denen das Kind auf etwas zeigen oder mit Ja oder Nein antworten muss. Dieser „Helfer-Modus" verringert den Spaß für Kinder wie Eltern und bietet viel weniger Lernchancen. Denn in dem Moment sind die Eltern die

Macher, es wäre aber besser, wenn sie interessierte Begleiter wären. Hier können die Empfehlungen des Heidelberger Elterntrainings helfen, das auch Gruppenprogramme für Eltern von sprachverzögerten Kindern anbietet. Als Vater oder Mutter folge ich dem, was das Kind interessiert. Ich stelle offene Fragen. Wenn das Kind sagt „NANE“, dann sag ich es einfach nochmal richtig: „Genau, BANANE.“ Ich folge dem Kind, ich höre zu, ich rede selber nicht so viel, ich mache mehrere Wiederholungen, ich bilde kurze Sätze. Förderlich ist auch, wenn sich Eltern im stressigen Alltag eine „Sprachinsel“ aussuchen, wo dann z. B. nach dem Mittagessen zehn Minuten gemeinsam das Lieblingsbilderbuch angeguckt wird. Das Kind sitzt dabei auf dem Schoß, am besten so, dass es noch das Gesicht der Mutter/des Vaters anschauen kann und kein Geschwisterkind stört.

Profitieren Late Talker von Fernsehsendungen?

Für die Sprachentwicklung spielen die Eltern-Kind-Beziehung und Interaktion sowie die Verfügbarkeit der Eltern die wichtigste Rolle. Aber auch Medien wie Kindersendungen können förderlich sein. Medien kommen oft zu schlecht weg und werden zu undifferenziert betrachtet. Wir wissen von bestimmten Medien, dass die absolut sprachfördernd sein können. Das Stichwort heißt hier „Co-Viewing“, d. h. Eltern setzen sich zusammen mit dem Kind hin und schauen z. B. zehn Minuten „Sandmännchen“ und sprechen dann auch darüber. Wenn das Kind dann sagt „DA, AUTO“, können Eltern mit „Genau, ich sehe auch das Auto“ antworten.

Werden mehrsprachig aufwachsende Kinder automatisch zu „Late Talkern“, weil sie überfordert sind?

Häufig werden Eltern von mehrsprachig aufwachsenden Kindern mit dem Mythos konfrontiert, dass die Mehrsprachigkeit dazu geführt haben soll, dass ihr Kind noch nicht spricht. Dazu kann ich sagen: Nein, Kinder, die mehrsprachig sind, entwickeln die Sprache nicht generell langsamer als andere. Es kann sein, dass es am Anfang ein wenig langsamer geht, da sie ja zwei Sprachen erlernen, aber die meisten holen das schnell auf und erreichen die Entwicklungsmeilensteine meistens zur gleichen Zeit. Ein weiterer Mythos: „Sobald Kinder anfangen, zwei Sprachen zu mischen, ist das ein schlechtes Zeichen.“ Wieder NEIN, es ist sogar ein gutes Zeichen. Und auch der Rat, man sollte mit dem Kind die Sprache des Landes sprechen, in dem man lebt, ist falsch. Sprich bitte die Sprache, die du am besten kannst, denn wie eine Mutter mir einmal gesagt hat, ist das die Herzenssprache, mit der man das Kind liebevoll erreichen kann.

Fragebogen mit einer Wörterliste für die U7:
https://www.ph-heidelberg.de/fileadmin/wp/wp-sachse/SBE-2-KT/SBE-2-KT.pdf

Broschüre: Late Talker – Informationen für Eltern und andere Interessierte:
https://www.zel-heidelberg.de/upload/Eltern/Broschueren/Elterninformation_Late_Talker_ZEL_Buschmann.pdf

Heidelberger Elterntraining:
http://www.heidelberger-elterntraining.de/

Das kann dein Kind noch nicht verstehen

Ironie und Sarkasmus

Gerade bei jüngeren Kindern können ironische Sätze wie z. B. „Toll, dass du deine Schuhe nun schon zum dritten Mal ausgezogen hast!" zu Missverständnissen führen. Das Verstehen von sprachlichen „Mehrdeutigkeiten" entwickelt sich erst im Laufe der Jahre. Ab einem Alter von etwa 4 Jahren entwickeln Kinder die Fähigkeit, Ironie zu verstehen, und diese Phase ist auch erst mit etwa 9–10 Jahren abgeschlossen. Denn diese Art des Sprechens setzt voraus, dass dein Kind interpretieren, bewerten und alles in einen Zusammenhang bringen kann. Meist wird Ironie von Kindern auch nur durch die besondere Intonation des Gesagten (also eine besondere Hervorhebung) als solche erkannt. Auch wenn du ironische Sätze tagtäglich verwendest, sind sie für dein Kleinkind eher unverständlich und werden Probleme oder gar Konflikte mit sich bringen. Deshalb ist es empfehlenswert, Botschaften ganz klar zu formulieren, statt sie in Ironie zu verpacken.

„Toll, dass du deine Schuhe nun schon zum dritten Mal ausgezogen hast!"

„Zieh jetzt deine Schuhe an!"

Metaphern und Sprichwörter

„Du musst nicht ständig deinen Senf dazugeben!" Oje, wie wird dein Kind wohl diesen Satz verstehen? Es wird sich denken: „Hä, Senf, das ist doch dieses scharfe, gelbe Zeug, das ich nicht mag. Warum soll ich das jetzt meiner Mama geben?" So oder ähnlich könnte seine Interpretation lauten, denn Kinder nehmen vieles wortwörtlich und Metaphern sind bildliche Beschreibungen, die komplex sind, da zwei Dinge miteinander verbunden werden, die sinngemäß nicht zusammengehören – in diesem Fall der Senf und irgendwelche Bemerkungen. Falls du häufiger solche Sprachbilder benutzt, wäre eine gleich anschließende Aufklärung des Satzes für dein Kind entlastend.

„Du musst nicht ständig deinen Senf dazugeben!“

Ergänze: „Ich meine damit, dass ich ohne deine Unterbrechung aussprechen möchte!“

Rhetorische Fragen

Viele kennen dieses Problem. Eigentlich möchtest du etwas ganz Bestimmtes sagen und dann rutscht es dir als Frage formuliert heraus:

Du: „Willst du deinen Pyjama anziehen?“

Kind: „Nein!“

Eigentlich hat dein Kind mit seinem „Nein“ deine Frage ganz korrekt beantwortet, es will seinen Pyjama nicht anziehen. Doch du hattest ja gar nicht vor, ihm diese Wahlmöglichkeit zu lassen, und das Ganze kann jetzt in eine fruchtlose Diskussion ausarten: „Du musst!“ – „Nein!“, „Zieh das jetzt an!“ – „Mach ich nicht!“ Du solltest eine solche Frage (die dann auch nicht mehr rhetorisch ist) also nur stellen, wenn dein Kind wirklich die Möglichkeit haben soll, sich frei zu entscheiden und wenn es tatsächlich „Nein“ sagen darf.

Ein anderes Beispiel: „Wir putzen jetzt gemeinsam die Zähne!“ ist eine klare Formulierung, die dein Kind versteht und zielführend ist.

„Willst du, dass deine Zähne verfaulen?“ ist dagegen eine rhetorische (wer will denn schon, dass seine Zähne verfaulen?), und darüber hinaus auch noch eine rein theoretische Frage. Soll das Kind jetzt hier eine Entscheidung treffen? Durch diese Frage wird dem Kind eine Verantwortung übertragen, die es gar nicht tragen kann. Die gesundheitliche Verantwortung für das Kind liegt bei den Eltern. Das Vorschulkind kann die Gefahren und langfristigen Konsequenzen (das wären logische Schlussfolgerungen) nicht erkennen und einschätzen.

Diese Beispiele verdeutlichen, dass rhetorische Fragen eher Scheinfragen sind und Antworten überflüssig machen. Sie verleiten Eltern dazu, bestimmte Aussagen im Alltag „undeutlich“ zu verpacken. Kinder werden durch dieses Stilmittel verunsichert. Wenn du mit deinem Kind empathisch kommunizieren willst, sollest du deine Botschaft so klar übermitteln, dass ihm die Information des Satzes deutlich wird.

Die Entwicklung der kindlichen Emotionen

Eltern haben bei der Emotionsentwicklung ihres Kindes eine wichtige kommunikative Lehrfunktion. Sie sind dafür zuständig, die Gefühle des Kindes zu erkennen (einzuschätzen und zu deuten), sie zu benennen und adäquat darauf zu reagieren. Wenn das Kind weinend auf dich zugeht, könntest du es so begleiten: „Du bist traurig, weil du dein Kuscheltier nicht finden konntest! Lass uns gemeinsam suchen!“ Aufgrund dieser emotionalen Erfahrungen können Kinder abschätzen, welche Gefühle sie haben und auf welche Weise sie reguliert und ausgedrückt werden können. Kinder bis zum 2. Lebensjahr benutzen nur vereinzelt Gefühls-/Emotionswörter (z. B. traurig, wütend, ängstlich) und bringen ihre Emotionen „Ich bin traurig“ seltener aktiv zum Ausdruck. Ihr passives Verständnis von Emotionen ist dagegen größer, das heißt, dass sie – wenn wir Eltern ihre Gefühle wie eben beschrieben benennen – eine immer bessere Verknüpfung haben zwischen dem Gefühlswort und dem, was sie im Körper spüren. So können sie immer besser die einzelnen Gefühle, die sie haben, voneinander unterscheiden.

Zwischen dem 2. und 4. Lebensjahr werden immer mehr Gefühle benannt und es finden mittlerweile Gespräche darüber statt. Ab dem 5. Lebensjahr wird das Emotionsvokabular komplexer. „Du hast mich verärgert!“ oder „Ich bin froh, dass du mich abholst!“ Dabei spielt die Sprachentwicklung eine große Rolle.

Zusammengefasst resultiert die emotionale Kompetenz des Kindes aus der Eltern-Kind-Interaktion (und weiteren Interaktionen mit anderen) und den Einflüssen der kindlichen Temperamentsfaktoren.

Wenn dein Kind eine Emotion zeigt, versucht es damit dir ein Bedürfnis zu vermitteln. Dabei wird der emotionale Gesichtsausdruck (z. B. Mimik, Gestik, Stimmlage) eingesetzt. Hier gibt es keine guten oder schlechten Emotionen, eher „angenehme oder unangenehme". Ist dein Kind traurig, braucht es deine fürsorgliche Begleitung. Vermeidest du die Auseinandersetzung mit dieser Emotion oder verzichtest du auf eine Co-Begleitung (s. u.), indem du dein Kind, wenn es z. B. wütend ist, in sein Zimmer schickst, wird es vermutlich gegen das „unangenehme" Gefühl kämpfen müssen. Es ist eine große Anstrengung für das Kind, seine überwältigenden Emotionen (die Intensität richtet sich nach Alter und Entwicklungsstand) selbstständig zu bewältigen. Manche Kinder unterdrücken oder vermeiden bestimmte Gefühle und lernen dabei keine Regulationsstrategien. Manchmal setzen sie über das erste Gefühl wie z. B. Trauer unbewusst ein eher bewältigbares Gefühl wie z. B. Wut. Dabei kann es sein, dass sie sich denken: „Lieber schreie ich, als zu weinen." Nur so können sie das Gefühl „kontrollieren" und ertragen. Aus diesen „normalen" Emotionen entsteht durch die fehlende Begleitung eine „Problem-Emotion".

WAS BEDEUTET CO-BEGLEITEN UND SPIEGELN?

Co-Begleiten bedeutet verfügbar für das Kind zu sein, um die auftauchenden Emotionen zu spiegeln, zu benennen und wenn möglich bei der Regulierung zu helfen.

Spiegeln heißt, dass eine Person auf die Verhaltensweisen und Emotionen des Gegenübers reagiert, indem sie dessen Perspektive einnimmt und das, was sie verstanden hat, zurückspiegelt. Das heißt, eine Mutter/ein Vater gibt mimisch, gestisch und verbal das wieder, was sie/er aus der Sprache, der Mimik und Gestik des Kindes herausgelesen hat. Durch das Spiegeln kann dem Kind Empathie zum Ausdruck gebracht und Verständnis für seine individuelle Situation signalisiert werden.

Eine einfühlsame und positive Kommunikation wirkt sich enorm auf die Emotionen deines Kindes aus. Wenn dein Kind eine sichere Bindung zu dir entwickelt hat und du es gerade in den ersten Jahren wohldosiert co-begleitest, wird es seine Regulationsstrategien bei Emotionen effektiver einsetzen können.

Ab wann kann dein Kind Gefühle regulieren?

Genau wie bei der Sprache gilt auch bei der Entwicklung der Emotionen: Die Altersangaben bei den einzelnen Phasen sind nicht genau festgelegt, sondern fließend, da sich jedes Kind in seinem eigenen Tempo entwickelt!

In den ersten Monaten benötigen Kinder die Regulation ihrer Gefühle durch ihre engsten Bezugspersonen, meist den Eltern. Damit sie wegen Hunger oder fehlendem Schlaf nicht gestresst werden, füttern die Eltern sie und wiegen sie in den Schlaf. Den Säugling vor so einer Überreizung zu schützen ist für Eltern jedoch oft gar nicht so einfach.

Ab etwa dem 3. Lebensmonat können Babys (je nach Temperament) immer höhere Erregungszustände tolerieren. Dabei setzen sie visuelle Strategien ein, um sich von einer Erregungsquelle (z. B. laute Geräusche) abzuwenden. So lernen schon die Kleinsten Schritt für Schritt mit den eigenen Gefühlen umzugehen, indem sie z. B. wegschauen.

Ab ca. dem 6. Lebensmonat können Säuglinge durch ihre fortschreitende motorische Entwicklung bestimmte Emotionen bewältigen. Sie ziehen sich bei Bedarf aus emotional erregenden Situationen zurück, krabbeln weg oder suchen Blickkontakt mit den Eltern (beobachten, wie sich die Eltern verhalten). Eltern können ihre Kinder kommunikativ begleiten, wie zum Beispiel „Ich sehe, dass du unruhig bist. Ich bin hier und bleibe bei dir."

BABYS BRAUCHEN UNSERE REAKTIONEN

Wie wichtig der Blickkontakt, das Anlächeln und eine einfühlsame Reaktion von dir für dein Kind sind zeigt das sogenannte Still-Face-Experiment (Experiment der bewegungslosen Gesichter).

In diesem Versuch saß eine Gruppe von Müttern ihren etwa einjährigen Kindern gegenüber, sie sprachen und spielten für einige Minuten mit ihnen. Anschließend stellten die Mütter für 1–2 Minuten ihre mimischen und sprachlichen Reaktionen auf das Baby ein und blickten mit ausdrucksloser Miene auf einen Punkt hinter dem Kind. Bei den Babys war daraufhin eine deutliche Verhaltensänderung zu sehen. Sie versuchten durch positive Annäherungsversuche (Anlächeln, Zeigen auf Gegenstände) die Mutter zur Wiederaufnahme der Kommunikation zu bewegen. Nach zwei Minuten ohne Reaktionen der Mütter zeigten die Kinder ein deutliches Rückzugs- oder Protestverhalten, indem sie ihren Kopf wegdrehten und zu weinen anfingen.

Die Kinder (und dieses Verhalten beginnt erwiesenermaßen schon ab einem Alter von 3–4 Monaten) waren durch das Ausbleiben der mütterlichen Reaktionen irritiert, reagierten ihrerseits mit einem erhöhten Stresspegel, Hilflosigkeit und negativen Emotionen und bemühten sich, die Kommunikation wieder herzustellen.

Natürlich würdest du so etwas deinem Kind nicht wissentlich antun. Doch überlege einmal, welches Gesicht wir Erwachsenen machen, wenn wir auf unser Handy starren und zeitgleich mit unseren Kindern sprechen. Wir fokussieren uns auf unseren Handybildschirm und passen unsere Mimik sowie Gestik nicht an die Gesprächsinhalte unserer Kinder an.

Ab ca. 2 Jahren können sich Kinder bei bestimmten Emotionen selbst beruhigen und setzen zunehmend mehr eigenständige Regulationsstrategien ein. Der Erwerb von Sprache und kommunikativen Fähigkeiten beeinflusst die emotionale Kompetenz positiv. Wenn intensive Gefühle das Kind überwältigen, ist auch in dieser Phase eine Co-Begleitung notwendig. Kinder suchen in dieser Phase Unterstützung bei ihren Eltern (z. B. bei Geschwisterstreit oder Spielplatzproblemen).

Etwa ab 5 Jahren gelingt es Kindern, ihre Gefühle selbstständig zu regulieren. Mit zunehmendem Alter scheinen sie nur noch bei einigen Emotionen (meist unangenehmen wie Trauer, Wut, Angst) die Hilfe ihrer Eltern in Anspruch zu nehmen. Eine eigenständige Emotionsregulation sollte in diesem Alter gefördert werden: „Wie fühlst du dich?“, „Was möchtest du jetzt tun?“, „Hast du eine Idee?“

So kannst du die Entwicklung emotionaler Fähigkeiten deines Kindes fördern:

- Kommuniziere feinfühlig und baue eine positive sowie sichere Bindung auf.
- Achte auf ein positives emotionales Klima in eurer Familie (alle Gefühle sind willkommen).
- Zeige deine Gefühle offen und sprich darüber altersentsprechend (Gefühle haben ihre Berechtigung und weisen uns auf ein Bedürfnis hin).
- Unterstütze dein Kind bei der Emotionsregulation (Co-Begleitung), benutze dabei Emotionswörter.
- Fange Gespräche an, um das Verständnis über Gefühle zu vertiefen.
- Lebe einen angemessenen Umgang mit Gefühlen vor, indem du an den jeweiligen Stellen selbstreguliert und reflektiert handelst.

EMOTIONSWÖRTER

Emotionswörter (lustig, freuen, wütend, traurig, mutig, ängstlich) sind bei der Kommunikation mit deinem Kind wichtiger als die entsprechende Mimik. Deshalb solltest du lieber das richtige Vokabular benutzen als dein Kind mit einem grimmigen Blick anschauen!

Emotionswörter werden in angenehme und unangenehme Emotionen eingeteilt. Beispiele für angenehme Emotionen sind Freude, Glück, Liebe und Stolz. Unangenehme Emotionen könnten zum Beispiel Angst, Ärger, Wut, Einsamkeit, Schuld, Trauer sein. In mehreren Studien wurde bestätigt, dass das Benennen von Gefühlen mit Emotionswörtern eine größere Rolle im kindlichen Emotionsverständnis spielt als emotionale Gesichtsausdrücke. Kinder ab dem zweiten Lebensjahr können das Emotionswissen durch die sprachliche Bezeichnung von Gefühlen besser abrufen als wenn sie nur Gesichtsausdrücke beobachten. Wenn du dazu neigst, eher „still" zu sprechen, überlege, ob dein Kind deinen Gesichtsausdruck tatsächlich auch entschlüsseln kann.

Fremdeln (8-Monats-Angst)

Für manche ist es ein Liebesbeweis, für andere herausfordernd, wenn das Baby von heute auf morgen misstrauisch wird und nur noch bei dir bleiben möchte. Bei Kontakt mit einem Fremden reagiert es mit klammerndem oder weinerlichem Verhalten und sucht deine Nähe. Leider versuchen oft auch Außenstehende einzugreifen, wenn das Kind weinerlich wird: „Ach komm, der beruhigt sich bei mir auch!" oder „Deine Tochter muss auch mal ohne dich sein können, du verwöhnst sie!" Da hilft es, wenn du dir bewusst machst, dass die Fremdelphase zur normalen kindlichen Entwicklung gehört (Es ist aber auch nicht schlimm, wenn sie ausgelassen wird!). Denn dann ist es möglich, auf dein Kind einzugehen, indem du z. B. anderen Menschen (Omas, Opas, Verwandten, Nachbarn) erklärst, warum dein Kind gerade lieber bei dir bleiben möchte und dass es in diesem Alter etwas längere Zeit zur Gewöhnung und Annäherung an andere braucht. Vertraue auf deine Elternintuition und setze dich ruhigen Gewissens für dein Kind ein:

„Ich sehe, dass mein Kind mich gerade braucht, ich werde ihm die Nähe und Geborgenheit geben, die es in dieser Phase braucht!“ oder „Ich wünsche mir mehr Zeit, damit sich mein Kind an dich oder die Situation gewöhnen kann!“

Gleichzeitig kann es helfen, wenn du dein Kind ermutigst (erstmal mit dir zusammen), in Interaktion mit dem Gegenüber zu treten. Aber achte bitte vor allem in Situationen, in denen dein Kind unsicher ist, auf deine eigenen körperlichen Zeichen und orientiere dich an seinem Ausdruck (Körperhaltung, Mimik, Gestik, Ton der Stimme). Wenn du beispielsweise einen ängstlichen Gesichtsausdruck zeigst oder deine Stimme ängstlich ist, dann reagiert auch dein Kind vorsichtiger. Andersrum kann es auch entspannter reagieren, wenn auch du mit deinem ganzen Körperausdruck zeigst, dass die Situation sicher ist und keine Gefahr droht. Das vermittelst du auch, wenn du mit dem Gegenüber interagierst.

„Ich bin bei dir und bleibe hier, du kannst gerne auch zu Opa krabbeln!“

DAS MAMA-PAPA-TSCHÜSS-SPIEL

Spielerisch kannst du mit deinem Kleinkind immer mal wieder Verstecken spielen und dabei gleichzeitig auch Trennungen üben. Das hilft ihm, nachzuvollziehen und zu verinnerlichen, dass nach einer (kurzen) Trennung immer wieder eine Wiedervereinigung kommt, und dass es deshalb nicht ängstlich oder gar panisch zu reagieren braucht, wenn du dich mal für eine kurze Zeit entfernst.

Wut: Was passiert im Gehirn?

ALLE GEFÜHLE SIND WILLKOMMEN

Interview mit Dr. Daniela Galashan, Neurowissenschaftlerin, Bloggerin und Mutter von drei Kindern. Sie erzählt, was bei Wut in unserem Kind passiert und wie man bei dieser häufigen kindlichen Emotion reagieren kann.

Wieso kommen Worte bei einem Wutanfall nicht an?
Stehst du auch manchmal vor deinem wütenden Kind und hast das Gefühl, es hört dir gar nicht zu, wenn du mit ihm sprichst? Du hast recht, es hört dir in dem Moment tatsächlich nicht zu! Denn bei intensiven Gefühlen (also auch bei Angst, Eifersucht etc.) ist sozusagen „Alarm“ im Gehirn. Dann sind hauptsächlich die Hirnareale aktiv, in denen Gefühle verarbeitet werden. Entgegen der häufig in Büchern gelesenen Behauptung, dass Gefühle hauptsächlich in der rechten Hirnhälfte verarbeitet würden, liegen die meisten gefühlsverarbeitenden Hirnareale tiefer im Gehirn und Gefühle werden in beiden Hirnhälften verarbeitet. So z. B. im sogenannten limbischen System, das sich aus mehreren Hirnstrukturen zusammensetzt (z. B. Amygdala und Hippocampus), die gemeinsam aktiviert werden können. Entwicklungsgeschichtlich höhere Hirnareale, wie der präfrontale Kortex, der hinter unserer Stirn liegt, werden von diesen tiefer liegenden Hirnstrukturen dann im Grunde überstimmt. Das Problem dabei: im präfrontalen Kortex finden Prozesse wie Denken, Planen und Problemlösen statt und er ist auch bei der Impulskontrolle beteiligt.

Deine logischen Argumente kommen also nicht an, weil dein Kind in dem Moment überhaupt keine logischen Argumente mehr aufnehmen oder durchdenken und seine Wut auch nicht kontrollieren kann. Die dafür zuständigen Hirnareale z. B. im präfrontalen Kortex stehen ihm dann gerade nicht zur Verfügung?

Richtig. Außerdem ist es leider so, dass genau diese Hirnareale am langsamsten ausreifen. Der präfrontale Kortex ist erst im Alter von 23–25 Jahren ausgereift. Nun wird auch klar, dass wir nicht von einem Kind in seinen ersten Lebensjahren erwarten können, dass es seine Gefühle und Impulse kontrollieren kann wie ein Erwachsener (damit haben ja sogar noch viele Erwachsene Schwierigkeiten)."

Wie können Eltern ihre Kinder bei Wutanfällen dennoch mit Worten erreichen?

Formulierungen wie die folgenden sorgen dafür, dass die kindlichen Gefühle verleugnet, klein geredet oder als lächerlich dargestellt werden.

- „Reg dich doch nicht so auf!"
- „Es ist doch nicht so schlimm!"
- „Darüber muss man sich doch nicht aufregen!"
- „Du Rumpelstilzchen/du Drama-Queen ...!"
- „Er/sie macht mal wieder Drama!"

Das Problem: In dem Moment fühlt dein Kind ja so, das Gefühl ist da! Während du möchtest, dass dein Kind das Gefühl schnellstmöglich abstellt, kommt bei ihm an, dass das Gefühl nicht in Ordnung ist oder sogar, dass es selbst nicht in Ordnung ist, weil es dieses Gefühl hat. Dabei hat jedes Gefühl eine Funktion und zeigt uns etwas an. All diese Aussagen helfen Kindern nicht, einen besseren Umgang mit ihren starken Gefühlen zu erreichen. Kinder mit ihrer Wut allein zu lassen (also z. B. ins Zimmer zu schicken) ist übrigens auch nicht hilfreich für die Gefühlsverarbeitung, denn die lernen sie von uns Eltern durch unsere Co-Regulation.

Solche Strategien bringen uns hier besser weiter:

- Wir können unseren Kindern und uns selbst helfen, indem wir Gefühle benennen („Oh, ich sehe du bist ganz wütend/ängstlich …"). Dadurch können kleine Kinder das, was sie gerade fühlen (schnellerer Herzschlag, körperliche Anspannung, Schwitzen etc.), mit der Bezeichnung für das Gefühl (z. B. „ängstlich") verbinden. Das schafft Sicherheit, denn es gibt uns die Möglichkeit, das Gefühl einzuordnen („Ah, das kenne ich!") und sorgt dafür, dass die Intensität des Gefühls verringert wird. Wenn Gefühle benannt werden, dann werden Hirnregionen im Präfrontalen Kortex aktiv (wo Planungen/Problemlösungen stattfinden), während gleichzeitig die Aktivitäten in tiefer liegenden, gefühlsverarbeitenden Hirnregionen wie der Amygdala gedrosselt werden. Daher kann schon allein das Benennen von Gefühlen beruhigend wirken und gilt als eine implizite Form der Gefühlsregulation. Wichtig: Achte darauf, auch positive Gefühle zu benennen, denn wir fokussieren uns gern allzu schnell nur auf die unangenehmen Gefühle.
- Den Kindern können auch Strategien gezeigt werden, wie sie ihre Gefühle verarbeiten können, z. B. tief durchatmen, stampfen, gegen etwas drücken … Manchen Kindern hilft Nähe: „Möchtest du in meinen Arm?" Andere Kinder werden davon allerdings nur wütender. Je nach Alter und Temperament kann man für das Kind passende Strategien finden, mit denen die Gefühle verarbeitet werden können. **Die Grundhaltung: „Alle Gefühle sind willkommen"** ist sehr hilfreich. Sie bedeutet gleichzeitig nicht, dass auch jedes Verhalten willkommen ist (z. B. Treten, Hauen, Beißen …). Hier dürfen wir unseren Kindern alternative Verhaltensweisen zeigen, damit sie ihre Gefühle rauslassen können, ohne dass jemand zu Schaden kommt.

Dr. Daniela Galashan auf Instagram: liebeundhirn

Entwicklungsmeilensteine: eine Herausforderung für eure Kommunikation

„Ich machen!“, „Neeeeinnnnn!“, „Selber!“ Mit solchen Autonomie- und Selbstbestimmungsausrufen deines Kindes wirst du während seines Heranwachsens oft konfrontiert. Kinder durchlaufen in ihrem Reifungsprozess mehrere Entwicklungsphasen, die man auch als Meilensteine bezeichnen kann, und die einen großen Einfluss auf ihr Verhalten haben. Wenn Eltern wissen, dass das Kind gerade in einer dieser Phasen steckt, könnten sie schwierige Verhaltensweisen einfacher akzeptieren, da sie wissen, dass diese bald vorübergehen werden, wenn das Kind die phasenbedingte Fähigkeit erlernt hat. Daher sollten Eltern einige dieser Entwicklungsmeilensteine im Hinterkopf behalten, um ihre Kommunikation dementsprechend anzupassen, wenn sie mit ihrem Kind sprechen.

Autonomiephase

Diese Phase in der kindlichen Entwicklung ab dem 2. Lebensjahr, in der das Kind autonom werden möchte, seinen Radius erweitert und du nur noch „Ich“ oder „Nein“ hörst, wurde früher abwertend „Trotzphase“ genannt. In diesem Zusammenhang wurde dann von „Tyrannenkindern“ gesprochen, bei denen man mal „richtig durchgreifen sollte.“ Heute sprechen wir korrekterweise von „Autonomiephase“. Denn wenn wir diesen Entwicklungsabschnitt genauer betrachten, wird schnell deutlich, dass das Kind da nicht „trotzt“ (sich böswillig gegen dich stellt, um dich herauszufordern) sondern seinen großen Wunsch nach Selbstständigkeit auszudrücken „versucht“! Deshalb darf deine Unterstützung in dieser Zeit nicht fehlen. Dein Kind ist auf dich angewiesen, auch wenn das ständige „Nein, ich machen!“ provokant oder oppositionell wirken kann. Denn es will mit dieser noch sehr knappen Formulierung „Nein, ich machen“ nur seinen eigenen Radius erweitern und seinen Handlungsspielraum vergrößern.

Ja, Kinder tun das „laut“, manchmal in unpassenden Situationen und verweigern dabei die Kooperation. Und natürlich kommst du in dieser Phase des Öfteren ins Schwitzen. Doch vielleicht kann die Nachricht dich beruhigen, dass dein Kind von deiner einfühlsamen Sprache profitieren wird.

Du kannst dir die Phase bildlich so vorstellen: Das Gehirn deines Kindes ist eine Art „Baustelle“. Da wird gehämmert und geklopft, es verändert sich viel. Manchmal hört dich dein Kind wegen des Baustellenlärms nicht wirklich. Gleichzeitig ist es in der Entwicklung so weit, dass es aus dem Nest fliegen möchte. Das „Nein“ oder „Ich“ ist dabei seine spezielle Ausdrucksweise, um sein Ziel zu erreichen. Begleite dein Kind in dieser unruhigen Phase, am besten ruhig. Okay, klar, das ist leichter gesagt als getan. Aber du sitzt am längeren Hebel, dein Gehirn ist vollständig ausgereift, das deines Kindes noch nicht. Doch obwohl bei einer Eskalation dein reifes Gehirn gegen das unreife deines Kindes antritt und dieser Kampf nicht fair erscheint, fühlst du dich trotzdem machtlos. Was kannst du also tun?

In der Autonomiephase hilft es z. B. deinem Kind, wenn du ihm **zwei Alternativen zum Auswählen** gibst. Zeige beide Alternativen und formuliere es so:

„Möchtest du den blauen oder den grünen Pulli anziehen?“

Damit kannst du seinem Bedürfnis nachkommen, selbst bestimmen zu können, ohne dass es von zu vielen Auswahlmöglichkeiten überfordert wird. In der Vergangenheit gab es zwar eine Zeit, in der es immer beliebter wurde, Kinder viel mitentscheiden zu lassen, aber es wirkt sich leider eher negativ aus, wenn Kinder zu viele Entscheidungen treffen sollen (das ist im Übrigen auch bei vielen Erwachsenen so!).

DAS ODER DAS? – DER VORTEIL DER ZWEI ALTERNATIVEN

Jede Entscheidung kostet uns mentale Kraft. Und wenn unser Gehirn vor zu vielen Entscheidungsmöglichkeiten steht, kostet uns die Auswahl noch mehr Energie. Deshalb ist nach Entscheidungen auch unsere Fähigkeit zur Selbstkontrolle eingeschränkt. Weniger Auswahlmöglichkeiten klingen zwar nach weniger Freiheit und Entfaltungsmöglichkeit, aber im Endeffekt sparen wir dabei mehr mentale Ressourcen. Außerdem hat sich herausgestellt, dass wir bei mehr Auswahlmöglichkeiten schlussendlich auch unzufriedener mit unserer Wahl sind.

Drahtseilakt: Was kann ich tun?

Dein Kind steht vor dir und möchte raus auf den Spielplatz, doch gerade in diesem Augenblick regnet es in Strömen. Jetzt ist es maßlos enttäuscht und traurig, weil es sich alles so schön vorgestellt hat und das jetzt gerade aber nicht möglich ist. In solchen Situationen stehst du dann manchmal vor deinem Kind und wunderst dich, dass selbst so kleine Anlässe eine so große Enttäuschung hervorrufen können (wenn beispielsweise der gewünschte blaue Becher in der Spülmaschine ist, die Schokolade abbricht oder das Brot „falsch" geschnitten wurde ...). Doch lass dir gesagt sein, in diesem Moment fühlt sich die Enttäuschung für dein Kind genauso groß an wie für dich, wenn das Popkonzert, für das du seit zwei Jahren schon Karten hast, abgesagt wird, weil der Künstler erkrankt ist. Für dich als Erwachsene*r mit deiner Lebenserfahrung mag der ins Wasser gefallene Spielplatzbesuch ein nichtiger Anlass für so große Enttäuschung sein, für das kindliche Gehirn ist er das nicht. Das Gefühl ist einfach da, so wie es ist. Dein Kind ruft es nicht absichtlich hervor, sondern wird davon überrannt.

Kind: „Ich möchte auf den Spielplatz, auch wenn es regnet!"
Du: „Nein, dann werden wir nass!"

Jetzt wäre es an der Zeit, deine eigene Perspektive zu überprüfen: Geht es tatsächlich nicht oder ist es nur ein „Das-macht-man-doch-nicht"-Glaubenssatz, der aus deiner eigenen Kindheit oder aus veralteten Regeln und Normen übernommen wurde? Falls das der Fall ist, dann darfst du selbst entscheiden, ob du dich nach diesem Glaubenssatz richten willst oder nicht.

Du könntest euch ja auch in wetterfeste Kleidung packen und einen Pfützenspring-Wettbewerb veranstalten, der euch vielleicht eine tolle Zeit und ein paar denkwürdige Erinnerungen bescheren würde. Wenn du einfach keine Lust hast, ist das aber auch verständlich.

Eine weitere Möglichkeit ist es, deinem Kind den Wunsch „in Gedanken" zu erfüllen. Kurbel doch einfach die Fantasie deines Kindes an:

„Du würdest jetzt wirklich gern auf den Spielplatz gehen, oder?" (Dein Kind bejaht wahrscheinlich.) „Was würdest du dort denn gerne machen?"

Dann hat dein Kind die Möglichkeit, zu beschreiben, was es tun würde (oder du beschreibst es) und es sieht sich während dieser Beschreibung gedanklich in der gewünschten Situation. Allein diese Vorstellung kann schon helfen, besser zu verschmerzen, dass es gerade nicht möglich ist und sich mit der Situation etwas auszusöhnen.

Ihr könnt nach dieser Fantasieunternehmung auch gemeinsam mögliche Lösungen überlegen, wie dein Kind das, was es möchte, vielleicht später bekommen oder was es stattdessen tun könnte, um sein Bedürfnis zu erfüllen (vielleicht regnet es am Nachmittag ja nicht mehr oder dein Kind bekommt die Möglichkeit sich zu Hause auszutoben).

Zusammenfassend ist es wichtig zu sagen, dass es in dieser Phase in erster Linie darum geht, nicht direkt mit einem enttäuschenden Nein zu antworten. Natürlich ist dies nicht immer machbar. Und selbst wenn man in diesem Fall versucht, das „Nein" zu begründen, besteht die Gefahr, dass die Ablehnung so eine frustrierende Wirkung auf das kindliche Gehirn hat, dass der Rest des Satzes nicht mehr wahrgenommen wird und das Ganze in einem Wutanfall endet.

Habe Verständnis, dass die Radiuserweiterung und der Wunsch nach mehr Unabhängigkeit dein Kind in dieser Phase an seine körperlichen, sprachlichen und emotionalen Grenzen bringen können. Unterstütze dein Kind durch deine einfühlsame, klare Kommunikation und leite es an, seine eigenen Fähigkeiten zu entdecken. Übergib deinem Kind auch die Verantwortung für kindgerechte Aufgaben, wie zum Beispiel „Hier ist deine Gießkanne, kannst du bitte die Blumen im Wohnzimmer gießen!“, statt das Kind direkt wegzuschicken, weil man selbst mit Blumengießen beschäftigt ist. Durch diese Erfahrungen wird sich dein Kind selbstwirksam fühlen. Als verantwortliche/r Erwachsene*r wirst du in dieser Phase herausgefordert, mehr Selbstbestimmung zuzulassen und gleichzeitig einen geschützten Rahmen für die Entwicklung (z. B. durch Regeln oder Grenzen) zu bieten. Ja, mit Sicherheit wird es eine zusätzliche Portion Kraft kosten oder eine Tasse Kaffee mehr.

Das kindliche Bewusstsein für sich selbst und andere

Mit ca. 4–6 Wochen erfreuen uns Kinder mit dem sozialen Lächeln. Dabei lächeln sie die Gesichter an, die sie sehen. Auch kleine Babys können schon unseren Gesichtsausdruck nachmachen und beobachten uns gerne aufmerksam dabei, wenn wir verschiedene Gesichtsausdrücke machen.

Ab einem Alter von etwa 7–10 Monaten zeigen Kinder das sogenannte soziale Referenzieren. Das bedeutet, dass sie sich – besonders in unsicheren Situationen – bei anderen Menschen (oft den Bezugspersonen) rückversichern, indem sie sie anschauen und ihre Reaktion deuten. Zeigt die Bezugsperson z. B. Angst (ängstliche Stimme oder ängstlicher Gesichtsausdruck), dann reagiert das Kind vorsichtiger als wenn die Bezugsperson eine neutrale oder positive Stimmung ausstrahlt. Wenn dein Kind also oft nach dir oder anderen Personen im Raum schaut, kann das ein Zeichen sein, dass es sich unsicher ist und nicht weiß, wie es die Situation interpretieren soll.

Erst im Alter von ca. 18 Monaten kann man beobachten, dass Kinder darauf achten, ob ihr Interaktionspartner überhaupt zu ihnen hinschaut, bevor sie ihm etwas zeigen. Dann haben sie also gelernt, dass ihr Gegenüber nur dann reagiert, wenn er das von ihnen Gezeigte gesehen hat.

Mit etwa 15–22 Monaten erkennen Kinder sich selbst im Spiegel. Ab dann ist ihnen klar, dass sie es selbst sind, die sie da im Spiegelbild sehen und keine andere Person.

DER ROUGE-TEST – WER IST DAS IM SPIEGEL?

Um herauszufinden, ob ein Kind erkennen kann, dass es sich selbst im Spiegel sieht, kann man den sogenannten *Rouge-Test* durchführen. Das Kind bekommt einen roten Punkt ins Gesicht, ohne dass es dies merkt (z. B. beim Naseputzen). Versucht es, den Punkt nach dem Blick in den Spiegel bei sich selbst wegzuwischen oder macht die Eltern auf den Punkt an sich selbst aufmerksam, statt im Spiegelbild, dann ist klar, dass es weiß, dass es selbst im Spiegel zu sehen ist.

Obwohl das Kind sich also selbst erkennt, ist ihm in dem Alter noch nicht klar, dass andere Menschen etwas anderes denken und fühlen können als es selbst.

Dieses Wissen entwickelt sich erst mit der Zeit und wird „Theory of Mind“ genannt.

THEORY OF MIND – KANN ICH MICH IN ANDERE HINEINVERSETZEN?

Hier geht es um die Fähigkeit, sich gedanklich in andere hineinversetzen zu können und etwas aus einer anderen Perspektive als der eigenen zu betrachten. Und auch darum, nachvollziehen zu können, was eine andere Person weiß und was nicht und welche Motive sie für ihr Handeln hat. Ganz einfach ausgedrückt: ob ein Kind weiß, dass andere Menschen etwas anderes denken und fühlen als es selbst.

Um zu überprüfen, ab welchem Alter Kinder das können, gibt es das sogenannte Sally-und-Anne-Experiment. Dabei wird Kindern z. B. mit Handpuppen die folgende Geschichte vorgespielt: Sally hat einen Korb und Anne eine Kiste. Sally legt ihren Ball in ihren Korb und geht dann spazieren. Während Sally weg ist, holt Anne den Ball aus dem Korb und legt ihn in ihre Kiste. Dann kommt Sally zurück und möchte mit ihrem Ball spielen.

Jetzt werden die zuschauenden Kinder gefragt, wo Sally nach ihrem Ball suchen wird. Die meisten 3-Jährigen antworten hier noch falsch und sagen, dass Sally in Annes Kiste nach dem Ball sucht. Sie wissen, dass der Ball dort ist und können noch nicht nachvollziehen, dass sie als Zuschauer, die im Gegensatz zu Sally alles beobachtet haben, einen anderen Wissensstand haben als Sally. Erst im Alter von 5–6 Jahren können fast alle Kinder richtigerweise angeben, dass Sally in ihrem Korb nach dem Ball suchen wird, weil ihnen klar ist, dass Sally nicht gesehen hat, wie Anne den Ball dort herausgeholt hat.

Sich gedanklich anstelle der eigenen in andere Perspektiven hineinversetzen zu können lernen Kinder erst im Alter von 3–5 Jahren und erst mit diesem Bewusstsein können sie andere absichtlich täuschen oder anlügen. Aber auch das Verständnis für andere und im wahrsten Sinne des Wortes „Mit"-Gefühl ist erst dann bei Kindern möglich, wenn sie sich in die Lage des anderen hineinversetzen können.

Ärgert mein Kind mich absichtlich?

Manche schwierigen Situationen ergeben sich dadurch, dass wir denken, Kinder könnten etwas schon nachvollziehen, was sie aber noch nicht können, da ihr Gehirn noch im Reifungsprozess ist.

Die Ergebnisse des Sally-und-Anne-Experiments zeigen uns, dass es Kindern im Kindergartenalter noch schwerfällt, sich in andere hineinzuversetzen und dass sie erst lernen müssen, dass andere Menschen andere Gedanken und Gefühle haben können als sie selbst. Es hilft, wenn wir Eltern das im Hinterkopf haben, damit wir nicht zu viel von ihnen verlangen und damit wir nicht so oft denken, sie würden uns absichtlich ärgern wollen.

So können Kindergartenkinder es einfach (noch) nicht nachvollziehen, dass wir ein Bedürfnis nach Ruhe haben könnten, während sie gerade aufgedreht durch die Wohnung rennen wollen. Wenn wir Eltern uns dann provoziert fühlen und denken, sie würden absichtlich keine Rücksicht auf uns nehmen oder unserer Bitte nach etwas Ruhe nicht nachkommen, kann schnell ein Streit entstehen.

Grundsätzlich können wir unseren Kindern helfen, sich besser gedanklich in andere hineinversetzen zu können, wenn wir häufig mit ihnen über die Gedanken, Gefühle und Ziele anderer Menschen reden: „Schau mal, das Mädchen im Buch, dem die Schaufel weggenommen wurde, wie könnte es sich fühlen …?“ Auch im Spiel können unsere Kinder viel über sich und andere lernen. Im Austausch mit anderen Kindern können dabei Fähigkeiten ausprobiert und gleichzeitig die Reaktionen eingeschätzt sowie das eigene Verhalten angepasst werden. Man kann einem Kind immer wieder solche Fragen stellen:

- Wie sieht mein/e Freund*in aus, wenn ich …?
- Wann spielt er/sie mit mir?
- Wie reagieren andere Kinder, wenn ich …?
- Wie fühlt er/sie sich im Spiel?

Diese Erfahrungen dienen als Grundlage, um anderen Menschen mentale Zustände (andere glauben, denken und fühlen anders als ich) zuschreiben und zu einem gewissen Grad auch das Verhalten vorhersagen zu können.

Magische Phase

Kind: „Papa ich habe ein Einhorn gesehen."
Papa: „Das kann nicht sein, erzähle bitte keinen Unsinn."

Durch die „magische Logik" vermischen sich Realität und Fantasie des Kindes. Dabei denkt das Kind, dass seine eigenen Gedanken und Handlungen die Welt beeinflussen. Beispielsweise haben sie die Vorstellung, ihr verstorbenes Haustier wieder zurückzaubern zu können. Auch wenn es für Eltern nicht nachvollziehbar ist, kann sich das Kind in der magischen Phase ein Einhorn oder einen imaginären Freund vorstellen. Und es wird auch sämtliche rationalen Begründungen, dass es in der Realität keine Einhörner gibt, in solchen Momenten ablehnen.

Stattdessen sollten Eltern solchen Äußerungen zuhören, diese ernst nehmen und auf das Bedürfnis des Kindes eingehen. Taucht gemeinsam in die kindliche bunte Welt ein und überlegt, was eine Fantasiegestalt wie etwa ein Einhorn dem Kind zeigen möchte. Dein Kind glaubt fest daran und gestaltet dabei seine eigene Welt. Es ist keine Erfindung und schon gar keine Lüge. Diese Phase sorgt auch dafür, dass Kinder an den Weihnachtsmann oder an den Osterhasen glauben. Manchmal sind es auch Monster, die dein Kind am Abend am Einschlafen hindern. Wichtig ist die Erkenntnis, dass Kinder in dieser Phase vieles wortwörtlich nehmen. Bekommt dein Kind die Information, dass die Zähne ausfallen, wenn man diese nicht putzt, wird es das für bare Münze nehmen und ggf. Ängste entwickeln. Daher ist es wichtig, auf die Wortwahl zu achten und magische Wesen wie den Nikolaus („der Nikolaus weiß, ob du brav warst") nicht als Erziehungsmaßnahme oder Druckmittel zu nutzen.

Ich-Bin-Jetzt-Groß-Phase

Im Vorschulalter fangen Kinder an, von Tag zu Tag selbstständiger zu werden. Sie suchen sich ihre Kleidung aus, wollen sich mit ihren Freunden verabreden oder äußern Hobbywünsche. Ihr Selbstvertrauen wächst langsam und sie versuchen sich auch langsam von ihren Eltern mit den Worten „Ich schaff das schon. Bis später!" abzulösen. Pfiffige Antworten lassen Eltern staunen und verdeutlichen, dass die Entwicklung des komplexeren Denkens fortgeschritten ist. Sie können verschiedene Perspektiven einnehmen und ihre Meinung vehement äußern. Sie fordern mehr Handlungsspielraum, Freiheit und Autonomie ein. Gleichzeitig kuscheln sie aber immer noch, brechen in Tränen aus und fordern elterliche Begleitung. Trotz fortgeschrittener mentaler Fähigkeiten, die sie groß wirken lassen, benötigen Kinder noch eine wohldosierte Unterstützung durch ihre Eltern.

Während mancher Diskussion oder halberwachsener Aussagen wirken sie ziemlich „groß", aber im nächsten Moment immer noch „klein". Genau das lässt diese Phase an die Autonomiephase erinnern. Sie wollen, sie können es aber noch nicht. Nun stehen die Themen wie Schulstart, Freundschaften und Geschlecht auf der Tagesordnung. Sie orientieren sich am Kleidergeschmack von Gleichaltrigen oder wissen, welche Farbe jetzt angesagt ist. Dabei können auch gemischte Gefühle entstehen wie z. B. „Ich würde gerne meinen Einhorn-Pulli anziehen, aber ich weiß nicht, ob es meinen Freund*innen gefällt!" oder „Ich würde gerne in die Schule gehen, aber auch irgendwie bei dir bleiben!" Daran merkst du, dass dein Kind zwischen zwei Emotionen abwägen kann und seine Handlung daran anpasst. Diese Veränderung zeigt, dass das Kind über die eigenen Gefühle reflektieren, das innere Problem eigenständig lösen und dementsprechend handeln kann.

In dieser Phase kannst du die Entwicklung deines Kindes durch die richtige Kommunikation positiv unterstützen:

So kannst du Geschlechterklischees aufbrechen

„Das ist aber keine Mädchenfarbe!“
„Du bist wild, Jungs sind so!“

Achte stattdessen darauf, dass du deine Sätze geschlechtsneutral bildest. Wichtig ist, dass Kinder, egal ob Mädchen oder Junge, beispielsweise stark, ängstlich, cool, sensibel, kuschelig etc. sein können. Eine Zuschreibung auf ein bestimmtes Geschlecht „Jungs weinen nicht!“ ist dabei kontraproduktiv. Um geschlechtssensibel mit der Sprache umzugehen, frage dich, wie du mit deinem Kind sprechen würdest, wenn es ein Junge oder wenn es ein Mädchen wäre. Wenn deine Antworten auf bestimmte Vorurteile beim Denken hindeuten, ist das nicht schlimm, solange du dir deiner Gedanken bewusst bist. Wenn du dann deinem Kind die Tür öffnest, damit es Verschiedenes ausprobieren kann (z.B. Farben, Kleidung, Berufe u.v.m. unabhängig vom Geschlecht), ist dies eine gute Voraussetzung für eine „freie“ Entfaltung deines Kindes. Über häufig geäußerte Geschlechter-Stereotypen wie „Jungen bekommen Autos, Mädchen Puppen“ kannst du auch mal mit deinem Kind reden. Gespräche darüber, ob es Dinge gibt, die „typisch Mädchen“ oder „typisch Jungs“ sind, sorgen für interessante Eltern-Kind-Unterhaltungen.

So kannst du Selbstständigkeit fördern

Wenn ihr Kind kaum Lust empfindet, Dinge im Alltag zu erledigen, übernehmen viele Eltern die Verantwortung für zahlreiche alltägliche Aufgaben, weil es „schneller geht“.

„Das dauert mir zu lange, lass mich das machen!“

Trotzdem solltest du hier darauf achten, dass du deinem Kind altersentsprechende Verantwortung und Pflichten überträgst. Beantworte dafür folgende Fragen:

- „Was kann mein Kind schon?“
- „Wie viel Verantwortung kann es übernehmen?“
- „Was fordert mein Kind und wie können wir diesen Schritt gemeinsam vorbereiten?“
- „Welche Sorgen plagen mich, sind diese begründet?

Je früher kleine altersentsprechende Tätigkeiten wie zum Beispiel Tischdienst (Aufdecken und Abräumen), Wäschekorb zur Waschmaschine tragen, Blumen gießen, Kleidung einräumen etc. eingeführt werden, desto eigenständiger und selbstwirksamer fühlen sich Kinder durch diese Erfahrungen. Auch Ermutigungen wie „Ich traue dir das zu!“ oder „Du wirst das gut meistern!“ signalisieren dem Kind, dass die Eltern bereit sind „loszulassen“.

So kannst du die Vorfreude auf die Schule erhöhen

Vielen Kindern wird der Schulbesuch zur Horrorvorstellung, weil sie im Zusammenhang mit der bevorstehenden Einschulung so etwas hören:

„Du musst jetzt das Stillsitzen lernen, du bist bald ein Schulkind!“
„Da wird dir niemand deine Sachen hinterhertragen!“

Achte darauf, welche Gesprächsbotschaften du deinem Kind in solchen Kontexten sendest. Über den Übergang in die Schule sollte schon einige Zeit davor gesprochen werden. Dabei ist es ratsam, keine wertenden Äußerungen zu tätigen. Frage dein Kind, wie es sich den Schulstart und den Schulbesuch vorstellt.

So schützt du die Intimsphäre deines Kindes

Kinder können schon lange vor Beginn der Pubertät ein Bedürfnis nach Wahrung ihrer Intimsphäre haben. Wenn sie dann bloßgestellt werden oder man sich über sie lustig macht, kann das die kindliche Integrität verletzen:

„Warum schließt du die Tür ab?“
„Ach komm, stell dich nicht so an, du bist noch ein Kind!“

Deshalb solltest du beachten, dass auch Kinder Scham empfinden und diese zum Ausdruck („Mir ist das peinlich!“) bringen. Dabei kann zwischen zwei Arten von Scham unterschieden werden. Die selbstbezogene Körperscham soll die eigene Intimsphäre wahren („Ich möchte mich nicht vor dir umziehen!“). Die fremdbezogene Körperscham nimmt Rücksicht auf die Grenzen anderer („Ich warte hier vor der Toilettentür, bis meine Schwester fertig ist“). Wenn Kinder ihre individuellen Schamgrenzen aufzeigen, sollte diese Ab- und Begrenzung respektiert werden.

WAS BRAUCHT MEIN KIND?

Eigentlich ist es ganz klar, was dein Kind braucht – es will seine Bedürfnisse gestillt bekommen. Doch manchmal, und insbesondere in der Hektik des Alltags, gerät das in Vergessenheit, auch weil vor allem kleine Kinder meist selbst nicht wissen, warum sie etwas tun. Hier hilft es, wenn du eines im Hinterkopf behältst: Hinter jedem Verhalten deines Kindes steckt ein unerfülltes Bedürfnis. Hier erfährst du, wie du mithilfe einer empathischen Sprache herausfindest, welches Bedürfnis das in dem Moment ist, wie du das für dein Kind und dich „übersetzt" und wie du es am besten stillen kannst.

Stell dir vor, es ist 6:00 Uhr in der Früh und der Wecker klingelt. Deine Nacht war nicht ganz so gut, denn du hattest Albträume von einem großen Monster, das es sich in deinem Mamazimmer gemütlich gemacht hat. Dein Kind steht hellwach neben deinem Bett und sagt: „Mama, es ist bereits zwei nach sechs. Du musst aufstehen, sonst kommen wir heute schon wieder zu spät auf deine Arbeit." Du liegst unter deiner kuschelig warmen Bettdecke und gibst dir wirklich viel Mühe schnellstmöglich wach zu werden. Dein Kind schaut dich dabei mit skeptischer Miene an und du merkst, dass es ihm gerade sichtlich zu lange dauert. Und obwohl du dir eigentlich noch eine kleine Kuschelzeit wünschen würdest, weißt du, dass dein Kind nicht lockerlassen wird. Und tatsächlich folgt keine zwei Minuten später: „So Mama, jetzt musst du aber wirklich aufstehen!"

Nun versuchst du dein Kind zu überzeugen, dass es zu Hause doch am schönsten ist und ihr heute ja die Arbeit mal ausfallen lassen könntet. Dein Kind bleibt streng. „Nichts da! Raus aus den Federn!" Du schlüpfst in deine Hausschuhe und läufst stampfend Richtung Bad – weil du das jeden Tag so machst. Der folgende Ablauf gehört mittlerweile zu deiner alltäglichen Routine. Du weißt genau, was du machen musst, damit du später das Haus verlassen kannst. Trotzdem gibt dir dein Kind nochmal eine kurze aber eindringliche Erinnerung: „Mama, geh bitte auf die Toilette, wasch dich und putz dir die Zähne. Vergiss aber dabei nicht schon wieder die Sanduhr umzudrehen. Zahnpflege ist wichtig! Du willst ja nicht, dass die Zahnfee traurig ist." Nachdem du ermahnt wurdest, dass das Ganze auch schneller gehen könnte, stehst du vor deinem Kleiderschrank. Du hast dir gestern schon überlegt, dass du heute gerne den rosa Tüllrock anziehen möchtest. Deinem Kind passt deine Kleiderwahl aber überhaupt nicht! Ohne zu fragen, warum dir das so wichtig ist, genau diesen Rock anzuziehen, legt es dir eine Jeans aufs Bett. „So jetzt trödel bloß nicht, Mama." Du versuchst deine Kleiderwahl zu verteidigen: „Aber, ich wollte doch …" „Nein Mama, da gibt's keine Diskussion! Du ziehst jetzt die Jeans an und fertig aus!"

Na? Was hat dieses Gedankenspiel bei dir ausgelöst? Hast du auch einige Male richtig Mitleid mit der armen Mama gehabt und gedacht: Mensch, dieses Kind ist aber streng!? Muss das denn sein? Könnte das Kind nicht wenigstens ein bisschen Verständnis aufbringen und auf die Bedürfnisse der Mama eingehen?

Gerade wenn es schnell gehen muss, neigen wir als Eltern dazu, die Selbstbestimmung und Selbstwirksamkeit unserer Kinder aus den Augen zu verlieren. Der Fokus ist dann gerichtet auf: „Funktionieren und Katastrophen vermeiden" oder „Immer muss ich alles steuern!" Dabei verlieren wir die Bedürfnisse des Kindes aus dem Blick. Wenn du im obigen Beispiel die Rollen wieder vertauschst, halte kurz inne und überlege: Ist an manchen Stellen wirklich keine Luft (auf das Kind einzugehen) oder ist es die Gewohnheit in uns, die uns morgens zu unduldsamen Antreibern macht? Wäre es nicht möglich, mit ein bisschen mehr Erklärungen, Spiel, Humor und Geduld Druck aus der Situation herauszunehmen? Sollten wir nicht besser unser Kind emotional gestärkt auf den Tag vorbereiten und ihm Perspektiven bieten, statt mit Enttäuschungen zu starten?

Falls wir bereit sind, mehr auf Kommunikation und Empathie zu setzen, könnte es durchaus sein, dass alle Beteiligten viel geschmeidiger bestimmte Abläufe erleben. Gleichzeitig wird eure Beziehung gestärkt und die Bindung stetig gefördert.

Gesehen, gehört und gefühlt werden

Eigentlich sind Eltern schon von Anfang an Expert*innen, wenn es darum geht, was das eigene Kind braucht. Es ist so, als würde es mit dem „Wir sind schwanger“ angelegt worden sein, automatisch auf das Weinen eines Babys zu reagieren, es in den Schlaf zu wiegen oder hinzueilen, wenn es mit großen Schritten Richtung Kaktus läuft.

Bei dem, was ein Kind schon ab der Geburt braucht, sollten wir zwischen biologischen Grundbedürfnissen (z. B. Essen, Trinken, Schlafen) und psychischen Grundbedürfnisse unterscheiden, die aber alle gestillt werden MÜSSEN. Weil es aber nicht ganz so auf der Hand liegt, was alles unter psychische Bedürfnisse fällt, möchte ich den Begriff näher erläutern.

Die psychischen Grundbedürfnisse des Menschen

1. Bindung: das Bedürfnis nach Nähe, Sicherheit und Mitmenschen
2. Selbstwerterhöhung & Selbstwertschutz: das Bedürfnis, sich als wertvoll und gut zu erleben, und die Suche nach Selbstbestätigung
3. Orientierung & Kontrolle: das Bedürfnis, im Leben Kontrolle zu erleben und das Gefühl zu haben, selbst bestimmen zu können
4. Lustgewinn & Unlustvermeidung: das Bedürfnis nach erfreulichen Erfahrungen, aber gleichzeitig mit unangenehmen Erfahrungen umgehen zu lernen oder sie zu vermeiden

Kindliche Bedürfnisse werden zunächst einmal von Bezugspersonen gestillt. Das heißt, dein Kind ist auf dein Einfühlungsvermögen angewiesen und darauf, dass du erkennst, welches Bedürfnis es gestillt bekommen möchte. Das abendliche „Mama, kommst du nochmal ... ich kann nicht schlafen!“, könnte übersetzt „Ich will mit dir einschlafen, ich brauche Nähe und Sicherheit!“ bedeuten (= Bedürfnis nach Bindung).

Kinder haben einen recht kleinen Radius, in dem sie handeln können. Diesen erweitern sie durch fürsorgliche Unterstützung von Tag zu Tag, indem sie ihrem angeborenen Erkundungsdrang nachgehen. In diesem Zusammenhang kennst du sicherlich den Satz „Ich kann das schon alleine, lass mich!“ Wenn das auch erst einmal nach Widerstand klingt, wird bei zweiter Betrachtung klar, dass es das Bedürfnis nach Selbstbestätigung (= Bedürfnis nach Selbstwerterhöhung) ist. Denn hinter jedem Verhalten versteckt sich ein noch unerfülltes Bedürfnis.

Natürlich kennst du auch das Gefühl der Unsicherheit, weil im stressigen Alltag der Blick hinter das kindliche Verhalten und die Lösung „Was braucht mein Kind“ gar nicht so einfach sind. Je nach Alter, Temperament, Situation können Bedürfnisse vollkommen unterschiedlich geäußert werden. Das Baby weint, um sein Bedürfnis gestillt zu bekommen. Das zweijährige Kind fragt einfach nach „Hoch, Papa!“ Das fünfjährige spricht es aus und sagt „Kannst du bei mir bleiben, ich vermisse dich!“ Und natürlich sind auch Jammern, Nörgeln und Schubsen Zeichen für ein ungestilltes Bedürfnis und die „unangenehm verpackte Frage“ des Kindes: „Hören, sehen, fühlen mich meine Eltern?“

Das Wissen über die Bedürfnisse, die wirklich hinter dem Verhalten des Kindes stecken, macht Eltern empathischer. Sie sollten verinnerlichen, dass es in der Eltern-Kind-Beziehung kontinuierlicher Überlegungen über die wahren Beweggründe für kindliches Verhalten bedarf. Also frage dich beim nächsten Wutausbruch, Spielplatzdrama, Geschwistergebrüll, Hausaufgabenstreit ...

- Warum verhält sich mein Kind so?
- Was steckt dahinter?
- Wie könnte ich das eigentliche Bedürfnis herausfinden, kommunizieren und stillen?

Hierbei stellen Gespräche über Bedürfnisse den gewünschten Kontakt zu deinem Kind her und bringen viel mehr Gelassenheit in euren Familienalltag. Durch deine Rückmeldung an dein Kind („Ich sehe, du brauchst im Moment ...") lernt es, sich selbst besser zu verstehen: „Aha, das ist also mein Bedürfnis gerade!" So lernt es auch irgendwann, ohne dich seine eigenen Bedürfnisse wahrzunehmen, einzuordnen, diese selbst zu stillen, darauf zu achten und für sich selbst einzustehen. Gleichzeitig erweiterst du das einfühlsame Sprechen und die Gesprächskompetenz deines Kindes, welche es im Kindergarten, in der Schule und später im Berufsleben benötigen wird, um sich seiner Umwelt mitzuteilen, andere zu verstehen und zuzuhören.

In der Theorie liegt das alles auf der Hand, in der Praxis jedoch ist die Umsetzung häufig schwieriger, die kindlichen Bedürfnisse gleich herauszuhören. Gerade wenn Kinder müde, durstig, hungrig sind, verschwimmen die Signale. Hier solltest du dich aber nicht überfordern. Es reicht vollkommen, zu wissen, dass manche als „störend" empfundene Aussagen und Verhaltensweisen deines Kindes auf ein unerfülltes Bedürfnis hinweisen und du dich von diesen daher nicht aus der Fassung bringen lässt.

Nicht nur dein Kind, auch du brauchst für dein psychisches Wohlbefinden die Befriedigung deiner Bedürfnisse. Das solltest du nicht unterschätzen. Häufig spüren selbstlose Eltern erst ziemlich spät, etwa wenn sie sich unwohl oder krank fühlen, dass sie sich selbst vernachlässigt haben (siehe Kapitel *Was brauche ich*). Auch wenn es schwierig ist, die Bedürfniserfüllung insbesondere kleinerer Kinder aufzuschieben, solltest du trotzdem darauf achten, dass dein Wohlergehen nicht vernachlässigt wird.

Gefüllte Bedürfnisgläser decken das Kooperationskonto

Dein Bestreben sollte es sein, dass die Bedürfniswaage deiner Familie im Gleichgewicht ist. Das bedeutet, dass die oben genannten Grundbedürfnisse einigermaßen ausgeglichen befriedigt werden sollten (möglichst bei allen Familienmitgliedern). Damit du hier den Überblick behältst, kannst du die Bedürfnisspeicher deines Kindes in Form von Gläsern darstellen und diese auffüllen.

FÜLLE DIE BEDÜRFNISGLÄSER

Stelle 4 Gläser auf und beschrifte sie mit den einzelnen Bedürfniskategorien. Diese Gläser werden *dich die nächsten Wochen wie eine Art „Tankanzeige" begleiten. Jedes Mal, wenn du denkst, eines dieser Bedürfnisse bei deinem Kind gestillt zu haben, lege ein kleines Steinchen oder eine Murmel in das jeweilige Glas. So siehst du am Abend, welche Gläser gefüllt sind und um welche Bedürfnisse du dich tagsüber noch nicht so gekümmert hast, die jetzt aber „last minute" noch gestillt werden sollten, damit die Gläser alle ungefähr gleich gefüllt sind. Denn wenn diese Bedürfnisse im Gleichgewicht sind, ist das Kooperationskonto des Kindes gefüllt.*

Achte auch im Alltag darauf, welche Bedürfnisse du bei deinem Kind erkennst und worauf du noch verstärkt achten musst!

Deine Bedürfnisgläser

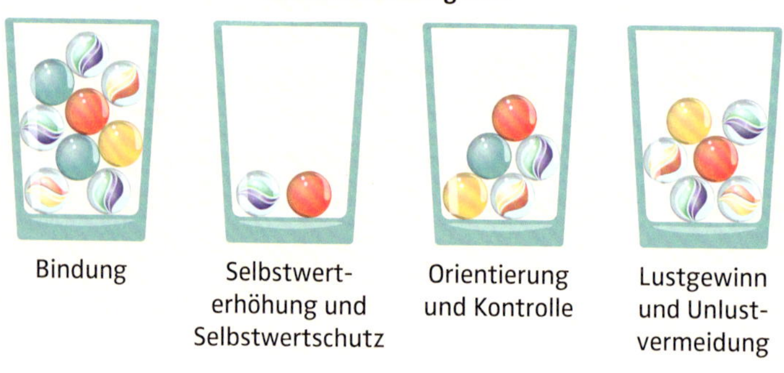

Statt beispielsweise bei der morgendlichen „Anziehkrise" zu sagen: „Warum jammerst du schon wieder?" (Abwertung), kannst du es mit der Aussage versuchen: „Ich sehe, dass es dir schwerfällt, zieh bitte deine Hose an, den Reißverschluss am Pulli ziehen wir gemeinsam hoch!" Und dann kannst du in das Bedürfnisglas „Bindung" eine Murmel legen. Wenn du auf diese Weise die Bedürfnisgläser deines Kindes möglichst gleichbleibend füllst, wirst du bald verblüfft feststellen, dass auch sein „Kooperationskonto" im Plus ist.

Wenn das Kooperationskonto gedeckt ist …

- ist der emotionale Tank deines Kindes voll aufgeladen und die Stimmung scheint ausgeglichen.
- ist es bereit Dinge umzusetzen, die es für sich erst einmal nicht priorisieren würde (z. B. Zähneputzen).
- wägt es zwischen den eigenen Bedürfnissen und fremden Anforderungen ab (lehnt eine Bitte oder Aufforderung nicht sofort ab!).
- kann dein Kind sich gut an äußere Bedürfnisse anpassen.

Bedürfnisbefriedigung führt zu einem gedeckten Kooperationskonto und das ist die Grundlage für ein harmonisches Miteinander.

Überlege einfach mal, wie häufig dein Kind kooperiert. Im Alltag nehmen Erwachsene vieles als selbstverständlich an. Vielleicht wäre es immer mal wieder angebracht, deinen inneren Scheinwerfer auf seine kooperativen Verhaltensweisen zu richten. Und diese dann auch verbal hervorzuheben „Ich habe gesehen, dass du leise warst, während ich telefoniert habe. Ich danke dir, dass du Rücksicht auf mich nimmst!"

Was schmälert aber die Kooperationsbereitschaft? Ein langer Tag für ein Vor-bzw. Grundschulkind mit vielen verschiedenen Reizen, die verarbeitet werden müssen, kann die Bereitschaft zur „Zusammenarbeit" vermindern. Das wirst du daran erkennen, dass manche Dinge, wie die Bitte das Zimmer aufzuräumen am Abend kaum umsetzbar sind. Am nächsten Morgen mit vollem Tank ist dein Kind dann eher bereit, sich mit herumliegendem Spielzeug auseinanderzusetzen. Weiterhin führt die Verletzung der kindlichen Integrität (Verhaltensweisen gegen den Willen des Kindes, Grenzverletzung, Übergriffigkeit, Machtandrohung usw.) dazu, dass es sich unkooperativ verhält. Wenn ein Kind gerade darüber frustriert ist, kein Stück Schokolade zu bekommen und wir im gleichen Atemzug von genau diesem Kind verlangen, die Bauklötze wegzuräumen, dann kann man sich unschwer vorstellen, dass es emotional gerade eher mit der Enttäuschung wegen der Schokolade beschäftigt ist und nicht motiviert reagieren kann.

Die Bausteine der empathischen Kommunikation

Alex wird vom Kindergarten abgeholt und möchte definitiv nicht mitgehen. „Ich will nicht nach Hauseee, lass mich in Ruhe!" ist dann zu hören. Er taucht immer mehr in seine Wut ein, denn es fällt ihm, wie allen anderen Kindern in seinem Alter, schwer, auszudrücken, was ihm fehlt und was er jetzt gebrauchen könnte (Erwachsenen kann es aber genauso schwerfallen ☺).

Deshalb ist es in diesem Augenblick an den Eltern zu analysieren, welches Bedürfnis Alex jetzt gerade hat. Um das herauszufinden, muss aber irgendwie mit dem Kind kommuniziert werden. Und es gehört zur Gesprächskunst der Eltern, zu wissen, was man sagt und wie man sich ausdrückt. Dafür ist es wichtig, dem Kind zuzuhören. Was höre und sehe ich gerade? Bin ich konzentriert? Was fühle ich? Was sendet mein Kind für Signale? Wenn du solche Situationen kennst, überlege, ob du die Gefühle und Gedanken hinter den Worten deines Kindes bisher erkennen konntest und ob daraus gute Gespräche entstanden sind oder eher Machtkämpfe. Natürlich führen Wutanfälle wie bei

Alex eher selten zu einem angenehmen Austausch. Meistens ist das dann wie bei einem Tornado. Man lässt sich reinziehen und zack sind alle am Ende ihrer Nerven. Schweißgebadete Eltern und vor Wut rot angelaufene Kinder, die zum Schluss dann meist weinen oder um sich hauen. Und zu allem Überfluss auch noch die Erzieher*innen, die das Streitgespräch beobachten, um zu sehen, ob die Mutter oder der Vater die Situation in den Griff bekommt. Stress pur, alle vernünftigen Gehirnareale sind jetzt „außer Betrieb"! Kommt dir das bekannt vor?

Wie schön wäre es jetzt, wenn Alex sagen würde: „Mama, es hat mir heute so Spaß gemacht, ich möchte noch weiterspielen, aber irgendwie möchte ich auch mit dir nach Hause!" (die Gefühlsambivalenz äußern) oder: „Papa, ich habe das Gefühl, dass ich unterzuckert bin, ich glaube ich sollte was essen!" (Körperwahrnehmung) oder „Oma ich habe einfach keine Idee, was mit mir los ist, ich spüre was, habe aber keine Ahnung, wie ich damit umgehen soll!" (Emotionsregulation). So würde ein Miteinander-Reden statt ein Gegeneinander-Kämpfen entstehen.

Wir würden viel gelassener auf unser Kind reagieren oder wären ganz einfach verständnisvoller, wenn wir immer gleich verstehen würden, was denn los ist. Wahrscheinlich würden wir dann auch mit beruhigenden Worten auf unser Kind eingehen können: „Sollen wir deinen Erzieher mal fragen, ob du noch fünf Minuten weiterspielen darfst?" oder „Ach, da hat jemand glaube ich großen Hunger. Ein Glück, dass es zu Hause gleich etwas ganz Leckeres zu essen gibt."

Kinder können ihre Bedürfnisse nicht so einfach formulieren und genau daraus entstehen dann viele Konflikte. Es liegt also in der Hand der Erwachsenen, diese hochexplosiven Gespräche zu lenken und zu entschärfen, indem sie die Sichtweise des Kindes einnehmen und ihre Superkraft der einfühlsamen Kommunikation aktivieren. Und für diese Art der Interaktion gibt es verschiedene Bausteine.

Augenhöhe und Timing

Um drei Ecken herum wird geschrien: „Komm jetzt, wir müssen los!" Das Kind spielt vertieft mit seinem Freund Lego und hört nur am Rande, was die Eltern wollen („... los"). Verärgert, weil er nun schon drei Mal gerufen hat, läuft der schnaufende und schwitzende Vater zum Kind und sagt einen der wohl beliebtesten Sätze auf der elterlichen Ungedulds-Hitliste: „Hörst du mich nicht oder willst du mich nicht hören?!"

Und jetzt kommt das Timing ins Spiel. Denn die Frage ist doch: Wäre dieses Gespräch besser gelaufen, wenn das Kind nicht in diesem Augenblick im Spiel vertieft und der Vater nicht gestresst gewesen wäre? Mit Sicherheit. Denn von der „richtigen" Zeit abhängige Umstände wie Hunger, Müdigkeit, Schmerzen oder Stimmung haben einen Einfluss darauf, ob das Miteinander-Sprechen als zufrieden oder unzufrieden erlebt wird. Bitten aus der Ferne werden da nicht unbedingt ausgeführt. Hat sich dann jedoch ein – zeitlich begrenztes – „Gesprächsfenster" geöffnet, ist es möglich, in Kontakt mit dem Kind zu treten. Dabei darf „Augenhöhe" nicht unterschätzt werden. Weil wir Erwachsene körperlich schon viel größer sind und auch mächtiger wirken, könnte das „Von-oben-herab-Sprechen" als Bedrohung oder „Ich sitze am längeren Hebel" ankommen. Da ist Widerstand vorprogrammiert.

Eltern treffen Entscheidungen, wann es wohin geht, was getan werden soll, und das ist auch gut so, denn wir können auf einen anderen Wissens- und Erfahrungsschatz zurückgreifen als unsere Kinder. Ich erwähne dies, weil viele Erwachsene Augenhöhe mit „Altklug-alles-Ausdiskutieren" verwechseln („Robyn komm hierher, wir müssen darüber reden!"). Augenhöhe bedeutet jedoch vielmehr „Ich bin bereit, mich mit dir zu verbinden, möchte mit dir sprechen und deine Bedürfnisse sind mir wichtig". Es ist also ein wichtiger Kommunikationsbaustein, auf den du achten kannst.

Ebenbürtige Kommunikation
„Es reicht, du kommst nie zum Schluss. Komm jetzt!"

Wie könnte das „Ich begegne dir auf Augenhöhe" nun aussehen? Runterknien oder zumindest Runterbeugen und ggf. auch ein sanftes Berühren an der Schulter sind hier angeraten. Dies signalisiert dem Kind: „Ich nehme dich und deine Bedürfnisse wahr." Diese klare Körpersprache bereitet die „echte Bitte" vor.

Klare innere Haltung zum Ausdruck bringen: „Ich sehe, dass das Spiel mit deinem Freund dir viel Spaß macht. Wir müssen jetzt nach Hause laufen! Ich warte hier, verabschiede dich und dann überlegen wir, was wir auf dem Heimweg spielen können!" (Heimwegspiel vorschlagen: „Ich sehe was, was du nicht siehst!", Schilderraten, Auto-Farben-Bingo u. Ä.)

Blickkontakt

Blickkontakt bedeutet: „Ich bin mit meiner Aufmerksamkeit ganz bei dir und bin mit dir in Verbindung" und nicht umsonst heißt es „Liebe auf den ersten Blick". Blickkontakt entscheidet, ob du dein Kind erreichst oder nicht. Kennst du die Situation: Du sprichst mit deinem/r Partner*in und diese/r schaut in eine ganz andere Richtung? Ja, du verstehst was ich meine. Es lässt das Gefühl von „Ich bin dir nicht wichtig" aufkommen. So ist das auch im Gespräch mit deinem Kind. Wenn du dabei wegschaust oder dich mit anderen Dingen (z. B. dem Handy) beschäftigst, werden deine gesendeten Botschaften nicht da ankommen, wo sie sollen. Bei deinem Kind.

Versuche Blickkontakt herzustellen. Dies wird deinem Kind nicht nur dein Interesse an ihm vermitteln, sondern das gemeinsame Vertrauen wachsen lassen.

Zuhören

Einer der schwierigsten und anspruchsvollsten Bausteine für die Aktivierung deiner Superkraft ist das Zuhören und Verstehen deines Kindes.

Was passiert eigentlich bei einer Unterhaltung zwischen dir und deinem Kind? Der Kommunikationspsychologe Friedemann Schulz von Thun hat das „Vier-Ohren-Modell“ entwickelt, welches sich gut auf deinen Elternalltag übertragen lässt.

Wenn dein Kind spricht (inkl. Körpersprache, Mimik, Gestik, Tonlage) ist es der Sender, der dir etwas mitteilen will. Dabei bist du der Empfänger (zuhörender Part), der die Signale, die das Kind dir schickt, entschlüsseln muss, um die Botschaft zu verstehen. Je nachdem, in welcher Gefühlslage du bist, kannst du unterschiedliche Botschaften aus dem Satz deines Kindes hören. Die Rollen wechseln sich ab, je nachdem, wer gerade spricht (Sender) und wer zuhört (Empfänger).

Laut dem 4-Ohren Modell kann derselbe Satz von einem Gesprächs-Empfänger auf vier verschiedene Arten aufgefasst und verstanden werden. Aber auch hinter den Worten des Sprechers können sich vier unterschiedliche Botschaften verstecken. Puhh, kein Wunder, dass das zu Missverständnissen in der Kommunikation führen kann, oder?!

DIE 4 OHREN IN DEINEM KOPF

Stell dir folgende Situation vor: Du stehst in der Küche und kochst. Dein Kind sitzt im Wohnzimmer und sieht fern. Du kommst zu ihm ins Wohnzimmer und sagst: **„Der Tisch ist noch nicht gedeckt.“**

Was versteht dein Kind mit seinen 4 Ohren?

1 **Sachohr:** „Was willst du mir sagen?“
Hier geht es um die reine Sachinformation.

→ **„Mama hat festgestellt, dass der Tisch noch nicht gedeckt ist.“**

Beziehungsohr: „In welcher Beziehung stehen wir zueinander? Wie stehst du zu mir? Was hältst du von mir?"
Dieses Ohr ist hellhörig, sich wertgeschätzt aber auch kritisiert zu fühlen.

→ „Mama denkt bestimmt ich sei faul."

Selbstoffenbarungsohr: „Was willst du (= Mama/Senderin) mir von dir erzählen?"
Jede Aussage beinhaltet etwas von deiner Persönlichkeit wie z. B. Wünsche, Erwartungen, Gefühle oder Bedürfnisse.
→ „Mama ist bestimmt enttäuscht, weil sie sich gewünscht hätte, dass der Tisch gedeckt ist."

Appellohr: „Was willst du von mir? Sollte ich reagieren?" Die sprechende Person versucht, mit dem Gesagten Einfluss auf das Gegenüber auszuüben und wünscht sich eine Reaktion.

→ „Ich soll sofort den Tisch decken!"

Das Eis kann schnell sehr dünn werden, wenn du deine Aussage auf der Appellebene sendest, dein Kind sie jedoch auf dem Sach-Ohr empfängt und versteht. Vermutlich bleibt es auf der Couch sitzen und wartet, bis du schreiend das Appellohr bedienst.

Was sollte man besonders in der Eltern-Kind-Kommunikation beachten? Was hilft dir, damit erst gar kein negativer Kommunikations-Teufelskreis entsteht?

Überprüfe deine Aussagen regelmäßig nach ihrer Intention. Was versteckt sich dahinter und wie könnte der Empfänger (z. B. dein Kind oder Partner*in) die Botschaft verstehen. Selbst ein einfaches Wort wie z. B. „AHA" kann viel bedeuten und eventuell nicht so verstanden werden, wie du es dir erhoffst. Bei Wünschen und Erwartungen hilft es, wenn diese klar geäußert werden, damit dein Gegenüber die Möglichkeit hat, es richtig zu verstehen und zu reagieren. Manchmal ist es auch hilfreich, wenn der Empfänger/Hörer das Gesagte nochmal in eigenen Worten wiederholt und fragt, ob es so richtig verstanden wurde. Oder ganz einfach die Nachfrage: „Wie meinst du das?"

Passen wir das Vier-Ohren-Modell an die kindliche Kommunikation an, so kommt zusätzlich „**das Bedürfnisohr**" dazu.

Stell dir vor, du holst dein Kind ab und es sagt direkt zur Begrüßung „Nein, Mama, du bist Kacka!" und stampft mit dem Fuß auf. Du könntest jetzt antworten „Hör mal, wie sprichst du denn mit mir!?" oder du hörst mit dem Bedürfnisohr hin! Denn es ist ein riesen Stolperstein in der Kommunikation, dass Kinder ihre Bedürfnisse nicht immer klar äußern können. Ich vergleiche das gerne damit, dass Kinder ihre Eltern auf der falschen Nummer anrufen. Sie sehen ihre Eltern zwar vor sich stehen, bei denen klingelt es aber nicht, und dann kommt die Ansage „Liebes Kind, bitte rufe später erneut an, die Eltern, die angerufen wurden, sind aktuell nicht erreichbar!"

„Nein Mama, du bist Kacka!" könnte, wenn du mit deinem Bedürfnisohr hinhörst, Folgendes bedeuten:

- Das Spielen tut gut." (Lustgewinn)
- „Ich möchte selbst entscheiden, komm mich später abholen!" (Orientierung & Kontrolle)
- „Ich fühle mich hier wertgeschätzt." (Selbstwerterhöhung)
- „Ich möchte bei meinen Freunden bleiben!" (Bindung)

Der Begrüßungssatz hat dich aber bereits so aufgewühlt, dass du diese verschiedenen Formen des „Zuhörens" gar nicht umsetzen konntest. Meist neigen wir ja dazu, ohne es zu wollen nur mit einem bestimmten Ohr zuzuhören. Aber spulen wir mal weiter zu den möglichen Reaktionen vor.

„Hör mal, wie sprichst du denn mit mir!" würde die Situation nur anheizen, da du das Bedürfnis deines Kindes weder gesehen noch verstanden hast. Es kann jetzt leicht eskalieren, muss es aber nicht. Versuche aktiv zuzuhören, was dein Kind empfindet und was die Botschaft hinter dem eigentlich „verbotenen“ Wort „Kacka“ ist. Kinder verwenden gerne mal „verbotene“ Wörter, um starke Gefühle auszudrücken.

Um diese Botschaft zu entschlüsseln, braucht es Feinfühligkeit und Empathie, aber erst dann wird sich dein Kind verstanden fühlen und die „Bombe“ ist entschärft. Manchmal wissen nämlich auch Kinder nicht, was die Kernbotschaft hinter ihren eigenen Aussagen ist. Wenn Eltern diese dann für sie (aus)formulieren, sind sie selbst verblüfft, haben einen „AHA-Moment“ und beruhigen sich. Vielleicht nicht beim ersten Mal, aber sie fangen an, sich selbst zu verstehen.

„Ich sehe, dass du aufgebracht bist, weil ich zu früh da bin. Das Spielen mit deinen Freunden zu beenden, fällt dir sehr schwer.“

Wenn jetzt das Kind zu weinen anfangen würde, könntest du auf das **passive Zuhören („Ich spüre und sehe dich“)** wechseln und lediglich durch deine Anwesenheit und Körpersprache signalisieren, dass du dein Kind „hörst“.

Im aktiven und passiven Zuhören solltest du ganz und gar auf das Bewerten verzichten: „So schlimm ist das doch überhaupt nicht. Komm wir müssen jetzt nach Hause.“ (Bagatellisieren des Erlebten). Elternrückmeldungen, die nicht wertend sind (keine Ratschläge, Tipps, voreilige Lösungen enthalten) führen meist dazu, dass sich Kinder öffnen und sich angenommen fühlen.

Verständnis

Manchmal ist es so, dass Aussagen deines Kind, die du okay findest, von anderen Eltern abgelehnt werden. „Du bist bähhh!“ ist für manche eine No-Go-Aussage und sie reagieren dann zum Beispiel so: „Sofort rein mit der Zunge!“ Ein anderer Vater oder eine andere Mutter antwortet auf das vermeintliche Frechsein mit: „Ich sehe, dass du wütend auf mich bist.“

Wenn du Aussagen wie „Kacka Mama“ oder „Ich hasse dich Papa!“ hörst, kannst du entweder schimpfen und es zur höchsten Eskalationsstufe hochschaukeln lassen oder du überlegst, ob du es auf irgendeiner Ebene verstehen kannst. Wenn der Satz „Ich hasse dich Papa!“ in der Öffentlichkeit fällt, können Eltern mit unerwünschten Äußerungen von Außenstehenden wie „Der spricht aber frech mit Ihnen“ konfrontiert werden und sich dann ganz klein fühlen. Um diese Gefühle von Macht- und Hilflosigkeit nicht spüren zu müssen, greifen sie dann zur Machtkarte und schimpfen: „So sprichst du aber nicht mit mir Fräulein!“ Und dann fängt die Abwärtsspirale in eurer Kommunikation an. Dabei wäre es wichtig, gerade in solchen Momenten, wenn sich unangenehme Gefühle breit machen, kurz auf die Pausentaste zu drücken (auch wenn es den meisten schwerfällt), um zu überlegen, welche hilfreichen Antworten dir für dein kleines Kind zur Wahl stehen. Auch wenn es groß wirkt, weil es die Sprache schon so gut beherrscht, ist es ein Kind und du bist das Vorbild.

Die meisten Eltern haben Angst, dass das Wort „Kacka“ dann für immer bleibt. Werden die eigentlichen Bedürfnisse in diesem Augenblick jedoch von dir in Worte gepackt („Du bist so richtig wütend auf deine Schwester“) und das Kind versteht danach, warum es „Kacka“ gesagt hat, wird es mit der Zeit lernen, seine Gefühle und Bedürfnisse besser zum Ausdruck zu bringen („Hör auf mich zu ärgern“ statt „Kacka“).

Gerade Fäkalsprache hat noch eine weitere sehr wichtige Komponente, sie ist ein Versuchsballon, ein „Ich-probiere-das-aus-und-beobachte-die-Reaktion-meiner-Eltern“. Und die ist hierbei wichtig. Wenn dein Sohn oder deine Tochter merkt, dass „Kacka“ ein besonderes Wort ist und zumindest Erstaunen oder sogar Entsetzen hervorruft, wird es für ihn/sie spannend sein, dieses machtvolle Wort immer wieder zu benutzen.

Aber, um dein Kind in Schutz zu nehmen: Fäkalsprache zu benutzen ist einfach ganz normal und eine Phase. Jedes Kindergartenkind wird mindestens einmal in seinem Leben „Pupsnase“, „Furzpirat“, „Kackawurm“, „Popoloch“ … gesagt haben (dir fällt bestimmt noch viel mehr ein). Natürlich kannst du jetzt sagen, dass du solche Worte nicht hören willst. Du kannst sie ignorieren („Ich reagiere gar nicht darauf“), erklären („Solche Wörter gehören in die Toilette“) oder auch verbieten („Wir benutzen solche beleidigenden Wörter nicht“). Das kann alles funktionieren. Doch auch wenn du das „Kacka-Wort-Problem“ zu Hause unter Kontrolle hast, wird es spätestens in der Kita auf Freunde und Erzieher*innen treffen, die auf „Kacka“ reagieren werden.

Deshalb eine Frage: Wie wäre es mit Verständnis? Diese Phase vergeht ja sowieso irgendwann wieder. (Okay, zugegeben, das Wort „Scheiße“ haben wir Erwachsenen jetzt auch nicht so toll im Griff und es rutscht uns immer wieder heraus. Aber „Kackawurm“ hört man jetzt in Gesprächen der „Großen“ nicht mehr unbedingt.) Ich frage mich in diesem Zusammenhang: Was gehört zu einem respektvollen Miteinander? Hindert mich der gesellschaftliche Druck daran, das „Kacka Mama/Papa“ einfach zu „überhören“ oder das Gesagte für das Kind zu übersetzen? Andererseits ist ein Belächeln und Gutheißen („Streck mal der Mama die Zunge raus“ oder „Sag mal „Kacka Papa“) auch nicht zielführend. Denn das würde das Kind als eine positive Interaktion und als „Papa findet meine Aussagen gut“ abspeichern, und das wäre ein Problem im sozialen Miteinander. Also ist auch das nicht die Lösung.

Der goldene Mittelweg ist, dein Verständnis mit angemessenen Worten wiederzugeben, damit dein Kind versteht, was mit ihm los ist.

„Du siehst wütend aus und streckst deshalb die Zunge raus!“
„Wenn ich wütend bin, dann stampfe ich 3x auf den Boden!“

So zeigst du deinem Kind eine Alternativstrategie, mit diesen überwältigenden Gefühlen umgehen zu können. Je häufiger das Kind über Worte Zugang zu seinen Emotionen findet und andere Regulationswege hört und sieht, desto wahrscheinlicher ist es, dass es diese auf seine Weise adaptiert.

Körperkontakt

Im Alltag oft unterschätzt, aber ein „Booster“ für positive Interaktionen: der Körperkontakt. Das beste Mittel der nonverbalen Kommunikation hebt die Bereitschaft „Ich möchte mit dir sprechen!“ hervor. Die Berührung „verbindet“ und das ist unser Ziel. Die Eltern-Kind-Beziehung wird positiv durch den Körperkontakt (das Baby in den Arm nehmen, tragen, kuscheln, sanft über die Haare streicheln oder ein Küsschen geben) beeinflusst. Du denkst: Das ist doch eigentlich normal und so einfach? Doch man vergisst es, erinnert sich oft nicht mehr daran, dass es so wenig braucht, um viel zu erreichen.

Zeit und ungeteilte Aufmerksamkeit

Wie wichtig dieser Punkt ist, brauche ich dir in dieser schnelllebigen Welt nicht zu sagen. Kinder spüren den stressigen Alltag und zeigen häufig kurz vor dem Zubettgehen nochmal, dass sie die Zeit für Gespräche mit ihren Eltern ganz dringend brauchen. Es ist schon dunkel, die Mama liegt beim Kind, es ist warm und kuschelig, die Superkraft ist aktiviert. So können innige Gespräche stattfinden. Auch wenn viele Eltern gerade am Ende des Tages ausgelaugt sind und sich nur noch wünschen, dass das Kind endlich einschläft, ist nach meiner Erfahrung diese sensible Phase vor dem Zubettgehen das Tor, durch das du gemeinsam mit deinem Kind gehen kannst, um innig mit ihm zu kommunizieren. Diese ungeteilte Aufmerksamkeit erreicht, dass dein Kind seinen Tag Revue passieren lassen kann, dir alles mitteilt, was es auf dem Herzen hat und so mit einem guten Gefühl einschläft. Es heißt nicht umsonst, „von der Seele reden“. Kinder erleben so viele Dinge am Tag und die meisten Eltern sind nur einen Bruchteil davon anwesend. Ob Überreizung, emotionale Einbrüche oder positive Interaktionen, wenn wir das Kind priorisieren und es mit kostbarer Zeit beschenken, wird dies die Eltern-Kind-Beziehung positiv beeinflussen. Nicht nur für den Moment, sondern prägend für das ganze Leben.

Humor und Leichtigkeit

Dein Kind verzieht das Gesicht und du merkst, dass es angespannt wirkt. Du spürst auch, dass du mit jeder Handlung oder Aussage das Fass zum Überlaufen bringen kannst. In solchen Augenblicken solltest du dich fragen: „Was würde ich mir jetzt wünschen?“ Wahrscheinlich, dass dich jemand da abholt, wo du gerade stehst und irgendwie die Anspannung abbaut oder die Atmosphäre auflockert. Wenn es um Kommunikation in der Erziehung geht, wird vieles zu ernst genommen: „Wenn ich darüber lache, dann nimmt mich mein Kind nicht ernst!“ Doch Leichtigkeit und vor allem Humor sind die besten Werkzeuge, die ein Lächeln erzeugen und Beziehungen und Emotionen regulieren können. Das Beste daran ist, dass es in jeder Situation eingesetzt werden kann und den Kindern vermittelt, dass das gemeinsame Leben schön und spaßig ist.

Hier sind einige Tipps und Tricks für mehr Leichtigkeit in eurem Familienalltag:

In eine andere Rolle schlüpfen
Mach dabei deine/n Partner*in nach: „Schau mal, ich bin Papa ...!“ Du kannst auch Gegenstände wie z. B. Socken zum Leben erwecken: „Hi, ich suche meinen Besitzer. Wo ist bloß Mourad? Ich brauche unbedingt Füße, damit ich laufen kann.“

Stimmlage verändern und in hohen oder sehr tiefen Tönen sprechen
„Eure Majestät, sind Sie bereit für Ihre Gewänder? Die Kutsche wartet schon ...“

Sich in Tiere verwandeln macht Kindern besonders viel Spaß
„Lass uns wie Dinos stampfen, damit der Dreck von unseren Schuhen abfällt!“
„Watscheln wir wie Enten bis zum Auto!“

Auch Zeichentrickfiguren oder Superhelden können dabei eingesetzt werden.
„Verwandeln wir uns in PJ Masks und bekämpfen gemeinsam die schrecklichen Monster unter dem Bett!“

Aufforderungen: klar, kurz, positiv

Es wäre so einfach, wenn unsere Kinder unseren Aufforderungen immer folgen würden, ohne zu widersprechen, oder? Aber wenn wir uns bewusst machen, dass sie dadurch zu Menschen heranwachsen würden, die auch später blind all jenen folgen, die ihnen sagen, was sie tun sollen, klingt das schon weniger erstrebenswert. Wir wünschen uns doch, dass unsere Kinder selbstbewusst und gestärkt durchs Leben gehen, eine eigene Meinung haben und dass sie für ihre Gefühle und Bedürfnisse einstehen können. Damit wird klar, dass es nicht hilfreich ist, wenn wir ihnen drohen, Vorwürfe machen, sie kritisieren, zu etwas zwingen, bestrafen oder sie auf irgendeine Art herabsetzen (auch wenn einige Eltern solche Methoden aus der eigenen Kindheit kennen). Denn all diese veralteten „Erziehungsmethoden“ schwächen das kindliche Selbstbewusstsein und hindern Kinder daran, sich selbst als kompetent wahrzunehmen und Herausforderungen lösungsorientiert anzugehen.

Wie können meine Worte mein Kind erreichen?

Um das herauszufinden, nehmen wir ein Beispiel, das in den meisten Familien ein Thema ist: Dein Kind soll zum Essen kommen. Hand aufs Herz: Könnte es sein, dass du da auch ab und zu aus der Küche durch die Wohnung nach deinem Kind rufst in der Hoffnung, dass es dann kommt? Und dich provoziert fühlst, wenn es eben nicht kommt? In diesem Fall kann es sein, dass dein Kind so im Spiel versunken ist, dass es dein Rufen nicht richtig wahrgenommen hat oder dass es ihm noch nicht dringlich genug vorkam (hier können wir uns mal ehrlich fragen, ob wir selbst immer direkt losrennen, wenn uns jemand ruft ...). Da kann es helfen, wenn du wirklich Kontakt zu deinem Kind aufnimmst. Entweder durch Augenkontakt oder – wenn es allzu vertieft spielt – sogar durch Körperkontakt (z. B. die Hand auf die Schulter legen). Um es dort abzuholen, wo es gerade ist.

Dazu ist zu sagen: Grundsätzlich kommen **Aufforderungen** besser beim Kind an und können **leichter vom Gehirn verarbeitet** werden, wenn sie möglichst **klar, kurz und positiv** formuliert sind. Und hier kommt auch der Unterschied zwischen einer Bitte und einer Aufforderung zum Tragen: Eine Bitte kann und darf abgelehnt werden. Eine Aufforderung kann länger und komplexer oder kürzer und klarer sein.

Statt „Kannst du mir deine Hand geben?“ (Bitte) oder „Ich möchte gerne, dass du mir bitte jetzt die Hand gibst, weil hier so viele Autos fahren. Nicht, dass dir noch etwas passiert.“ (Komplexe Aufforderung) kannst du besser auf den Punkt kommen:

„Gib mir deine Hand an der gefährlichen Straße.“ (Klare Aufforderung)

Wieso klar?

Wird das Kind angesprochen, sollten sich Eltern im Vorfeld darüber bewusst sein, *was* sie *wie* in diesem Augenblick übermitteln wollen. Also: Wie verpacke ich meine Nachricht, damit mein Kind das Gesagte so gut wie möglich entpacken und interpretieren kann? Eine klare Verständigung bedeutet dabei, zu überlegen, was das Ziel ist. Möchte ich mein Kind mit einfachen Worten aufklären? Informieren was gleich passiert? Überzeugen, dass es etwas tun soll? Bei herausfordernden Tätigkeiten motivieren? Dabei können 4 Techniken zu mehr Klarheit in der Kommunikation führen.

KLARHEIT DURCH 4 KOMMUNIKATIONSTECHNIKEN

1. **Vereinfachen:** Eigentlich eine Technik für Erwachsene, um Erklärungen im Fachjargon auf das Nötigste und Verständlichste herunterzubrechen. Sinnvoll auch für Gespräche mit Kindern, die ihr Wissen noch aufbauen. Wenn man so einfach und präzise wie möglich spricht und die Sprache anpasst, dann lassen sich auch komplexe Themen verständlich vermitteln.
2. **Informieren:** Stelle dir eine Bücherei vor. Aus all den vielen Büchern suchst du dir doch meist die aus, die einen einprägsamen Titel haben, oder? So ist es auch mit dem Informieren deines Kindes. Das Ziel, das du erreichen willst, sollte einen prägnanten Titel haben und die Aufmerksamkeit auf sich ziehen. „Wir gehen ins Bett!" Erst danach folgt der Untertitel „Dafür musst du deinen Pyjama anziehen!"
3. **Überzeugen:** Dabei fangen wir erst mit dem Problem oder der Begründung an und hängen eine Lösung an! „Deine Hose ist nass, lass sie uns sofort wechseln, damit du weiterspielen kannst!" (Problem – Lösung – Nutzen)
4. **Motivieren:** Wir-Aussagen können verbinden und entlasten: *Wir* können gemeinsam dein Zimmer aufräumen!" oder „Lass uns das mal *gemeinsam* anschauen!" Hierbei wächst gleichzeitig das WIR-Gefühl.

Wieso kurz?

Wenn wir Kooperation erreichen wollen, sollten wir uns von langen Vorträgen und Anekdoten fernhalten und altersentsprechend die kurze Aufmerksamkeitsleistung des Kindes im Blick haben. Natürlich dürfen und sollten wir unseren Kindern auch erklären, was wir warum machen, aber wir müssen es nicht ständig wiederholen oder in zu viele Sätze packen. Sonst können sich unsere Botschaften auch „verwässern", weil die Kinder uns irgendwann gar nicht mehr richtig zuhören vor lauter Begründungen, die wir ihnen zum tausendsten Mal liefern. Je jünger die Kinder, desto wichtiger ist es zu wissen, dass sie nur in der Lage sind eine oder höchstens zwei Aufforderungen auf einmal zu behalten.

Wieso positiv?

Mit „positiv formuliert" ist gemeint, dass wir **Verneinungen** möglichst vermeiden sollten. Denn ein „nein", „kein" oder „nicht" kann einerseits schnell überhört werden und andererseits sind kleine Kinder noch nicht in der Lage, die Worte entsprechend zu verarbeiten, auch wenn sie sie gehört haben.

ANWEISUNGEN MIT UND OHNE „NICHT"

In einem Experiment konnte gezeigt werden, dass 3- bis 4-jährige Kinder weniger Fehler machen, wenn sie eine einzelne positiv formulierte Anweisung bekommen, als wenn noch eine Aufforderung mit Verneinung dazu kommt. Dabei sollten Kinder auf Reize (Bilder in Rot und Grün) reagieren, die ihnen auf einem Bildschirm gezeigt wurden und dazu auf einen Buzzer drücken. Mit der Anweisung „bei Rot drücken!" machten sie wesentlich weniger Fehler, als bei der komplexeren Aufforderung „bei Rot drücken, bei Grün nicht drücken!". Denn mit dieser komplexeren Aufforderung drückten die Kinder unabsichtlich auch bei Grün häufiger, weil das „nicht" sie offensichtlich verwirrt hat.
Das kindliche Gehirn wird also überfordert, wenn Eltern zu viele, schwierige Anweisungen geben.

Wie kannst du das „Klar – Kurz – Positiv" in der Kommunikation mit deinem Kind umsetzen?
„Du hast mit den roten Bausteinen gespielt, also räumst du das jetzt auf. Es ist mir egal, ob deine Schwester dabei war. Sonst wird dein

Zimmer zu einem Saustall. Wenn du nicht aufräumst, dann packe ich alle Spielsachen zusammen und schmeiße sie in den Müll!“

Überprüfe erst, was du in diesem Augenblick von deinem Kind möchtest! Was ist mein ZIEL? Und ist es umsetzbar?

Ziel: „Ich möchte, dass mein Kind die Spielsachen aufräumt!

Beobachte dein Kind. Es ist ein ungünstiger Zeitpunkt, wenn Kinder im Spiel vertieft sind. Auch Müdigkeit, Hunger oder zu viele Reize können dein Kind hindern, deine Aufforderung umzusetzen.

Bei der Ankündigung, dass du die Spielsachen in den Müll wirfst, wird dein Kind vermutlich automatisch opponieren: „Dann schmeiß sie doch weg! Das will ich sehen!“, weil deine Aussage nach einer Herausforderung oder sogar Drohung klingt. Aber möchtest du deine Glaubwürdigkeit aufs Spiel setzen? Würdest du das Spielzeug wirklich wegschmeißen? Das Abweichen von einer klaren Kommunikation führt mit jedem weiteren unglücklich gewählten Wort zu gegenteiligem Verhalten deines Kindes!

Also halt dich besser an das „Klar – Kurz – Positiv“: Wecke bei deinem Kind die Freude an eurer Kommunikation durch ein Lächeln und erkläre dann mit einem kurzen Satz „Die roten Bausteine wollen zurück ‚nach Hause‘, lege sie bitte in die blaue Spielzeugkiste!“ (Weniger ist auch hier wirklich mehr!)

„Die Straße ist gefährlich, lauf nicht auf die Straße!“

Sprich deine Aufforderung **positiv**, also ohne Verneinungen aus, denn das verwirrt das zuhörende Kind nur.

„**Stopp,** bleib stehen!“ Erst kommt also die einprägsame Überschrift „Stopp!“, dann kommt der Untertitel „Bleib stehen!“ So zeigst du mit einem Wort dein Ziel (du willst, dass das Kind stehenbleibt).

„Fall nicht vom Klettergerüst runter!“

Die folgende Formulierung lässt ebenfalls positive innere Bilder auftauchen, die das Kind gut verarbeiten und ausführen kann: „Halt dich fest!“

Die Wirkung positiver Formulierungen

Grenzen? Ja – nein – vielleicht

Jeder hat eine eigene Vorstellung von Grenzen. Die einen setzen sie, um anderen die eigene Überlegenheit und Macht zu demonstrieren („Du musst dich an die Grenzen und Regeln halten, die ich aufstelle“). Andere setzen Grenzen, um körperlich Distanz zu wahren, damit ein persönlicher Sicherheitsabstand eingehalten wird („Komm mir nicht zu nahe“). Wieder andere kommunizieren authentisch Grenzen in der Familie, damit auf die Bedürfnisse aller Familienmitglieder Rücksicht genommen wird („Ich brauche gerade Ruhe, dann komm ich mit dir spielen.“). Es gibt auch schützende Grenzen, wenn Eltern Verantwortung für das Kind übernehmen („Ich nehme dich an der Straße an die Hand.“). Wichtig zu erwähnen sind auch übernommene Grenzen, die unreflektiert aus den eigenen Prägungen (z. B. Kultur, Gesellschaft, Kindheit) entstanden sind („Das gehört sich einfach nicht …!“).

Der Bedeutungsinhalt des Wortes variiert also, je nachdem wie wir es einsetzen. Eltern können Grenzen auch als Zäune für blühende Gärten sehen. Dein Kind und du, überhaupt jeder Mensch, sollte seinen eigenen Garten haben. Einen umzäunten Bereich, in den niemand eindringen darf und der geschützt ist, und wo deshalb ein gesundes Wachsen möglich ist. Zeigen Eltern ihre eigenen Grenzen authentisch auf und kommunizieren diese ihrem Kind, bleiben sie verbunden. Im übertragenen Sinne bleiben diese Eltern in ihrem Garten und bepflanzen diesen. Dabei werden die eigenen Bedürfnisse angemessen geäußert („Dein Hörspiel ist sehr laut, mach es bitte leiser." – Bedürfnis nach Ruhe). So lernt dein Kind mit der Zeit deine Bedürfnisse kennen, kann auch gleichzeitig lernen seine eigenen Grenzen zu spüren, zu äußern und dafür einzustehen. Diese Kinder sehen, dass ihre Eltern einen Garten haben und erkennen dann, dass sie sich einen Grenzzaun um ihren eigenen Garten ziehen dürfen.

WO SIND MEINE GRENZEN?

Mit dieser Übung könnt ihr eurem Kind auf lustige und spielerische Weise vermitteln, dass jeder Mensch seinen persönlichen Sicherheitsabstand hat, der die Distanz signalisiert, die er von anderen haben möchte und der von niemandem verletzt werden sollte.

Material: Hula-Hoop-Reifen, jeweils zwei längere Bänder oder Schnüre

Durchführung: Die Enden der Bänder so an den Hula-Hoop-Reifen knoten, dass zwei Trageriemen entstehen, die dann über die Schultern gelegt werden. So könnt ihr den Reifen mit euch herumtragen und damit eure eigene körperliche Grenze demonstrieren. Lauft einfach mal eine Weile in der Wohnung herum und schaut, wie es ist, seinen eignen, abgegrenzten Bereich zu haben. Nähern sich eure Reifen manchmal unbewusst an? So bekommen Kinder eine Vorstellung von ihrem eigenen persönlichen Raum. Diese Übung kann auch eine Anregung sein, um über eigene Grenzen zu sprechen.

Grenzen als Orientierung

Tatsächlich kommt es auf das Kind an, wie stark wir seinen „Garten" absichern, um ihm durch Grenzen Orientierung zu bieten, damit es sich frei entfalten kann. Es hört sich vielleicht erst mal wie ein Widerspruch in sich an, wenn von freier Entfaltung durch Grenzen gesprochen wird. Doch hier spielt das kindliche Temperament mit hinein und die Art und Weise, wie sein Gehirn auf die Umwelt reagiert. Gerade Kinder, die z. B. durch zu viele auf sie einprasselnde Reize dazu neigen, schnell überfordert zu sein (wenn es z. B. in Richtung einer erhöhten Sensibilität, Autismus oder auch AD(H)S geht), können sich eventuell besser entwickeln, wenn ihnen ein etwas engerer Rahmen die nötige Orientierung bietet.

Grenzen in der Erziehung sind nicht unbedingt etwas Schlechtes, sondern können auch Sicherheit bieten und einen entwicklungsfördernden Orientierungsrahmen, in dem das Kind sich sicherer bewegen kann.

Aber Vorsicht: Grenzen einfach nur zu setzen, „weil man das so macht" oder um die eigene Macht zu demonstrieren, schränkt die Kinder unnötig ein. Eventuell brauchen verschiedene Geschwister auch unterschiedlich viel Eingrenzung. Hier dürfen wir ruhig genau hinschauen und abschätzen, wie viel Struktur jeweils nötig ist, damit sie sich am besten entfalten können.

Genauer betrachtet zeigt sich vielleicht auch, dass die eine oder andere Regel oder vermeintliche Grenze dir selbst vielleicht gar nicht so wichtig ist und du bisher nur darauf bestanden hast, weil du dachtest, dass es eben so sein muss (vielleicht aufgrund gesellschaftlicher Zwänge oder durch Prägungen in der eigenen Kindheit). Habt den Mut, als Familie eure Regeln zu hinterfragen und euch zu überlegen, welche Regeln und Grenzen für euch alle ein glückliches Miteinander ermöglichen. Vielleicht ist es für euch gar nicht so schlimm, wenn auf der Couch gehüpft wird, solange die Kinder dabei aufpassen. Oder vielleicht hielt euch bisher nur ein „Das macht man doch nicht" davon ab, mit euren Kindern gemeinsam in Pfützen zu springen.

Eine hilfreiche Faustregel in Bezug auf Grenzen ist: „So wenig wie möglich, so viel wie nötig".

Temperament und Erziehungsstil

Das kindliche Temperament bestimmt also mit, durch welches Verhalten wir unseren Kindern am meisten helfen können. Doch natürlich beeinflusst das kindliche Temperament auch ein Stück weit unser eigenes Verhalten. So tendieren Eltern von Kindern, die als wilder auffallen (weil es ihnen schwerer fällt, sich zu beherrschen), tendenziell eher zu einem Erziehungsstil mit Drohungen und Strafen. Allerdings bringt dieser sogenannte autoritäre Erziehungsstil viele Nachteile mit sich, wie wir gleich noch sehen werden.

Grundsätzlich wirkt sich der elterliche Erziehungsstil auf viele kindliche Fähigkeiten aus, wie z. B. auf die Gefühlsregulation, auf das Selbstbewusstsein, das Sozialverhalten und auch auf die psychische Gesundheit der Kinder. So zeigt sich z. B., dass eine autoritäre Erziehung (mit körperlicher oder verbaler Bestrafung, Schuldzuweisungen oder Erniedrigungen) in Zusammenhang mit Störungsbildern wie Ängsten, Depressionen und Suizidgedanken im Jugendalter steht. Aber auch ein überbehütendes Verhalten der Eltern kann z. B. Ängste begünstigen.

Prägende Worte

Täglich macht dein Kind Erfahrungen, die es prägen können. So entstehen individuelle Glaubenssätze, das sind verinnerlichte Ansichten und Überzeugungen, die den gesamten Lebensweg beeinflussen können. Diese bestimmen manchmal nicht nur, wie wir das aktuelle Leben wahrnehmen, sondern auch, wie wir in der Zukunft mit ähnlichen Situationen umgehen werden.

Negativ prägend sind Sätze wie diese:
„Komm, stell dich nicht an, du bist doch schon ein Schulkind!"
„Du hättest dich aber mehr bemühen können, du malst ja über den Rand hinaus!"
„Ein bisschen mehr Mut würde dir guttun!"

So entstehen mit der Zeit Erfahrungsbrillen, die sich dein Kind durch Wiederholungen solcher Sätze aufsetzen wird. Es sieht die Welt nicht mehr bewusst, wie sie ist, sondern durch die negative Brille, die durch diese Art der Kommunikation entsteht, z. B. eine:

- „Ich schaffe das nicht"-Brille
- „Ich kann ja gar nichts gut"-Brille
- „Ich bin ängstlich"-Brille

Positiv prägend sind diese Sätze:
„Du hast schon so viel als Schulkind gelernt, das schaffst du auch."
„Ich sehe, dass dir das Malen gut gefällt und du bemüht bist. Damit es am Rand besser klappt, kannst du es das nächste Mal etwas langsamer versuchen."
„Dir fällt die Situation noch schwer. Ich traue es dir zu, dass du es bald schaffst."

Um dein Kind in seiner Persönlichkeit zu stärken, kannst du es beobachten, es stärken und dadurch positive Gefühle auslösen. Je häufiger – am besten täglich – du das machst, wirst du dein Kind in einen Positivkreislauf bringen, den es selbst durch innere Monologe weiter aufrechterhalten kann. Dein Kind schaut dann eher durch eine:

- „Ich kann das"-Brille
- „Ich erkenne meine Fähigkeit"-Brille
- „Ich traue mich"-Brille

Positive Selbstgespräche

Werden positiv formulierte Sätze (Affirmationen), wie „Ich bin wertvoll" vorgelesen oder vom Kind aufgesagt, werden diese Botschaften mit der Zeit verinnerlicht. Diese Worte verstärken das Gefühl, dass in ihrer kindlichen Welt alles in Ordnung ist. Du kannst es dir so vorstellen, dass negativ geprägte, hindernde Glaubenssätze, wie zum Beispiel „Keiner mag mich!", durch positive Denkmuster „Ich werde von meinen Eltern geliebt!" aufgelöst und ersetzt werden können. Je häufiger diese positiv und klar formulierten Sätze wiederholt werden, desto öfter gelangen Informationen in das Unterbewusstsein des Kindes und verbreiten dort ihre positive Wirkung (Selbstvertrauen wird gesteigert). Kinder sind empfänglich und freuen sich über jeden bunten Gedanken-Samen, den sie in ihren eigenen inneren Garten pflanzen können.

Ein Glaubenssatz wird eingepflanzt

Wenn ein Affirmations-Ritual eingeführt wird (z. B. jeden Abend sagen Eltern Sätze wie die unten aufgelisteten vor und die Kinder sagen sie nach), könnt ihr bald die schönen Blüten der wachsenden Pflanzen sehen. Die Voraussetzung dafür, dass die gesäten Affirmationen auch verankert werden und „aufblühen", ist eine entspannte, kuschelige Atmosphäre und die Verknüpfung mit einem starken positiven Gefühl. Während der Verankerung (dem Aufsagen der Sätze) sollten möglichst viele Sinne mit einbezogen werden (z. B. durch Körperkontakt, Düfte oder Kerzenlicht).

Ich werde geliebt von ...!

Ich bin wertvoll!

Ich bin gut,
wie ich bin!

Ich fühle mich sicher/wertvoll/
beschützt/mutig ...!

Ich bin einzigartig!

Ich bin stolz
auf mich!

Ich bin liebenswert!

Ich glaube an mich!

Was ich sage, ist meinen Eltern wichtig!

Meine Eltern mögen mich
so, wie ich bin!

Wenn die Eltern im Alltag allerdings gegenteilige Botschaften vermitteln, weil sie das Kind ignorieren („Deine Meinung ist mir unwichtig"), mit anderen vergleichen („Andere Kinder sind besser als du") oder Bedingungen stellen („Ich liebe dich nur, wenn du brav bist"), prägen diese echten Erlebnisse das Kind und lassen die Affirmationsrituale verblassen oder sogar unwirksam werden. Also ist es auch wichtig, dass man Kindern das, was ihnen vermittelt werden soll, aktiv mit Taten im Familienalltag vorlebt.

WIR SCHREIBEN UNSERE EIGENE POSITIV-LISTE

Notiert gemeinsam mit eurem Kind positiv formulierte Sätze. Das sollten aber keine absoluten oder übertriebenen Formulierungen sein wie „Ich bin der Beste!", „Ich bin perfekt!" oder „Ich bin schlau!". Wir wollen ja nicht, dass dein Kind abhebt. Diese Sätze kannst du dann jeden Abend oder am Morgen vorlesen und dein Kind darf sie laut wiedergegeben.

Talent oder Übung?

Studien zum sogenannten Selbstbild, d. h. die Vorstellungen über die eigene Person, zeigen, dass wir entweder ein dynamisches oder statisches Selbstbild haben können. Dabei nehmen wir entweder an, dass man eine Fähigkeit grundsätzlich erlernen und sich darin durch Übung stark verbessern kann (= dynamisches Selbstbild) oder wir gehen davon aus, dass man ein Talent dazu haben muss und diese Fähigkeit entweder besitzt oder nicht (= statisches Selbstbild).

Hierbei sind alle möglichen Fähigkeiten gemeint, beispielsweise der IQ, aber auch spezifische wie z. B. mathematische oder sprachliche Fähigkeiten usw. Man kann auch in unterschiedlichen Bereichen ein unterschiedliches Selbstbild haben. So sind etwa viele Menschen der

Ansicht, dass man für musische oder künstlerische Leistungen grundsätzlich Talent benötigt und dass man in diesen Bereichen nur mit Üben nicht besser werden kann als jemand, der Talent besitzt. Hier haben sie also ein statisches Selbstbild. In anderen Bereichen haben sie hingegen ein dynamisches Selbstbild, weil sie annehmen, dass man dort bestimmte Fähigkeiten erlernen kann, wie z. B. eine Fremdsprache, auch wenn man dafür vielleicht zunächst kein großes Talent hatte.

Warum ist das Selbstbild für dein Kind so wichtig?

Das Selbstbild, das man hat, wirkt sich auf viele Bereiche aus, z. B. auf den Umgang mit Fehlern, die Bereitschaft sich anzustrengen, den Umgang mit schlechten Testergebnissen in der Schule ...

LEBEN MIT DYNAMISCHEM ODER STATISCHEM SELBSTBILD

Fehler

Jemand mit **dynamischem Selbstbild** sieht Fehler als ein Hilfsmittel an, sich zu verbessern. Denn nur wer Fehler macht, kann sich verbessern (Wer keine Fehler macht, der bewegt sich die ganze Zeit in einem Bereich, den er gut kann. Dadurch lernt er nicht so viel, wie er könnte, wenn er schwierigere Inhalte bearbeiten würde, bei denen er aber eben auch mehr Fehler machen würde).

Jemand mit **statischem Selbstbild** bewegt sich lieber in diesem sicheren Bereich ohne Fehler, weil er davon ausgeht, dass man etwas entweder kann oder eben nicht und natürlich nicht als jemand „entlarvt" werden möchte, der es nicht kann. So werden Fehler eher als Bedrohung und als Anzeichen für die eigene Unfähigkeit gesehen.

Anstrengungsbereitschaft

Jemand mit **dynamischem Selbstbild** sieht Anstrengung als sinnvoll an und weiß, dass er dadurch seine Leistung verbessern kann.

Dagegen empfindet jemand mit **statischem Selbstbild** Anstrengung als unnötig, weil er denkt, dass man entweder dafür begabt ist und es dann leichtfällt oder man eben nicht dafür gemacht ist. Das sorgt dafür, dass Anstrengung vermieden wird.

Einstellung zu Testergebnissen

Bei einem schlechten Testergebnis geht jemand mit **dynamischem Selbstbild** davon aus, dass es den aktuellen Fähigkeitsstand anzeigt und man durch das Ergebnis weiß, was man noch üben muss.

Mit **statischem Selbstbild** sieht man das Testergebnis als tatsächliche Aussage über die eigenen Fähigkeiten an und da es schmerzhaft ist, sich einzugestehen, dass man etwas tatsächlich nicht kann, werden dann oft Ausreden gesucht („Es lag nicht an mir, sondern ...“).

Warum ein zu überschwängliches Lob nicht hilfreich ist

„Du bist schlau!“ Diesen Satz solltest du vermeiden. Wenn du deinem Kind häufig sagst, dass es schlau ist, dann förderst du damit ein statisches Selbstbild mit den genannten negativen Effekten. Durch so eine Aussage geht dein Kind davon aus, eine hohe Intelligenz zu haben und wird sich daher sorgen, dass es irgendwann als doch nicht so intelligent entlarvt werden könnte.

Unseren Kindern könnte es aber durchaus helfen, wenn wir Eltern ein dynamisches Selbstbild entwickeln, insbesondere wenn wir bisher überwiegend ein statisches Selbstbild hatten.

WAS DENKST DU ...?

Braucht man für bestimmte Fähigkeiten eher Talent oder kann man sie auch erlernen und durch Üben verbessern? Wie stehst du zu dieser Frage? Und überlege auch gerne mal, was du über Intelligenz, musische, künstlerische, mathematische, technische Fähigkeiten usw. denkst und ob es nicht doch sein könnte, dass man durch Übung in diesen Bereichen tatsächlich mehr erreichen kann, als du bisher dachtest.

Wie kannst du ein dynamisches Selbstbild deines Kindes fördern?
„Wow, du hast eine 1 in Mathe geschrieben, das hast du toll gemacht!"
Betone eher die Anstrengung deines Kindes, statt des „tollen" Ergebnisses. Also sage lieber:
„Wow, ich habe gesehen du hast dich beim Lernen ganz schön angestrengt/bemüht."

Dialog durch offene Fragen

Wenn dein Kind mit einem Anliegen zu dir kommt, wirst du wahrscheinlich gerne mehr darüber wissen wollen. Fragen können als Türöffner für die kindliche Welt dienen, Gespräche vertiefen und deinem Kind verdeutlichen, dass du an ihm/ihr interessiert bist. Dabei ist es wichtig, deine Erwachsenenfrage als Kinderfrage und am besten offen zu formulieren. Achte dabei auf deine Stimme, die ein sehr feines Instrument ist und einen großen Einfluss auf den weiteren Verlauf des Gesprächs hat. Häufig stellen Eltern geschlossene Fragen zu den falschen Zeitpunkten, wie zum Beispiel „War die Schule schön heute?", darauf kann ein Kind nur mit „Ja" oder „Nein" antworten. Auch wenn geschlossene Fragen in vielen Situationen sinnvoll sein können, sind offene Fragen effektiver, um Gespräche zu vertiefen. Geschlossene Fragen schließen die Gesprächstür mit einem lauten Knall. Auch Fragen wie zum Beispiel „Wie war die Schule?“ werden nicht zu detaillierten Antworten führen, da diese Frage nur auf Antworten abzielt, für die du dich interessierst, aber dein Kind vermutlich nicht, da es die Antworten schon kennt. Auch Fragenketten wie „Wie war es auf dem Geburtstag? Möchtest du dich bald wieder mit Richard verabreden? Soll ich …?“ können ein Kind überfordern und dazu führen, dass es nicht mehr zuhört und eine halbherzige Antwort darauf gibt, um dir zumindest „eine Antwort“ gegeben zu haben. Solche Interviewsituationen entstehen natürlich nicht aus böser Absicht, sondern weil Eltern wissen wollen, ob es ihrem Kind gut geht. Gelungene und tiefgründige Gespräche brauchen Zeit. Räume sie dir und deinem Kind ein.

Wenn du deine Superkraft aktiviert hast und das Timing stimmt, probiere solche offenen Fragen aus:

Statt „Wie war die Schule heute?“ probiere es so:

- „Was war heute das Lustigste, was deine Lehrerin gesagt hat?“
- „Worüber hast du heute gelacht?“
- „Was war lustig/traurig/ärgerlich?“
- „Was hat dich heute im Unterricht gestört?“

Hier solltest du allerdings darauf achten, welche Fragewörter du verwendest: **Warum-Fragen** können Kinder in eine Rechtfertigungs- oder Schuld-Ecke drängen. **Wie-Fragen** können jüngere Kinder überfordern, weil sie viele Zusammenhänge gar nicht verstehen und schon gar nicht in Worte fassen können.

Hier sind weitere Möglichkeiten, in die Welt deines Kindes einzutauchen, um etwas über seine Vorlieben, Interessen, Fantasie zu erfahren.

- Dabei ist es wichtig, Fragen mit eigenen Worten zu **wiederholen**.
  „Habe ich dich gerade richtig verstanden, dir ist ... wichtig?“
- Stelle **spezifische** und klare **Fragen**:
  „Was hat dann ... gesagt/getan?“
- Versuche durch **Nachfragen** auch die Vorstellung deines Kindes zu verstehen.
  „Wenn du mir das erzählst, kommt mir der Gedanke ..., stimmt das?“
- Fasse **gemischte Gefühle** und Gedanken deines Kindes zusammen.
  „Eigentlich möchtest du ... aber auch ..., richtig?“
- Stelle eine **Gegenfrage**.
  „Wie findest du das eigentlich ...?“

WAS BRAUCHE ICH?

Als Mutter oder Vater muss man aufpassen, dass bei einer bedürfnisorientierten Erziehung der Kinder nicht die eigenen Bedürfnisse vernachlässigt werden. Oder in der Hektik des Alltags die Stresswellen über einem zusammenschlagen. Wie du deine eigenen Bedürfnisse berücksichtigen, Stress bewältigen und Kraft tanken kannst oder wie du mit negativem Erbe aus der Kindheit umgehst, erfährst du in diesem Kapitel.

Wenn wir uns Werbung oder Elternzeitschriften anschauen, begegnet uns dort sehr häufig eine ganz bestimmte Form der Familie: glückliche Eltern und ein überglückliches Kind – oft genug innig kuschelnd auf dem gemütlichen Sofa oder in trauter Eintracht am Esstisch sitzend. Auch Social Media ist voll von ausgeglichenen Papas und Mamas mit ihrem lächelnden Nachwuchs.

Wenn Paare sich dann für eine Elternschaft entscheiden, haben diese tagtäglichen Prägungen der „Idealfamilie" einen großen Einfluss auf ihre Gedanken und später auch auf ihr Verhalten. Das eigene Kind ist in der Wunschvorstellung ein Sonnenschein, so wie die Kinderbilder auf den Profilen der „Super- Mama-Influencerinnen". Schnell führt einen das auf den Holzweg der surrealen Ansprüche, dass das Leben mit Kind so weiterlaufen kann, wie es bisher als Paar gelebt wurde – nun lediglich mit dem kleinen Unterschied: ein Kind.

Während der Schwangerschaft sagen dann viele der zukünftigen Eltern: „Wir werden auch mit unserem Kind weiterhin so oft verreisen, wie wir es bisher getan haben!" Ja klar, das mag so sein, die Frage ist aber wohin? Die Anpassung von „Exotik-Kokospalmen-Sandstrand-Fernreise" zu „Streicheltier-Ökobauernhof-Urlaub" darf dann nicht weh tun. Solche Fehlannahmen können dabei die Verantwortung für ein kleines Wesen beschönigen und zu Überforderung führen. Gerade in den ersten Jahren wird das Kind für die Befriedigung seiner Bedürfnisse von den Eltern viel Raum und Zeit einfordern. Da wird es dann auch nicht lange dauern, bis man merkt, dass der Eindruck von den permanent glücklich und zufrieden schauenden Kindern auf den Fotos in den Sozialen Medien nicht der eigenen Realität mit Kind entspricht.

Schlimmer noch: Das Elternsein kann ganz schnell auch anstrengend werden. Hektik, Stress, Schlafmangel und Überforderung ziehen mit dem Babybett dann auch mit in die eigenen vier Wände. Dann kann es hilfreich sein, sich folgende Fragen zu stellen:

- Was ist mit den elterlichen Bedürfnissen?
- Wie viel Zeit bleibt uns für unsere Paarbeziehung?
- Wie realistisch ist meine Vorstellung von unserem Elternalltag?
- Was sind meine Prioritäten?
- Was muss und kann ich tun, um als Mutter oder Vater nicht ganz ins Hintertreffen zu geraten?

Diese Reflexionsfragen regen dich immer wieder zum „Um- und Neudenken" an und können dein Ass im Ärmel sein, wenn deine Vorstellungen nicht mit der Realität übereinstimmen und du frustriert bist.

Wie verringere ich mein Stressgefühl?

Elternstress – das ist ein Wort, das so sogar im Lexikon steht. Das, was Bindungspersonen ständig spüren, ist also offiziell anerkannt als eine spezifische Form von Stress, die durch die hohen Erwartungen und Anforderungen an das Elternsein und durch die Interaktion mit den Kindern entsteht. Und es gibt viele Faktoren, die das „Stressfass“, wie ich es gerne nenne, auffüllen und des Öfteren zum Überlaufen bringen:

- Erziehungs-, Familien- und/oder Beziehungsprobleme
- Doppelbelastung von Beruf und Haushalt
- Leistungsdruck
- Zeitmangel
- Finanzielle Sorgen
- Körperliche und/oder psychische Erkrankungen

Und – wie sieht es da bei dir aus? Bist du noch einigermaßen entspannt oder schwappt dir die Welle aus dem Stressfass immer häufiger über den Kopf?

STRESS-DETEKTOR-FRAGEN

- Fühlst du dich in letzter Zeit nicht mehr so fit wie früher?
- Hast du das Gefühl, dass du alles allein meistern musst?
- Hast du deine Interessen stark eingegrenzt, weil du ein Kind hast?
- Fordert dich dein Kind in manchen Situationen stark heraus?
- Reagierst du manchmal über?
- Ist deine Laune in der letzten Zeit schlechter geworden?
- Fühlst du dich ständig in Anspruch genommen?

Wenn du vermehrt mit Ja geantwortet hast, könnte es darauf deuten, dass die familiären Anforderungen dich übermäßig belasten. Jede Familie hat Belastungsfaktoren und auch Stress. Es kommt jedoch auf die Dosis an, wie sehr sich das auf euren Alltag auswirkt. Und blöderweise ist Stress wie Kryptonit (Supermans Schwachstelle), es schwächt die Aktivierung deiner einfühlsamen Superkraft. Aber wieso eigentlich?

Wenn du gestresst bist, wird dein Kind direkt oder indirekt damit konfrontiert. Du denkst dir jetzt wahrscheinlich: „Ich will mich nicht auch noch für meinen Stress schuldig fühlen müssen, ich kann doch nichts dafür, dass ...!" Du hast völlig recht. Es ist unfair! Du willst dich ja gar nicht ausgelaugt, erschöpft oder gereizt fühlen. Die schlaflosen Nächte, der Job, der gesellschaftliche Druck, die Vergleiche mit anderen Eltern und deine eigenen Ansprüche an dich selbst erscheinen dir wie ein unbezwingbarer Berg. Wahrscheinlich kennst du es gar nicht anders und es ist womöglich sogar dein Alltag geworden. Unter den Top-3-Sätzen, die dich in deinem Alltag begleiten, befindet sich vermutlich auch: „Ohne mich läuft es hier nicht!" Klar, du hast vieles unter Kontrolle, aber woher kommt das?

Im Kapitel *„Was braucht mein Kind? – Gesehen, gehört, gefühlt werden"* haben wir uns ja mit den Bedürfnissen deines Kindes beschäftigt. Natürlich hast aber auch du solche Bedürfnisse, es sind ja universelle menschliche Grundbedürfnisse. Indem du nun die Aufgaben als Mutter oder Vater erledigst, kannst du immerhin die Bedürfnisse Selbstwerterhöhung und Kontrolle für dich stillen. Und genau deshalb fällt es dir auch schwer abzugeben, zu vertrauen, dass andere die Aufgaben möglicherweise auch erledigen könnten (sicherlich nicht so gut wie du, aber ja, sie könnten es). Dadurch wird dein Stress gefühlt immer mehr und dein Stressberg wächst. Du siehst ihn vor deinem inneren Auge und er fühlt sich überwältigend an. Und dann verkriechst du dich und sagst leise: „Mir ist das alles zu viel!"

Wie wäre es da, wenn du nicht nur dein Kontrollbedürfnis bedienen würdest, sondern auch deine anderen Bedürfnisse (Bindung, Orientierung, Lustgewinn) berücksichtigst? Für eine gelungene Eltern-Kind-Kommunikation brauchst du eine gesunde fürsorgliche innere

Stimme, die dich mit den Worten „Nimm dir bitte heute Zeit für dich!" auf eine Balance deiner eigenen Bedürfnisse hinweist. Denn Selbstfürsorge schützt vor schädigendem Stress und bietet dir gleichzeitig eine Hightech-Bergausrüstung, wenn du dann doch mit einem imaginären Stressberg konfrontiert wirst!

Stress ist meist unsichtbar und vielleicht gehörst du auch zu denen, die ihn gut verdecken können und „funktionieren". Nur gute Beobachter können gestresste Eltern erkennen, vor allem, wenn diese es wenig nach außen tragen. Doch auch dieser unsichtbare Anteil kann, wenn er dauerhaft erlebt wird, dir und deinem Umfeld schaden! Da die Entwicklung deines Kindes im familiären Kontext stattfindet, spürt dein Kind, dass es dir nicht gut geht, auch wenn du es nicht zeigst. Dies hat einen Einfluss auf eure Beziehung. Wenn dein Stressfass überläuft, ist es kaum noch möglich, sinnvolle Entscheidungen zu treffen oder gar liebevoll mit deinem Kind zu sprechen. Das Schwierige dabei ist, dass Kinder das, was sie von ihren Eltern sehen, hören und fühlen, spiegeln. Wenn deine Überforderung zu gereizten Aussagen wie „Halt jetzt deinen Mund!" oder „Bist du dumm?" führen, ist es fünf vor zwölf die Bremse zu ziehen! Wichtig ist hierbei auch, dass dein Kind von dir lernt, wie man mit Stress umgeht. Eltern sind Modelle für die Stressbewältigungsfähigkeit ihrer Kinder. Das Familiensystem bietet einen einzigartigen Rahmen, um Stress wahrzunehmen und seine Bewältigung zu üben. Dauerstress kann dabei deine Familie und deine Psyche belasten und gleichzeitig deine Lebensqualität verringern.

Stressbewältigung

Begegne dir vorwurfsfrei und überlege, wie du deine Last im Alltag verringern und im gleichen Zuge dich selbst besser kennenlernen kannst. „Date" dich dabei selbst, um dich, deine Bedürfnisse und deine Ressourcen besser kennenzulernen.

ZEICHNE DEINE STRESSWAAGE

Überlege dir, welche stressauslösenden Faktoren es gibt und wie du sie bewertest. Sie kommen auf die Seite mit den Anforderungen.

Deine Ressourcen legst du auf die gegenüberliegende Waagschale.

Deine Stresswaage

- Das hilft mir bei Stress …
- Entlastet bin ich, wenn ich …

- Es fühlt sich stressig an, wenn …
- Ich fordere viel von mir in … Situationen

Du kannst dir auch jeden Tag ein **Ressourcen-Memo** mit folgenden Kategorien schreiben und an den Kühlschrank hängen:

Mein Ich-bin-wichtig-Satz: z. B. „Ich sorge für mich!", „Meine Bedürfnisse sind wichtig!"

Ich schöpfe Kraft aus diesen Aktivitäten: z. B. Entspannungsübungen, Zeit zum Lesen …

Mein Bedürfnis heute: z. B. Selbstwerterhöhung

Meine Ideen heute: z. B. heute etwas nur für mich tun, Sport, Freunde treffen …

Es ist hilfreich, sich darüber im Klaren zu sein, dass Stress unterschiedlich bewertet und empfunden wird. Was für dich Stress sein kann und eine emotionale Anspannung auslöst, kann für deine/n Partner*in keine Bedeutung haben. Daher ist es wichtig, darauf zu achten, wie und wann du Stress erlebst, ob es wiederkehrende Muster gibt (z. B. an Montagen findest du die Arbeit immer ziemlich anstrengend und danach sind dir die familiären Verpflichtungen zu viel). Anschließend solltest du dir die Frage stellen, welchen Einfluss das auf deine Verbundenheit mit deinem Kind hat. Kann der Haushalt liegen bleiben und du nimmst dir lieber 10 Minuten länger Zeit, um deinem Kind in Ruhe zuzuhören? Welche Priorisierungen oder „alten Angewohnheiten" boykottieren deinen Alltag und führen zu Belastungen?

Es gibt zwei unterschiedliche Möglichkeiten, um deinen persönlichen Stress zu bewältigen. Einerseits besteht die Möglichkeit, dein Stressbewältigungsverhalten zu stärken. Andererseits kannst du stressauslösende Situationen so verändern, dass deine Belastungsgrenze nicht überschritten wird. Es ist mir natürlich bewusst, dass Situationen, die Überforderung auslösen, nicht immer veränderbar sind.

Du könntest darauf achten, dass deine (Grund-)Bedürfnisse gestillt sind und du dir bewusst kleine Erholungspausen in deinen Alltag einbaust (z. B. Kaffee/Tee trinken bei offenem Fenster mit frischer Luft und durchatmen).

ANALYSIERE DEINE BEDÜRFNISSE

Um deine Bedürfnisse sensibel wahrzunehmen und einen achtsamen Umgang zu erlernen, beantworte diese Reflexionsfragen:

- Welche Bedürfnisse nehme ich wahr?
- Welche fallen mir leicht?
- Welchen begegne ich offen?
- Wie kommuniziere ich über meine Bedürfnisse?
- Mit wem spreche ich darüber?
- Verstecke ich einige bewusst oder unterdrücke sie?
- Stille ich meine Bedürfnisse?
- Wie würde es aussehen, wenn ich meinen Bedürfnissen achtsam begegnen würde?

Dabei kann dir eine Analyse, wie eure Familienzeit durchgeplant ist, Ansätze für eine gute Stressbewältigung liefern. Verschaffe dir erst einmal eine Übersicht über eure Pflichten und Termine. Überlege dann, welche wichtig sind, ob es überflüssige „Zeitfresser" oder Alternativen gibt. Plane eure Woche und setze dir „Kraftquellen" ein. Motiviere dich, diesen Plan umzusetzen. Das Wort „Entschleunigung" wird in diesen Kontexten heutzutage richtigerweise oft genutzt. Überlege dir zum Beispiel, ob das Training deines Kindes nicht mal ausfallen kann, wenn es dir oder deinem Kind nicht so gut geht. Oder ob ihr euch nicht mit den Nachbarn abwechseln könnt, um die Kinder zur Schule zu bringen. Ich bin mir sicher, wenn du deinen Wochenplan durchgehst, wirst du Positionen finden, die du bisher übersehen hast.

Außerdem wäre es gut, Belastungssignale frühzeitig zu erkennen und nicht erst, wenn das „Kind schon in den Brunnen gefallen" ist. Eine rechtzeitige Wahrnehmung potenzieller Stressoren kann dich dabei wachrütteln und auf deine „Kraftquellen" verweisen.

Gerade wenn wir Herausforderungen gegenüberstehen, neigen die meisten Menschen zu negativen Gedanken, wie zum Beispiel „Das werde ich nie schaffen!" oder „Ich habe schon alles ausprobiert, es funktioniert einfach gar nichts!" Solche Stressgedanken werden dich in deiner Stressspirale weiter nach oben drehen und nicht zur Problemlösung beitragen. Probiere daher hilfreiche selbstunterstützende Gedanken („Ich schaffe das schon!" oder „Ich distanziere mich erst einmal von diesem Problem, um danach in Ruhe darüber nachzudenken!"). Diese „Selbstgespräche" können die Grundstimmung verändern und Hoffnung vermitteln, dass du deiner Belastung nicht „schutzlos ausgeliefert" bist.

AKTIVIERE DEINE INNERE BEGLEITERIN ODER DEINEN INNEREN BEGLEITER

Die **Selbstzuwendung** ist vielleicht eine neue Erfahrung, bei der du dir freundlich und wohlwollend begegnen kannst. Die Idee dahinter ist, sich selbst unterstützend wie ein/e gute/r Freund*in zu begleiten. Richtest du deinen inneren Scheinwerfer achtsam auf eine liebevolle Stimme in dir, wirst du eine/n bisher sehr leise/n und kleine/n empathische/n Begleiter*in in dir finden. Um dein Selbstwertgefühl zu stärken, wäre es effektiv, täglich konkret diese fürsorgliche Stimme zu aktivieren. Du bist es wert und kannst es dir aktiv zugestehen, deine Bedürfnisse erfüllen zu wollen, auch wenn deine innere Stimme (z. B. der Antreiber, der Kritiker, der Katastrophisierer, der immer das Schlimmste erwartet, der Harmoniesüchtige oder der Vermeider) etwas anderes von dir erwartet. Manchmal ist es hilfreich, sich die innere empathische Stimme vorzustellen. Spricht die Stimme leise zu dir, solltest du ihre Lautstärke hochdrehen, denn sie wird ab jetzt einen enormen Einfluss auf dein Handeln und Denken haben. Du kannst dieser Stimme zuhören oder auch in Dialog treten. Nimm dir für diese Dialoge Zeit und schreibe die fürsorglichen Sätze, die dein/e Begleiter*in sagt, auf. Diese kannst du dir z. B. an deinen Spiegel kleben, damit du sie gleich am Morgen beim Zähneputzen siehst. In herausfordernden Situationen mit deinem Kind kannst du dir überlegen, was dein/e innere/r Begleiter*in dazu sagen würde. Er/sie könnte zum Beispiel sagen:

- „Fehler sind menschlich, auch du darfst sie machen."
- „Behandele dich und deine Fehler wohlwollend."
- „Du lernst täglich dazu."
- „Du bemühst dich in deiner Elternrolle und das ist gut genug."
- „Es ist okay, wenn du dich frustriert fühlst."
- „Ich bin zuversichtlich, dass wir das gemeinsam meistern werden."

Falls die Stimme verstummt, frage dich, wieso du sie nicht mehr hörst. Manchmal hilft es auch, bewusst andere Menschen mit einem fürsorglichen Blick zu beobachten, um deine innere Stimme wieder zu aktivieren.

Du erkennst recht schnell, dass du entweder am Problem, also der stressauslösenden Situation, etwas verändern kannst oder an den Emotionen, die durch deine Belastung ausgelöst worden sind. Manchmal können beide Bewältigungsansätze gleichzeitig Anwendung finden, wenn du z. B. die Strategie wählst, deine/n Partner*in um Unterstützung zu bitten. Er/sie sollte dabei verstehen, was in dir vorgeht. Es reicht nicht, wenn du dir denkst: „Er sieht doch, dass ich gestresst bin, warum greift er mir nicht unter die Arme?!" Denn das ist keine eindeutige Botschaft im Sinne von „Die aktuelle Situation ist herausfordernd für mich. Ich brauche dich und deine Unterstützung!" Wenn dieser Satz nicht nur in deinen Gedanken herumschwirrt, sondern ausgesprochen, greifbar und von deinem Gegenüber gehört wird, bietet dies die Möglichkeit, deinen Stress zu halbieren. Frage deine/n Partner*in, wie die Situation aus ihrer/seiner Sicht aussieht und welche „Entlastungsmöglichkeiten" ihr ausprobieren könnt („Es bedeutet mir sehr viel, dass wir gemeinsam nach Lösungsmöglichkeiten schauen. Wir sind wirklich ein gutes Team.").

Soziale Unterstützung bedeutet aber nicht nur, die/den Partner*in einzubeziehen, sondern bei Bedarf auch das Umfeld (z. B. andere Eltern, Nachbarn, Freunde, erweiterte Familie, Leihgroßeltern, Babysitter oder andere Betreuungsmöglichkeiten).

Ein-Eltern-Familien: Mit wem soll ich Belastungen teilen?

Allein der Gedanke, die oben genannten Strategien (Stressreduktion) umzusetzen, kann bei alleinerziehenden Mamas oder Papas zur Überforderung führen. „Egal wie ich mich fühle, ich halte das aus. Ich muss für mein Kind funktionieren!", könnte dabei der Gedanke sein. Arzttermine, Hobbys und Elternabende des Kindes werden vorbildlich organisiert und eingehalten. Aber wer kümmert sich um die Bedürfnisse der Mutter/des Vaters? Niemand. Die Bedürfnisse werden zurückgesteckt. Es heißt „Zähne zusammenbeißen" und mit der letzten Energie noch den Kuchen für die nächste Kita-Feier backen. „Ich werde alles für mein Kind tun“, murmelst du dann. Das Lächeln deines Kindes am nächsten Morgen steigert dann auch deine Lebensenergie um 100 %.

Doch reicht dies, um die nächsten Belastungen gut durchzustehen? Ein-Eltern-Familien haben es schwer, sogar sehr schwer. Stress abgeben oder Belastungen verringern, Bedürfnisse stillen ist dabei nicht „einfach so“ möglich. Die Ansprüche, die eine Zwei-Eltern-Familie an sich selbst hat, sind als Alleinerziehende*r nicht mehr realisierbar, auch wenn der Wunsch besteht. Überlege, welche von den Ansprüchen verändert oder angepasst werden können und wie die Prioritäten für eure Familie sind. Dabei ist es wichtig, sich bewusste Pausen für sich selbst einzurichten. Du brauchst diese Pausen, um deine Energiedepots zu füllen, und zwar bevor deine „Reserve-Energie-Tank-Leuchte“ rot zu blinken anfängt. Wenn du Pausen einlegst, solltest du dann aber auch wirklich Dinge tun, die dich entspannen und deine Stimmung heben. Häufig verleiten Pausen dazu, noch „schnell“ Dinge im Haushalt oder für das Kind zu erledigen. Ich rate dir davon ab. Ein gesunder Egoismus wird dich davon abhalten, deine eigenen Bedürfnisse zu vernachlässigen und dich zur Selbstfürsorge motivieren. Am besten du verlässt das Haus und verbringst deine Pausen im Freien, damit du dich nicht von Haushalts-Pflichten verleiten lässt.

Manchen hilft es auch, wenn zwei alleinerziehende Eltern sich gegenseitig unterstützen. Es gibt sogar Eltern, die sich eine Wohnung teilen, dabei Kosten sparen und sich gegenseitig entlasten. Gerade für die Ein-Eltern-Familie sollte es viel mehr Unterstützungsmöglichkeiten geben. Eltern sollten nicht medizinische Eingriffe verschieben müssen, nur weil sie keine Betreuungsmöglichkeit für ihr Kind haben. Dabei vernachlässigen sie ihre körperliche und psychische Gesundheit. Und eine Dauerschleife der Belastung kann zur chronischen Erschöpfung führen. Wichtig wäre es, geeignete Unterstützungsmaßnahmen (Mutter-Kind-Kur, Eltern-Kind-Station) frühzeitig einzuleiten, um eine Entlastung zu schaffen und psychischen Störungen vorzubeugen.

UNTERSTÜTZUNG FÜR ALLEINERZIEHENDE

Stefanie Dellmann, alleinerziehende Mama, Sozialarbeiterin, Beraterin, empfiehlt anderen alleinerziehenden Papas und Mamas:

Auf speziellen Vermittlungsseiten können **Leihgroßeltern** (eine Aushilfe für Eltern bei der Kinderbetreuung oder im Haushalt) gesucht werden. Diese Plattformen bieten auch Möglichkeiten, eine eigene Suche aufzugeben.

Erstelle einen **gut organisierten Plan** für anstehende Pflichten und Termine, um nicht in Stressfallen zu tappen (ggf. Ansprüche an sich verändern: Muss es ein selbstgebackener Kuchen für die Kita sein? Muss das Kind mehrere Hobbys ausüben? Darfst du Termine absagen, wenn es dir in der Woche zu viel wird?)

Netzwerk bilden und sich mit anderen alleinerziehenden Eltern vernetzen (gegenseitiges Verständnis und Hilfe kann dein Stressniveau senken).

Durch dein **Zeit- und Finanzmanagement** kannst du euren Familienalltag gut kontrollieren (fasse einen Monat deine Ein- und Ausgaben zusammen, überlege dabei, welches Budget du für Lebensmittel, Freizeit etc. hast).

Kommuniziere mit den Pädagog*innen deines Kindes (z. B. Kita, Schule) und überlegt gemeinsam, ob dein Kind eine Nachmittagsbetreuung besuchen kann, oder eine Halbtagsbetreuung zu einer Ganztagsbetreuung erweitert werden kann. Häufig tauchen Schuldgefühle auf, wenn das eigene Kind mehrere Stunden in familienergänzenden Einrichtungen betreut wird. Du darfst dein Gewissen beruhigen und dir liebevoll sagen, dass du diese Zeit für die Arbeit/Erledigungen/eigene Termine benötigst. Am Ende des Tages ist eine zwar begrenzte, aber entspannte Zeit mit deinem Kind sinnvoller als mehrere hektische Stunden.

Baut **Routinen** in euren Alltag ein (z. B. Schlafroutine, siehe Kapitel *Sprich die Sprache deines Kindes – Schlafenszeit*), damit du z. B. am Abend auch zur Ruhe kommst und dein Anspannungsniveau sich reduziert.

Auch wenn dies der schwierigste Punkt ist, bitte Verwandte, Nachbarn und andere Eltern in deinem Umfeld um **Unterstützung**. Denke dabei, dass du deinem Kind damit zeigst, wie „Probleme" auch durch die Hilfe anderer gelöst werden können. So wird es deinem Kind auch leichter fallen, dich um Unterstützung zu bitten.

Stefanie Dellmann auf Instagram: steffi.dellmann

Selbstfürsorge

Wenn wir beim Zähneputzen von „kleinen Zuckermonstern" sprechen, um unseren Kindern zu verdeutlichen, dass es jetzt allerhöchste Zeit ist, sich um die Zahnpflege zu kümmern, können wir es auch in deinem Stresskontext. Um deinen Stresspegel zu verringern, wäre ein Blick auf die Monster in deinem Alltag sinnvoll. Die Impulse, die du hier bekommst, kannst du in Eigenregie leicht noch weiter ausbauen.

Deine Monster-Galerie

Zeitmonster

Kennst du deine Zeitmonster, die deine wertvolle Zeit fressen? Wenn ja, was wäre, wenn diese nicht mehr da wären? Was wäre dann anders? Wofür hättest du mehr Zeit?

Erstelle dir in einer ruhigen Minute einfach mal eine Liste mit all deinen Zeitmonstern: Tätigkeiten und Angewohnheiten, die dir regelmäßig wertvolle Minuten oder gar Stunden stehlen. Hast du diese erstmal gesammelt, kannst du dir Gedanken machen, wie du dir in Zukunft von diesen Zeiträubern wieder etwas von ihrer Beute zurückholen kannst.

Schlafmonster

Zu wenig Schlaf in der Nacht und zu wenige Erholungsphasen am Tag können dazu beitragen, dass du dich schnell überfordert fühlst. Würde es dir vielleicht helfen, frühzeitig, vielleicht sogar mit deinem Kind ins Bett zu gehen? Gerade, wenn die Nächte unterbrochen werden oder die Kinder sehr früh aufstehen, wollen Eltern ihre „Me- oder We-Time" am Abend noch ausnutzen. Manchmal ist es aber hilfreich, Social Media oder Filme gegen Schlaf einzutauschen. Wie würde deine Welt mit mehr Schlaf aussehen? Wie würdest du dein Kind am nächsten Morgen begrüßen?

Was kann uns Eltern helfen? Der alte Rat „Schlafe, wenn das Baby schläft" ist tatsächlich hilfreich, auch wenn er, vor allem mit mehreren Kindern, nicht so einfach durchführbar ist. Eventuell ist es möglich, sich abzuwechseln oder sich Unterstützung von Freunden und Bekannten zu organisieren? Der Haushalt läuft währenddessen nicht weg und der ganzen Familie nutzen ausgeruhte Eltern mehr als ein blitzsauberes Zuhause. Auch wenn man tagsüber nicht in den tiefen Schlaf findet, kann eine Phase des Ausruhens dafür sorgen, dass der Körper sich etwas erholt.

Was macht Schlafentzug mit dir? Schon in der Schwangerschaft wird der Schlaf für mehr als die Hälfte der werdenden Mütter zum Thema, denn 54 % haben um die Geburt herum eine schlechtere Schlafqualität. Nach der Geburt betrifft es sogar über zwei Drittel der Mütter (67 %) und tritt etwas häufiger bei älteren als bei jüngeren Müttern auf. Leider schleppen wir Eltern das Thema dann länger mit uns herum, denn sogar noch 6 Jahre nach der Geburt des Kindes zeigt sich bei Eltern eine reduzierte Schlafdauer.

Das Problem Schlafentzug wirkt sich negativ auf unsere Leistungsfähigkeit aus, z. B. auf unsere Aufmerksamkeit, unser Gedächtnis, unsere Impulskontrolle und Gefühlsverarbeitung. Darüber hinaus sind sogar negative Auswirkungen auf unsere sozialen Beziehungen und das Immunsystem bekannt. Vergleichbare Auswirkungen des Schlafentzugs gibt es auch bei unseren Kindern. So zeigt sich z. B., dass eine längere kindliche Schlafdauer zusammenhängt mit einer besseren Fähigkeit, Gefühle zu regulieren (wir wissen ja aus eigener Erfahrung, dass auch uns die Gefühlsregulation übermüdet schwerer fällt). Außerdem zeigen sich bei längerer Schlafdauer positive Auswirkungen auf den kindlichen Körper (z. B. Körpergröße, weniger Verletzungen).

Ernährungsmonster

Zeit und Schlafmangel führen meist dazu, die Ernährung aus dem Blick zu verlieren. Es wird „schnell, schnell" und ohne „Genuss" gegessen. Die Vorbereitung der Mahlzeit ist lästig und am liebsten wird dann Pizza bestellt. Für Zwischendurch ist Pizzabestellen zwar durchaus eine entlastende und hilfreiche Methode, Stress zu reduzieren, aber eine langfristige Lösung ist es nicht. Wie wäre die Umsetzung eines Wochenmenüplans? Also Rezepte und Einkauflisten, die am Sonntag notiert werden. Vorkochen, einfrieren oder gesunde Portale zum Bestellen suchen. So ersparst du dir Zeit, und die Aktivierung deiner alten Muster wird unterbrochen. Damit umgehst du gleichzeitig Konflikte, was heute auf den Tisch kommt. Bezieh dein Kind am besten mit ein und bastelt einen Menüplan, der jede Woche aktualisiert werden kann.

Perfektionsmonster

Stress entsteht auch aus Vorsätzen oder Priorisierungen einer vermeintlich „perfekten" Elternschaft. Dabei werden die eigenen Vorstellungen, wie Eltern sein sollten (immer engagiert, eigene Bedürfnisse zurücknehmend, erfolgreich im Beruf ...) meist von den Erwartungen anderer bestimmt oder geprägt. Und der Versuch, diesen immer gerecht zu werden, kann dir viel Energie rauben. Wie wäre es, wenn du deine bisherigen Elternvorsätze einfach mal hinterfragst? Schreib deiner stressenden Elternrolle doch einen persönlichen Brief.

DAS FORDERNDE ELTERN-ICH

Liebes forderndes Eltern-Ich,

ich merke, wie sehr du mich aktuell kritisierst, forderst und an vielen Stellen auch verurteilst. Ich vermute, dass es daran liegt, dass ich ... (Glaubenssatz oder andere Gründe aufführen).

Ich fasse heute den Entschluss, deinen Eltern-Forderungen nicht mehr gerecht werden zu wollen. Meine Wunsch-Elternrolle würde ... (z. B. Leichtigkeit, konkrete Beschreibung) beinhalten. Doch deine überzogenen Ansprüche führen mich von meinen Wünschen weg und hindern mich, mit mir und meinem Umfeld empathisch zu kommunizieren.

Deine harsche Kritik wie zum Beispiel „ich solle doch mehr ..." sorgen für Stress in meinem Alltag.

Deine Forderung wie zum Beispiel „ich sollte ..." lassen mich einen Marathon ohne Ziel laufen. Dies laugt mich aus.

Um wieder mehr Energie zu haben, erkläre ich dir, wie ich meinen Wunsch-Eltern-Zustand in den nächsten Tagen erreichen werde: ...

Es wird dir sicherlich nicht gefallen, dass ich deine fordernde Stimme erst einmal für die nächsten Tage und dann Wochen leise stellen werde. Es kann sein, dass ich dich nie ganz los werde, aber wenn ich dich nur noch leise höre, wird mich das nicht mehr stören.

Unterstütze dich selbst

Die folgenden Übungen dienen dazu, Gefühle, körperliche Erregung und Gedanken, die sich als Reaktionen auf Belastungen einstellen können, in den Griff zu bekommen.

Achtsamkeitsbasierte Stressreduktion

Wenn du den Satz „Meditieren hilft" zigmal gehört, es aber noch nie aktiv ausprobiert hast, dann kann ich die „achtsamkeitsbasierte Stressreduktion" wärmstens empfehlen. Natürlich meldet sich jetzt gleich dein Zeitmonster und setzt dich unter Druck, dass du dafür ja gar keine Zeit hättest. Sag ihm bitte, dass du gut für dich sorgen willst und für die Umsetzung der Meditation nicht mehr Zeit benötigst, sondern eine innere Bereitschaft – also eine veränderte Haltung. Stress- und Angstsymptome, ja auch Grübel-Gedanken können durch das Üben von Achtsamkeit reduziert werden. Es könnten auch kleine Achtsamkeitsübungen sein, wie zum Beispiel morgens aufmerksam zu duschen. Nimm dabei die Gegenwart wahr, lasse dich nicht von Gedanken ablenken, spüre z. B. die warmen Wassertropfen auf deiner Haut, schule deine Selbstwahrnehmung um. So lernst du viele kleine Momente in deinem Leben bewusst zu erleben und dabei nicht abzuschweifen.

Dann können auch die schönen Gespräche mit deinem Kind in einem anderen Licht betrachtet und wahrgenommen werden. Ein Wutanfall deines Kindes kann dann genauso gut begleitet werden wie ein glückliches Gelächter im Spiel. Durch diese Übungen ist es möglich, im Hier und Jetzt zu bleiben, negative wie auch positive Gedanken, Empfindungen und Gefühle anzunehmen, aber gleichzeitig zu wissen, dass diese Gefühle sich verändern lassen. Es ist eine Bereicherung, aus dem Alltagsstress auszusteigen, deine Sicht auf die Dinge zu ändern, „Kopf und Herz" für das Kind zu haben, zu sehen, wie es aufblüht und wie du dieses „Blühen" mit deiner Geborgenheit unterstützen kannst.

Kraft-Tankstellen

Diese Übung hilft dir, Kraftquellen zu finden, bei denen du den Tag über immer wieder Kraft tanken kannst, auch wenn du eigentlich kaum Zeit übrighast.

KRAFT-TANKSTELLEN-SUCHE

Überlege dir, was dir Kraft und Energie gibt und schreibe jeweils dazu auf, wie viel Zeit du dafür benötigst. Mach eine Liste mit Ideen, für die du 2 Minuten, 5 Minuten, 10 Minuten oder 30 Minuten brauchst. Du kannst natürlich auch Krafttank-Aktionen aufschreiben, die eine Stunde oder länger gehen, je nachdem welches Zeitfenster dir voraussichtlich in deinem Alltag zur Verfügung steht. Du kannst auch die Punkte mit einem Sternchen hervorheben, bei denen du deine Kinder involvieren kannst, während die anderen deine speziellen Ruhemomente sind. Nun überlege dir für jedes Zeitfenster so viele Ideen wie möglich und plane sie in deinem Tagesablauf als Kraft-Tankstelle ein. Vielleicht 5 Minuten nach dem Aufstehen, 2 Minuten vor dem Abendessen oder 10 Minuten, nachdem die Kinder im Bett sind.

Ein paar Beispiele für mögliche Ideen: In 2 Minuten könntest du am offenen Fenster tief durchatmen oder eine einzelne Yoga-Übung machen. In 5 Minuten könntest du zu deinem Lieblingslied tanzen oder mitsingen. 10 Minuten könntest du dir fürs Lesen gönnen oder um all deine rumwuselnden Gedanken aufzuschreiben. Längere Zeitfenster könntest du z. B. für einen Spaziergang nutzen (oder von einer Haltestelle zur nächsten gehen statt Bus- oder Bahnfahren, Fahrrad statt Auto fahren), für eine Meditation, Entspannungsreise, Sporteinheit oder dein Lieblingshobby.

Gönn dir ruhig hin und wieder auch Mal abwechslungsreichere Dinge, um frischen Wind in deinen Alltag zu bringen, deine Komfortzone zu verlassen und einen Tapetenwechsel zu vollziehen. Es muss nicht immer ein Urlaub geplant werden, damit man „raus“ kommt. Ein kleiner Ausflug, eine alte Freundin besuchen, ein Städtetrip oder der Besuch in einem Museum können dir auch einen Ausgleich verschaffen.

Wurde dir etwas Negatives „vererbt“?

! Hier möchte ich darauf aufmerksam machen, dass manche der folgenden Themen einiges aus dem Unterbewusstsein aufdecken können. Kindheitserinnerungen und Gefühle aus ungelösten Konflikten können intensiv und überwältigend sein. Wenn der Inhalt des Kapitels bei dir Emotionen freischaltet, die du allein nicht bewältigen kannst, solltest du zeitnah eine professionelle Unterstützung in Anspruch nehmen.

Hast du es auch schon erlebt, dass dir während eines Streits solche Fragen und Aussagen in den Sinn gekommen sind?

- „Warum gerate ich immer wieder in dieselbe Situation?“
- „Ich kann mich dieser Situation nicht entziehen.“
- „Wieso denke, fühle und spreche oder handele ich so?“
- „Warum reagiere ich in schwierigen Erziehungssituation über?“
- „Ich wollte doch diesmal ganz anders reagieren!“

Manche Menschen würden wohl das Schicksal dafür verantwortlich machen, wahrscheinlich aber nur bis zu dem Zeitpunkt, bis ihnen das, was bisher verborgen in ihrem Unterbewusstsein geschlummert hat, bewusst wird.

Durch die Geburt des Kindes fangen Eltern häufig an, ihre Prägungen (im folgenden Text synonym auch „Muster/Brillen/Schema" genannt) im Hier und Jetzt zu spüren. Die Glaubenssätze (verinnerlichte Ansichten und Überzeugungen) der eigenen Erziehung sitzen tief im Unterbewusstsein, beeinflussen dein heutiges Ich im Denken, Fühlen und Handeln. Deine vergangenen frühkindlichen Erfahrungen mit deinen eigenen Eltern können deine Kommunikation in der Gegenwart bestimmen. Wenn emotionale Grundbedürfnisse in der eigenen frühen Kindheit von den Bindungspersonen angemessen befriedigt oder unterstützt wurden, sind die Prägungen in der Kommunikation als „positiv" anzusehen. Es wäre möglich, dass du dann deinen inneren Scheinwerfer eher auf das Positive richtest und deine Kommunikation mit deinem Kind auch in kritischen Situationen anpasst.

Deine positiven Kommunikationsprägungen mit deinen Eltern oder anderen Bindungspersonen wie z. B. Erzieher*innen/Lehrkräften/Verwandten bildet die Grundlage für deine Widerstandsfähigkeit in herausfordernden Situationen mit deinem Kind – eine Art „Schutzpolster". Manchmal machen sich die Prägungen aber auch bemerkbar, wenn die eigene Elternrolle als unzufrieden erlebt wird. Auch unkontrollierte Wutausbrüche oder ausfallende Elterngefühle können Hinweise auf die Auswirkungen der eigenen Prägungen sein. Wenn du dich fragst, wieso du überreagierst oder die Gefühle deines Kindes nicht begleiten kannst, könntest du anfangen tiefer zu graben.

Was sind Glaubenssätze?

Der Hintergrund können belastende Lebenserfahrungen mit den nächsten Bezugspersonen, meist den eigenen Eltern, sein. Diese wiederum können auch von ihren Eltern, deinen Großeltern, negativ geprägt worden sein. Dies wird transgenerationale Weitergabe genannt. Glaubenssätze können von einer Generation auf die nächste weitergegeben werden. Viele deiner eigenen Muster kannst du erkennen, wenn du an die Kommunikation deiner Großeltern oder eigenen Eltern denkst. Da du auch nur ein Kind deiner Eltern bist, wirst du bestimmte Verhaltens- und Denkmuster sowie Glaubenssätze als „Erbe" erhalten haben. Beispiele dafür sind auch solche Redensarten, hinter denen sich ja oft auch eine bestimmte Lebensanschauung versteckt:

Vertrauen ist gut, Kontrolle ist besser!

Ordnung ist das halbe Leben!

Da musst du jetzt durch!

Ohne Fleiß kein Preis!

Was sein muss, muss sein!

Wer schön sein will, muss leiden!

Wer nicht hören will, muss fühlen!

Starke Männer weinen nicht!

Wer A sagt, muss auch B sagen!

Sei keine Heulsuse!

Die Art und Weise wie Eltern, Großeltern oder andere im Umfeld mit einem Kind kommunizieren, wird vor allem in den ersten Lebensjahren von Kindern „ungefiltert oder unhinterfragt" aufgenommen. Macht das Kind die Erfahrung durch Beobachtung von Bezugs- und Einflusspersonen, dass diese liebevoll kommunizieren, bildet es eine innere fürsorgliche Stimme und positive Glaubenssätze aus, also ein positives Schema wie zum Beispiel „Ich bin wertvoll." Die alltägliche Kommunikation und Interaktion lassen dann beim Kind Theorien über sich selbst und die Welt entstehen. Dann schaut es auf die Welt wie durch eine Brille. Je öfter das Kind in Situationen merkt, dass es wertvoll ist, desto eher wird es diese **„Ich bin wertvoll-Brille"** aufsetzen und auch dementsprechend positive Erfahrungen machen. Durch die wiederholte Erfahrung, dass es wertvoll ist, wird dieser Glaubenssatz im Gehirn „verankert" und in ähnlichen Situationen unbewusst automatisch abgespielt. Aufgrund bestimmter Erfahrungen setzen wir „Glaubenssatz-Brillen" auf (z. B. „Ich bin nicht wertvoll"), durch die wir dann eher Dinge wahrnehmen, die diese Annahme bekräftigen.

Sehe ich jedoch durch die „Ich fühle mich wertvoll" Brille, werde ich auch „magisch" Situationen anziehen, die mir dieses Gefühl und die Gedanken dazu bestätigen. So entstehen innere Dialoge, die das Kind bestärken und motivieren. Aus jeder wiederkehrenden Interaktion und Kommunikation können nützliche oder einschränkende „Erfahrungs-Brillen" entstehen. Wenn du zum Beispiel die Erfahrung machen musstest, dass deine Eltern sehr streng mit dir kommuniziert und keinen Widerspruch geduldet haben, dann wirst du dich vermutlich untergeordnet und deine Bedürfnisse unterdrückt haben. Dabei kann es vorkommen, dass du die Brille „Meine Bedürfnisse sind unwichtig" aufgesetzt und dich vernachlässigt hast. Diese Glaubenssätze sind zu einem Zeitpunkt entstanden, als diese Art von „Brille" oder „Filter" notwendig war, um mit den Eltern oder anderen Bezugspersonen zurechtzukommen. Du musstest dich anpassen. Wenn solche Glaubenssätze dich in deinem jetzigen Alltag einschränken oder einen starken Einfluss auf dein heutiges Ich haben, wäre es sinnvoll, darüber nachzudenken, ob du diese verinnerlichten Überzeugungen nicht verändern möchtest. Denn die gute Nachricht ist, dass die transgenerationale Weitergabe durchbrochen, gestoppt und sogar verändert werden kann.

Weitergabe von Glaubenssätzen von Generation zu Generation

Dennoch ist es wichtig zu wissen, dass nicht jeder negative Glaubenssatz überarbeitet werden muss. Wenn wir beim Beispiel „Meine Bedürfnisse sind unwichtig" einen Schritt weitergehen, kann es sein, dass genau dieser Glaubenssatz, also die Erfahrung, Bedürfnisse immer in den Hintergrund drängen zu müssen, dich als Mutter oder Vater für die Bedürfnisse der eigenen Kinder sensibilisiert und vor Augen führt, wie wichtig eine fürsorgliche Kommunikation ist.

Alte „vererbte" Wunden – muss ich mich hineinfühlen?

Wie im Schaubild oben dargestellt, können Glaubenssätze von Generation zu Generation weitergegeben werden. Falls du dabei nicht nur Positives, sondern auch Negatives „erben" durftest, dich dies belastet und sich möglicherweise auch auf die Beziehung mit deinem Kind auswirkt, kannst du es als Einladung zur Selbstreflexion sehen. Diese Reflexion ist nicht nur für dich, sondern auch für deine Eltern-Kind-Beziehung (sowie für deine Partnerschaft) eine Gelegenheit für eine aufblühende neue Kommunikationserfahrung.

FRAGEN AN DEIN KIND UND AN DICH

Fragen an dein Kind:
Nimm dir die Zeit und versuche mit folgenden Fragen ins Gespräch zu kommen. Reflektiere dabei die Antworten deines Kindes (ca. ab 5 Jahren):

- Was sage ich häufig zu dir?
- Habe ich dir heute gut zugehört?
- Spreche ich freundlich mit dir?
- Mit wem spreche ich freundlich?
- Welche Worte tun dir gut?

Wenn dein Kind noch klein ist oder sprachliche Schwierigkeiten haben sollte, überlege für dich, was es aus seiner Sicht antworten würde.

Fragen zur Selbstreflexion:
Nimm dir mindestens 5 Minuten Zeit für die Fragen, von denen du auch einzelne auswählen kannst. Möglicherweise findest du es auch gut, die Augen zu schließen. Dann kann die „Reise“ beginnen. Welche Bilder und Gefühle tauchen auf? Welche Situationen fallen dir ein?

- An welche positiven Worte oder Sätze aus deiner Kindheit kannst du dich erinnern? Sind dir auch negative Aussagen im Gedächtnis geblieben?
- Für welche Worte und Sätze bist du dankbar?
- Welche förderlichen Glaubenssätze sind dir bekannt?
- Welche Brillen und Filter motivieren dich im Alltag?
- Ist dir eine fürsorgliche oder empathische innere Stimme bekannt? Wenn ja, wann taucht diese auf?
- Wurdest du in deiner Kindheit gehört?
- Durftest du aussprechen, wenn du einen Satz angefangen hast?
- Hattest du Gelegenheiten, deine Meinung deinen Eltern gegenüber auszusprechen?
- Haben dir deine Eltern zugehört?
- Wurden deine Wünsche ernst genommen?

- Hattest du Mitspracherecht in deiner Familie?
- Hattest du das Gefühl, dass dir deine eigenen Worte geschadet haben? Wenn ja, wieso?
- Wurde über Gefühle gesprochen?
- Welche inneren Glaubenssätze hast du?
- Gibt es Sätze, die dich bis jetzt in deinem Leben beeinträchtigen?
- Wie sprichst du mit dir und über dich?

Die Grundsteine förderlicher und hinderlicher Glaubenssätze oder Äußerungen wurden in der Kindheit gelegt. Anerzogene oder erlernte Sprachmuster sind dir jetzt vielleicht durch die Selbstreflexion und den Blick in deine eigene Kindheit klarer geworden. So einfach ist das häufig jedoch nicht, da ein kritisches Hinterfragen der eigenen Biografie häufig voraussetzt, die Aussagen und Verhaltensweisen der eigenen Eltern infrage zu stellen. Hier geht es jedoch nicht darum, mit erhobenem Finger einen Schuldigen zu suchen, sondern durch das Bewusstmachen deiner Prägungen, die wie ein „Filter" deine Wahrnehmung der Eltern-Kind-Beziehung beeinflussen, dein heutiges Verhalten zu verändern. Kommunikation prägt unseren inneren Dialog, sozusagen die Gedanken und Gefühle (wie du mit dir sprichst) sowie den äußeren Dialog (wie du mit anderen sprichst), wie die Auswahl deiner Worte, Äußerungen, Tonfall, Mimik und Gestik. Wenn dein Kind während eurer Diskussion im Hier und Jetzt unbewusst deine „inneren Schubladen" (Schemata) aufreißt und „frühere" Emotionen, Erinnerungen und Empfindungen aktiviert, steckst du wie in einem „alten" Kindheitsfilm. Eltern berichten bei solchen Aktivierungen, dass sie z. B. wie ein kleines wütendes oder hilfloses Kind auf ihre eigenen Kinder reagieren („Ich habe mein Kind einfach zurück angeschrien!"). Um diese unbewusst und automatisch ablaufenden „Retro-Kindheits-Filme" zu stoppen und angemessen auf dein Kind zu reagieren, ist es wichtig, sich der „alten Wunden" bewusst zu sein und neue Wege der Kommunikation im Hier und Jetzt zu finden, wenn möglich sie „zu heilen".

Schauen wir mal, wieso die Bewusstmachung deines „Erbes“ sinnvoll sein kann und welche „inneren Schubladen“ es gibt. Doch weil es so viele von diesen Schubladen gibt, kann ich nicht alle beschreiben, sondern muss mich anhand von Beispielen auf drei Bereiche beschränken.

1. Die Innere Emotions-Schublade

John fällt hin und weint. Sein Vater Martin eilt zu ihm und statt zu trösten, schimpft er mit dem Kind. John ist verunsichert und hört abrupt auf zu weinen. Woher kommt diese Reaktion des Vaters? Es kann sein, dass Martin in seiner Kindheit nicht getröstet wurde. Damals hat das Bagatellisieren oder Kleinreden von Gefühlen wie: „Große Jungen kennen keinen Schmerz!“ oder „Männer weinen nicht!“ eine adäquate Emotionsregulation bei Martin verhindert. Seine Eltern haben ihm dadurch einen Glaubenssatz eingepflanzt und unabhängig davon, ob er nun bewusst oder unbewusst darauf zugreifen kann, wird dies heute die Beziehung zu seinem Sohn John beeinträchtigen. Martins Kindheitserfahrungen nehmen auf sein Denken, Fühlen und Handeln als Vater Einfluss.

Entstehung: Martins Eltern sind eher „kühl“ und werten Gefühle ab.
Botschaft der Eltern: „Jungen kennen keinen Schmerz!“

Das Kind Martin versucht mit den elterlichen Anforderungen klarzukommen durch:

1. Erdulden („Ich habe keine Wahl, ich kontrolliere meine Gefühle.“)
2. Vermeidung („Ich vermeide Situationen, die solche Gefühle erzeugen und vermeide es aufzufallen.“)
3. Kompensation („Ich lache andere aus, wenn sie Gefühle zeigen.“)

Martin setzt schon seit dem Kindesalter die **„Gefühle machen mich schwach“-Brille** auf. Er lernt Gefühle zurückzuhalten, die positiven wie auch die negativen Gefühle zu unterdrücken. Er wächst heran und wird spätestens mit der Geburt des eigenen Kindes auf seine Brille aufmerksam. Jedes Mal, wenn jetzt sein Sohn John Gefühle zeigt, und Kinder zeigen ungefiltert ihre Emotionen, wird bei Martin der „Gefühle-machen-schwach-Gedanke“ „getriggert“. Da die Emotionskommunikation also beeinträchtigt ist, wird es Martin als Vater vermutlich schwerfallen, angemessen auf sein Kind zu reagieren, da sein eigenes Schema „Ich bin emotional gehemmt“ und der Glaubenssatz dazu „Ich darf keine Gefühle zeigen!“ aktiviert werden. So werden Muster weitergegeben.

2. Die Innere Denk-Schublade

Liams Eltern loben ihn, wenn er seine Sachen schnell aufräumt, sein Essen aufisst, also wenn er erwünschtes Verhalten zeigt. In solchen Momenten denkt er sich: „Ich muss es meinen Eltern recht machen, um etwas wert zu sein!“

Entstehung: Die Eltern loben ihren Sohn nur bei „erwünschtem“ Verhalten.
Botschaft der Eltern: „Toll, dass du immer das tust, was wir dir sagen!“

Das Kind Liam versucht mit den elterlichen Anforderungen klarzukommen durch:

1. Erdulden („Ich mache immer das, von dem ich denke, dass es meine Eltern erwarten.“ „Nur wenn ich gelobt werde, ist meine Leistung etwas wert.“)
2. Vermeidung („Ich passe mich an und versuche nicht aufzufallen.“)
3. Kompensation („Ich versuche die Aufmerksamkeit und Anerkennung der anderen zu bekommen.“, z. B. als Klassenclown)

Liam könnte nun die **„Ich muss es allen recht machen“-Brille** aufsetzen. Im Erwachsenenalter könnten diese Gedanken ihn beeinträchtigen und dazu führen, sich ohne diese Bestätigung leer und unsicher zu fühlen. Seine Selbstachtung hängt dann von der Reaktion anderer ab. Im Kontakt mit seinem eigenen Kind aktiviert sich sein Schema „Suche nach Anerkennung“ und die dazugehörige Ansicht „Ich muss anderen gefallen“, meist dann, wenn sein Kind „Du bist blöd“ zu ihm sagt. Dabei reagiert er überempfindlich und empfindet es als Ablehnung.

3. Innere Verhaltens-Schublade

Aurelia war die älteste Tochter und wurde häufig dazu aufgefordert auf ihre Geschwister aufzupassen. Die Eltern waren beide voll berufstätig und teilweise auch überfordert mit der Kindererziehung. Dabei wurde dem Mädchen immer wieder erklärt, wie wichtig es ist, für das Wohl der anderen zu sorgen.

Entstehung: Eltern waren „überfordert“.
Botschaft der Eltern: „Erst die Arbeit, dann das Vergnügen.“ (Für Vergnügen blieb aber nie Zeit.)

Als Kind versucht Aurelia mit den elterlichen Anforderungen klarzukommen durch:

1. Erdulden („Meine Bedürfnisse haben keinen Platz, ich achte auf die Bedürfnisse anderer.“ „Ich suche mir einen Beruf, wo ich anderen helfen kann.“)
2. Vermeidung („Ich vermeide enge Beziehungen.“)
3. Kompensation („Ich bin enttäuscht, wenn die anderen nicht „gebührend“ anerkennen, dass ich so viel Zeit in sie investiere.“)

Aurelia hat vermutlich die **„Ich opfere mich auf“-Brille** aufgesetzt. Als Mutter aktiviert sich im Kontakt mit ihren Kindern häufig ihr Schema „Selbstaufopferung“. Der Glaubenssatz „Ich darf nicht egoistisch sein“ wird dann laut. Sie erfüllt ihren Kindern jeden Wunsch. Ihre Bedürfnisse nimmt sie kaum wahr, weil für diese keine Zeit bleibt. Sie ist schnell verunsichert und auch schnell am Ende ihrer Kräfte, weil sie versucht, alles alleine zu meistern.

Falls du solche oder andere auffällige oder „Über-Reaktionen“ in der Gegenwart mit deinem Kind erlebst, könnte ein Schema aktiviert worden sein. Wir können es nicht sehen, nur die Reaktion darauf in einem z. B. wütenden „Modus“. Dabei ist es wichtig, dass Eltern wissen, wann ihre „innere Schublade“ sich öffnet und welche Emotionen sie dabei spüren, welche inneren Dialoge und Gedanken abgespielt werden sowie welche Verhaltensmuster zum Vorschein kommen und welche Wirkung das alles auf das Miteinander haben kann. Häufig öffnen sich die „inneren Schubladen“ (Kindheitsprägungen) in hitzigen Diskussionen, etwa wenn dein Kind laut mit dir spricht. Dabei kann es sein, dass du überreagierst und dein Kind anschreist, weil du von „früheren Erfahrungen“ überwältigt wirst. Obwohl das Kind „nur“ laut gesprochen hat (vielleicht seinen Standpunkt vertreten möchte) und du es angemessen begleiten wolltest, wirst du an einer einfühlsamen Co-Begleitung gehindert. Deine eigenen biografischen Erfahrungen wirken sich dabei auf deine Eltern-Kind-Beziehung im Hier und Jetzt aus. Die inneren Schubladen enthalten nicht nur Gedanken, auch Gefühle, Handlungen, Körperempfinden werden durch „Trigger“ aktiviert. Wenn du das Gefühl hast, dass die Schemata, die in deiner Kindheit notwendig waren, jetzt deine aktuelle Kommunikation mit deinem Kind oder deiner/m Partner*in negativ beeinflussen, wäre es sinnvoll sich dieser Zusammenhänge a) bewusst zu werden, b) neue Bewältigungswege einzuschlagen und/oder c) Psychotherapie in Anspruch zu nehmen. Mit diesem Bewusstsein wirst du die verzerrte und missverstandene Eltern-Kind-Kommunikation korrigieren können (und auch die partnerschaftliche Beziehung wird davon profitieren).

„Es gibt einige Möglichkeiten, wie man mit Kindern umgeht. Sie funktionieren womöglich alle. Nur frage dich, bevor du dich für eine Methode entscheidest, wie es dir und deinem Kind in 20 Jahren damit gehen wird!“ Esragül Schönast

Neue Bewältigungswege

Du hattest eine Auseinandersetzung mit deinem Kind und vermutest, dass du überreagiert hast. Du hattest fest geplant, ganz anders reagieren zu wollen, es hat wieder nicht funktioniert. Die Situation hat etwas in dir ausgelöst und die Gefühle kannst du nicht zuordnen.

ANALYSIERE DEINE GEDANKEN UND GEFÜHLE

- Wie genau fühle ich mich jetzt?
  Ich fühle mich ..., weil ... (Situation) passiert ist.
- Wahrscheinlich hat ... (Situation) meinen Glaubenssatz ... aktiviert, den ich in Kindheitssituationen wie ... erlernt habe.
- Ich erinnere mich daran, dass ich in meiner Kindheit so ... (altes Bewältigungsverhalten) reagiert habe.
- Prüfen wir die Realität: Obwohl ich so denke ... (hinderlicher Gedanke), glaube ich, dass in der Realität dieser Gedanke ... (förderlicher Gedanke) zu einer empathischen Kommunikation führen würde.
- Obwohl ich bisher ... (deine alte Kommunikation) reagiert habe, möchte ich ab jetzt ... mit meinem Kind kommunizieren.

Wenn du dir in der nächsten Zeit solche Fragen stellst, was dir in deiner Kindheit vielleicht gefehlt hat oder wonach du dich sehnst, kann das schmerzhaft sein. Begrenze solche Selbstreflexionen zeitlich und überprüfe die Nachwirkung. Unterhalte dich mit vertrauten Menschen darüber, um dich emotional zu stabilisieren und hole dir bei Bedarf professionelle Unterstützung.

Deine inneren Monologe und Dialoge

Jetzt ist dir bewusst, dass deine Erfahrungen und Erlebnisse dein Denken, Fühlen und Handeln und vor allem eure Familienkommunikation beeinflussen. Auch wenn das alles sich so anhört wie „Ich kann nichts dafür, so wurde ich nun mal erzogen“, ist das Bewusstsein über die eigenen Prägungen der erste Schritt, eure wiederkehrenden Streitigkeiten oder Knotenpunkte aufzulösen. Wenn du erkannt hast, dass deine Glaubenssätze wie „Efeu“ deinen inneren Garten bedecken, liegt es in deiner Hand, wie du den Rest dieses Gartens bepflanzen und pflegen willst. Soll es dort üppig in allen Farben blühen? Welche Blumensamen bräuchtest du dafür? Wie soll es in deinem inneren Garten aussehen und riechen?

Dein innerer Garten steht für deine Kommunikation. Du entscheidest ab jetzt nach deinen eigenen Wünschen und Vorstellungen, in welche Richtung du deine Kommunikation mit dir und deinem Kind verändern möchtest. Dabei solltest du auf mehrere Punkte achten.

Wie spreche ich über mich?

Überlege in verschiedenen Bereichen, wie du über dich selbst sprichst. Nehmen wir das Beispiel „Figur“. Bist du jemand, der vor dem Spiegel steht und sagt: „Ich bin wieder so dick geworden, ich sollte echt auf Schokolade verzichten!“ oder „Ich möchte mich mehr bewegen und gesund ernähren!“ In beiden Fällen wäre das Ziel Bodyforming und eine gesunde Ernährung. In der ersten Aussage steckt Frustration, in der zweiten Motivation.

Deine neuen und bunten Blumensamen

„Ich kann das alles nicht!"
Motivationssamen: „Den Alltag zu bewältigen ist manchmal wirklich sehr schwer, doch ich bin zuversichtlich, dass ich das schaffen werde!"

„Ich darf keine Fehler machen!"
Akzeptanzsamen: „Fehler dürfen sein, so lerne ich dazu!"

„Ich hasse solche Tage!"
Annehmsamen: „Der Tag war zwar eine Herausforderung, doch ich habe es bald geschafft."

„Ich habe versagt!"
Zuversichtssamen: „Es ist mir NOCH nicht gelungen!"

NOCH ist wie ein Wassertropfen auf einer fast vertrockneten Blume. Es beeinflusst deine Gedanken positiv, und Gefühle wie Zuversicht und Hoffnung entstehen. Ein kleines Wort mit einem Boost-Potenzial. Genau, das brauchen wir in schwierigen Situationen!

- Wie kannst du deine (inneren) Monologe aufpeppen, ohne dir etwas vorgaukeln zu müssen? Nicht im Sinne, dass alles positiv ist, sondern wie du deinen inneren Garten weiterentwickeln kannst.
- Was wäre anders, wenn du deine Monologe verändern würdest?
- Wer würde davon profitieren?
- Würdest du Herausforderungen besser annehmen?
- Könntest du Fehler besser zulassen?

Wenn ein Dialog eskaliert

Wenn du dich und deine eigene Sprache beobachtest, kannst du die Auswirkungen deiner Monologe und Dialoge erkennen. Wie schon ersichtlich wurde, können deine Monologe einen Einfluss auf eure Familienkommunikation haben. Es gibt auch Tage (wenn du z. B. überarbeitet, müde und erschöpft bist), da wird dein eskalativer Modus aktiv und du sprichst folgenden Satz aus: „Du bist halt ein Trotzkopf, war mir klar, dass du ...?“ Begriffe wie Angsthase, Trotzzwerg oder Wutmonster können Konflikte fördern. Kennst du einen „Eskalations-Modus“ bei dir? Aktivierst du diesen Modus, um zum Beispiel deine „Machtposition“ darzustellen („Ich entscheide das, basta!“)? Steigerst du dich manchmal auch in ein Thema rein, wie z. B.: „Wenn du deine Hausaufgaben nicht erledigst, landest du auf der Straße“? Provozieren und Gespräche anheizen können wir Eltern auch. Wie du natürlich schon erkannt hast, kommt es dann darauf an, wie bewusst und empathisch Sprache eingesetzt wird. Eine klare Haltung kann in eskalierenden Konfliktsituationen ein Rettungsring sein.

So stoppst du die Eskalationsspirale

1. Um neue Verhaltens- und Sprachmuster tiefer zu verankern, ist es hilfreich, sie sozusagen als „Trockenübung“ vorher schon mal auszuprobieren und zu üben. Im Grunde ist das so, wie es auch Schauspieler machen, wenn sie neue Skripte einstudieren. Durch das „Durchspielen“, wird das neue Verhaltensmuster über mehrere Sinneskanäle im Gehirn abgespeichert. Wenn du dich dabei bewegst, sprichst, deine eigenen Aussagen hörst und es fühlst, kannst du im Ernstfall besser darauf zurückgreifen und dich tatsächlich so verhalten, wie du es dir vorstellst. Damit sorgst du dafür, dass sich dein Gehirn umstrukturiert und es immer leichter befahrbare „Autobahnen“ für das neue Verhalten gibt, sodass es wahrscheinlicher wird, dass du auch so reagieren kannst, wenn du gerade keine Zeit zum Nachdenken und bewussten Innehalten hast.

Übe das neue Verhalten oder die neuen Worte am besten erstmal nur für dich oder in Situationen, in denen du nicht wütend oder gestresst bist. Dann kannst du es in etwas stressigeren Situationen ausprobieren und wirst es anschließend immer öfter auch in noch schwierigeren Momenten mit intensiveren Gefühlen schaffen, anders zu reagieren als bisher.

2. Wenn das Kind sich verweigert, lass eine/n innere/n Moderator*in (aus deiner Lieblingstalkshow oder Podcast) laut werden, die/der dich auf deine einfühlsame Kommunikation und deine möglichen Stress-/Emotionsbewältigungsstrategien hinweist:
   - „Du wirst dich nicht in den negativen Teufelskreis reinziehen lassen, dein Kind kann für die Situation nichts, geh kurz was Kaltes trinken und komm danach wieder zurück!"
   - „Warte mal, darüber hast du erst letztens nachgedacht, so wolltest du nicht mehr reagieren!"
   - „Du hattest letztens Sätze eingeübt genau für diese Situation!"

3. Unterbrechungen oder Grenzüberschreitungen deines Kindes kannst du bewusst mit einem STOPP-Signal verdeutlichen. Kinder kennen das meist aus dem „Halt, Stopp, ich mag das nicht!"-Kinderbuch oder auch aus der Kita bzw. Schule. Bevor sich euer Konflikt hochschaukelt, sage deinem Kind: „Stopp, so können wir nicht miteinander sprechen, ich brauche eine kurze Pause!" Nimm dir eine kurze Auszeit, um durchzuatmen. Erst dann darf die Diskussion erneut aufgenommen werden. Manchmal hilft es auch bei älteren Kindern, die Meinungsverschiedenheit auf den nächsten Tag zu verschieben.

In der kurzen Auszeit darfst du deine Fantasie aufblühen lassen. Überlege, wie es wäre, wenn du diese hitzige Diskussion schnell hinter dich bringst und dich dann wieder den schönen Dingen der Eltern-Kind-Beziehung widmen könntest. Dies funktioniert besonders gut, wenn sich tägliche Reibereien wiederholen und du merkst, wie deine Stimmung gleich kippt. Nutze deine Fantasie, um zu den schönen

Momenten vorzuspulen (z. B. „Wenn wir die Medienzeit-Diskussion hinter uns haben, könnten wir eigentlich in Ruhe auf der Terrasse ein Eis essen"). Das könnte dir den notwendigen Stimmungsschub geben, um einen hilfreichen gemeinsamen Weg aus der Diskussion mit deinem Kind zu finden.

Du bist in der Mutter- bzw. Vaterrolle erst so lange, wie dein Kind auf der Welt ist. Also gar nicht so lange. Deine ersten Erfahrungen der Eltern-Kind-Kommunikation hast du bereits mit deinem Kind gemacht. Dafür gab es aber keine „Kommunikations-(Fahr)Stunde", keine Vorbereitung und keine Prüfung, die du ablegen musstest. Es war Learning by doing. Wenn du beim Lesen an irgendeiner Stelle Druck empfunden hast, bitte ich dich nachsichtig mit dir zu sein. Da kein/e Meister*in vom Himmel gefallen ist und dein Ziel auch nicht „Perfektion" ist, wachse mit deinem Kind, in dem ihr miteinander sprecht und zusammen wachst.

WORTE HABEN MACHT

Kommunikation kann die Gedanken, die Gefühle und das Verhalten deines Kindes tiefgreifend und langfristig prägen, positiv wie negativ. Daher ist es wichtig, dass du dir bewusst bist, welche Wirkung Sprache, ja selbst einzelne Worte haben können, mögen sie auch noch so klein und unbedeutend erscheinen. Damit du erkennen kannst, welche Verantwortung dir mit dieser großen sprachlichen Macht zukommt, möchte ich dir in diesem Kapitel zeigen, wie Sprache – von ganzen Sätzen bis zum einzelnen Wort – auf Kinder wirkt.

Wenn die Mama das erste Mal in der Eingewöhnungszeit den Kindergarten verlässt oder ein Kind eingeschult wird und damit eine neue Situation auf es zukommt, ist der „sichere Hafen" Eltern weit weg. Auf dem Weg zurück würden die hohen Emotionswellen das Schiff kentern lassen. Deshalb braucht das Kind jetzt einen stabilen Anker und ein Navigationsgerät, die zusammen für Halt und Orientierung sorgen. Wertschätzende und liebevolle Sprache kann als Anker und Navigation dienen. Wenn dein Kind z. B. nicht mehr weiterweiß, wird es sich an deine achtsame und liebevolle Wortwahl erinnern und sich beruhigen. Und wenn es sich etwas nicht traut, könnte die Elternnavigationsstimme zu ihm sprechen und es zu selbstsicherem Verhalten führen („Du bist ein mutiges Kind, du schaffst das, wenn du dir etwas vornimmst").

Genauso könnten aber auch „toxische“ Glaubenssätze, die das Kind früher vielleicht des Öfteren gehört und dann verinnerlicht hat, dazu führen, dass das kleine Schiff Schlagseite bekommt. Jetzt blockiert eine negative innere Stimme („Du bist ein Angsthase!“) die kleinen Seefahrer und hindert sie daran, die Segel zu setzen und mit dem frischen Wind in die richtige Richtung zu steuern. Auch wenn es ein wenig manipulativ klingt, du kannst die Sätze dieser inneren Elternnavigationsstimme jetzt schon vorprogrammieren, im positiven Sinne natürlich. Denn täglich übernimmt diese innere Stimme ausgewählte Sätze und Worte, spielt sie in bestimmten Situationen automatisch ab, lässt ein Gefühl entstehen und Taten folgen.

Die Sätze deiner inneren Stimme können so klingen (negativ):
„Ich habe mich wieder in eine doofe Situation gebracht, ich werde versagen!“
„Ich bin nicht gut genug, ich schaff das nicht!“

Oder sie kann auch das sagen (positiv):
„Ich bin gut, wie ich bin, ich kann Herausforderungen meistern!“
„Ich gebe mein Bestes und kann stolz auf mich sein!“

So beeinflussen die (positiven oder negativen) Aussagen der Eltern das Verhalten ihrer Kinder:

Wenn die Eltern häufig sagen „Ich bin enttäuscht von dir!“, „Warum bist du nur so?“, „Ständig machst du Ärger!“, kann es sich auch in anderen Situationen auf das Verhalten des Kindes auswirken:

Situation: Die Erzieher*in in der Kita sagt: „Bitte wisch noch einmal über den Tisch, es ist noch nicht sauber geworden.“
Gedanke des Kindes: „Ich mache eh alles falsch!“
Gefühle des Kindes: hoffnungslos, gestresst, frustriert
Verhalten des Kindes: Es schmeißt den Lappen auf den Boden und weint.

Wenn Eltern häufig sagen: „Sei stolz auf dich, das hast du gut gemeistert!“, „Es war wirklich schwer, aber du bist drangeblieben!“, „Fehler dürfen sein!“, wird das Kind in der gleichen Situation anders reagieren:

Situation: Die Erzieher*in in der Kita sagt: „Bitte wisch noch einmal über den Tisch, es ist noch nicht sauber geworden.“
Gedanke des Kindes: „Ich darf Fehler machen, dann bemühe ich mich jetzt halt nochmal!“
Gefühle: motiviert, ausgeglichen
Verhalten: Das Kind wischt nochmal über den Tisch!

Es sind nicht die Ausrutscher, die die innere Stimme prägen, es kommt hier auf die Dosis an, wie häufig verletzende und unschöne Worte benutzt werden. Dein Kind wird auf der Basis wiederholter typischer Kommunikationsmuster („Wenn A passiert, sagt Papa B!“ oder „Mama sagt immer ...“) Erwartungen über zukünftige Interaktionen ausbilden. Diese Interaktionen mit deinem Kind hinterlassen Spuren. Wie du auf dein Kind reagierst und mit ihm sprichst, ob du „bunte, schöne, effektive, positive“ oder eher „verletzende, negative, unschöne, graue“ Worte wählst und wie du deine Körpersprache einsetzt, sind Erfahrungen, die zunehmend von deinem Kind verinnerlicht werden. Es sind Puzzlestücke, die über die Jahre hinweg ein Bild entstehen lassen. Gerade die engsten Bezugspersonen müssen dabei die Sprache sensitiv und achtsam nutzen. Im Folgenden findest du Worte und Sätze, mit denen du das Puzzlebild deines Kindes bunt und dauerhaft effektiv beeinflussen kannst.

Liebe in Worten

Lange war für Liebe kein Platz in der Erziehung. Zu viel Liebe führt zu verwöhnten und verzogenen Kindern, hieß es da. Doch hierbei stellt sich die Frage: Wer stillt bei Eltern mit so einer Einstellung das kindliche Bedürfnis nach Liebe? Kann sich das Kind selbst lieben? Die Antwort: Nein. Ist das Kind von mir und meiner Liebe abhängig? Ja! Ist es also meine elterliche Pflicht diesem Bedürfnis nachzukommen? Ja!

Wenn ich feinfühlig das Bedürfnis nach Liebe stille, führt dies nicht zur „Verwöhnung", sondern ist ein Schutzfaktor in der Entwicklung des Kindes. Ein Kind, dessen Liebeskonto gedeckt ist, wird sich geborgen fühlen, das Kooperationskonto wächst. Ein zusätzlicher Bonus: Es ist eher in der Lage unangenehme Aufforderungen umzusetzen. Liebe ist also unersetzlich und bildet mit der Zuwendung das Fundament jeder Eltern-Kind-Beziehung.

Es gibt allerdings unterschiedliche Formen, wie diese Liebe ausgedrückt wird. Die Art und Weise, wie wir unseren Kindern unsere Zuneigung vermitteln, könnte man auch als Liebessprache bezeichnen. Und da es mehrere Liebessprachen gibt, ist es gerade in bindungsrelevanten Situationen wichtig zu wissen, welche Liebessprache du sprichst und welche gut von deinem Kind angenommen wird. Das ist insbesondere in den ersten sechs Jahren schwierig zu erkennen. Deshalb ist es notwendig, alle Liebessprachen zu kennen und diese abwechselnd anzuwenden. Es wird sich im Laufe der Jahre herauskristallisieren, welche Form der Liebesbekundung das Liebeskonto deines Kindes füllt. Recht wenige Eltern wissen jedoch, wie sie ihre Liebe wirklich verständlich zum Ausdruck bringen können, ohne ständig „Ich liebe dich" oder „Hab dich lieb" zu sagen. Wie können wir unsere elterliche Zuneigung auch non-verbal ausdrücken?

Liebessprache Zweisamkeit

Liebe kann für Kinder bedeuten, dass man miteinander eine Runde „Lotti Karotti“ spielt, gemeinsam puzzelt oder ein Stickerheft beklebt. Die ungeteilte Beschäftigung mit deinem Kind und die intensive gemeinsame Zeit können manchmal viel mehr bedeuten, als ein „Ich liebe dich“. Das Erlebte, dieses wohlige Gefühl von „Ich bin gerade nur für dich da“, ist ein wertvolles Instrument, das Eltern nutzen sollten. Hierzu ein Tipp: Führe tägliche kurze Zeitspannen ein, die du ganz fokussiert mit deinem Kind verbringst. Diese innige Zeit soll jedoch euch beiden Spaß machen. Nichts wird richtig gelingen, wenn es erzwungen wird. Daher kann das Liebesglas auch gefüllt werden, wenn auf dem Kitaheimweg „Ich sehe was, was du nicht siehst“ gespielt oder im Auto gemeinsam ein Lied gesungen wird. Es muss nicht immer etwas Großartiges unternommen werden.

Gerade bei kleineren Kindern kann die Bettgehsituation dazu genutzt werden, in kuscheliger und entspannter Zweisamkeit ohne Ablenkung die wertvolle Aufmerksamkeit auf dein Kind zu richten. Gerade das Vorlesen und Kuscheln wird dabei die Seele deines Kindes beflügeln.

Wenn ein Mangel an fokussierter Aufmerksamkeit herrscht, wird sich dies im Verhalten deines Kindes widerspiegeln. Es wird dann auf anderem Weg und auf unangenehme Weise wie z. B. Nörgeln, Jammern und Klammern diese Zweisamkeit einfordern – selbst dann, wenn die Eltern sich dem Kind dann lediglich durch Schimpfen zuwenden werden. Weil das Kind sich das Bedürfnis nach Bindung und Liebe also sowieso einholen wird, ist es wichtig, auf welche Art das geschieht. Denn das Gedächtnis des Kindes wird sich diese Form der ungeteilten Aufmerksamkeit einprägen und sie beim nächsten Mal genauso wieder holen. Wenn es das durch Nörgeln und Klammern geschafft hat, wirst du diese unangenehme Situation also immer wieder erleben.

Führe deshalb positive Rituale ein (Abendrituale in Form einer Massage mit einem Igelball oder Morgenrituale wie einen Guten-Morgen-Tanz), um das Liebeskonto deines Kindes immer ausreichend gedeckt zu halten. Jeder Augenblick, den du bewusst mit deinem Kind verbringst, achtsam kommunizierst und dich verbindest, wird als schöne Erinnerung im Gedächtnis eingespeichert.

Liebessprache Humor

Dir ist sicherlich aufgefallen, dass du dich mit Menschen, die dich zum Lachen bringen, gerne triffst und diese Begegnungen Spuren hinterlassen. Humor und Lachen sind „Beziehungs-Auffrischer". Und auch eure Eltern-Kind-Beziehung braucht hin und wieder eine Auffrischung. Dann wäre Humor nicht nur für dein Kind eine gute Liebessprache, sondern auch gut für dein Wohlbefinden. Nicht umsonst werden Lachseminare angeboten mit dem Verkaufsargument, dass dabei die Stimmung verbessert und gleichzeitig der Stresspegel gesenkt wird. Genau das brauchst du auch in deinem stressgeplagten Elternalltag. Das Liebesglas deines Kindes kannst du durch gegenseitiges Lachen und auch mal durch „eine Prise" Quatsch füllen. Kleine Kinder lachen viel häufiger als Erwachsene. Sie sind sehr leicht glücklich zu machen. Da können wir viel von unseren Sprösslingen lernen. Schaue dir einfach mal an, wann dein Kind lacht und übe dich mal (wieder) in kindlichem Humor.

Liebessprache Anerkennung

Auch über Anerkennung können Eltern ihren Kindern eine Liebesbestätigung senden. Sie füllt nicht nur das Liebesglas, auch das Selbstwertglas wird dabei voller. Schon kleine Kinder merken am Tonfall und am Gesichtsausdruck von Mama oder Papa, dass die Worte „Schön, wie du mich anlächelst" positiv gemeint sind. Die konkrete

Erfahrung wird mit der sprachlichen Unterstützung gemeinsam im Gehirn verankert. Im Alltag drücken Eltern ihre Anerkennung durch Bewunderung, Ermutigung und Lob aus. Auf den ersten Blick klingen auch alle ähnlich gut, aber welche sind denn langfristig sinnvoll und füllen das Liebeskonto?

Liebesprache Lob

Lass uns zusammen mal über das Loben nachdenken. Du kennst das sicherlich: Dein Kind zeigt dir ein gemaltes Bild „Mama, schau mal!" und du antwortest mit „Das hast du toll gemalt!" Solche Sätze werden formuliert, um Kinder zu motivieren und sie in ihrem Verhalten zu bestärken. In dem Augenblick, in dem du es aussprichst, bewertest du das Verhalten deines Kindes, in unserem Beispiel seine Malleistung. Doch frag dich mal: War das Bild wirklich toll? War es aufrichtig? Hast du dich wirklich gefreut? Was würde passieren, wenn das Kind sagen würde, „Mama, ich habe das doch nur hingekritzelt"? Solche Zwickmühlen können vermieden werden, wenn Eltern nicht sofort mit Lob reagieren und stattdessen ein Gespräch darüber beginnen. „Magst du mir was über dein Bild erzählen?", „Wie findest du dein Bild?", „Danke, dass du deine Freude mit mir teilst!" Diese Art der Herangehensweise würde viele „Zutaten" für echte Gespräche beinhalten und deine Beziehung zu deinem Kind stärken, auch ohne (vielleicht unaufrichtig) zu loben.

Bewusst oder unbewusst haben elterliche Bewertungen einen Einfluss auf das Verhalten des Kindes. Wenn wir es streng nehmen, könnten wir Loben auch als Manipulation ansehen. Loben ist häufig mit Leistungen verbunden. Wenn das Kind sein Zimmer aufräumt, folgt der Satz: „Toll, dass du dein Zimmer aufgeräumt hast". Wenn Leistungen häufig gelobt werden, kann es dazu führen, dass Kinder bestimmte Dinge nur noch für die Anerkennung tun („Ich räume auf, damit mich mein Papa lieb hat."), so wird das Kind vom Lob – also von der Beurteilung durch die Bezugspersonen – abhängig gemacht. Außerdem könnte diese Art von Lob auch dazu führen, dass das Kind ohne Lob bestimmte Handlungen gar nicht selbstständig ausführt und immer auf die Bestätigung von außen wartet („War das gut so?“). So könnten Verhaltensmuster entstehen, dass sich das Kind ohne Bestätigung und Lob schlecht fühlt oder nicht gut genug. Und eine solche Unsicherheit kann sich bis ins Erwachsenenalter ausdehnen.

Außerdem solltest du darüber nachdenken, wann du lobst. Im Alltag wird meist das „erwünschte Verhalten“ (brav, ruhig, gehorsam, nett) gelobt. Wer bestimmt oder misst, ob das Verhalten des Kindes erwünscht ist oder nicht? Wie legen Eltern ihren Maßstab fest? Können Eltern ihre Machtposition, am längeren Hebel zu sitzen, auch ausnutzen, um Verhalten zu verstärken, die das Kind vermutlich gar nicht möchte? Wenn ein Kind dazu angehalten wird, seinen Teller immer schön leer zu essen, und dann dafür gelobt wird, hört das Kind dann auf sein eigenes Sättigungsgefühl oder isst es weiter, um den lobenden Satz zu hören? Richtig, Letzteres wird der Fall sein.

So entfernen sich Kinder in ihrer Entwicklung von sich selbst und richten sich mehr und mehr nach den Erwartungen der Eltern und des Umfelds. In diesem ganzen Lobkonzept fehlt nämlich eins: Dass Kinder sich und ihre eigenen Interessen kennenlernen, ohne Angst zu haben, von ihren Eltern bewertet zu werden. Wenn Kinder nach ihren Stärken und Schwächen gefragt werden, nennen sie bei Stärken meist Dinge, die ihre Eltern an ihnen loben. Außerdem kann übermäßiges Lob auch einen gegenteiligen Effekt haben: So wurde festgestellt, dass Kinder, die übermäßig gelobt werden, sich weniger zutrauen und sich deshalb bei den ihnen gestellten Aufgaben die leichtesten aussuchen.

Doch um das Loben nicht ganz zu verteufeln: Ich rate dir, dich einfach mal selbst zu fragen, wann und wie du lobst und was dein Lob bewirken könnte? Achte außerdem darauf, dass dein Lob wohldosiert und ehrlich ist und die Bemühung des Kindes hervorhebt („Da hast du ganz konzentriert gemalt“), statt die Persönlichkeit („Du bist TOLL!“).

„Ich finde es toll, dass du Fahrradfahren gelernt hast. Jetzt können wir eine Fahrradtour planen.“
„Super, dass du an der Straße sofort auf mein Stopp gehört hast. So können wir sicher gemeinsam über die Straße gehen.“

Liebessprache wertschätzende Rückmeldung

Wir leben in einer Leistungsgesellschaft und da bleibt es nicht aus, dass auch die kindlichen Handlungen unter die Lupe genommen und bewertet werden, ob im Kindergarten, im Verein oder in der Schule. So werden die Leistungen der Kinder bestimmen, ob sie eingeschult werden oder welche Schulart sie besuchen können. Ein Stempel mit „klasse gemacht“ wird dann dem Kind bestätigen, dass die Arbeit gut war.

Doch das Kind benötigt für eine freie Entwicklung seiner Fähigkeiten nicht die Verstärkung in eine bestimmte Richtung, sondern die Wertschätzung als Individuum, also unabhängig von erbrachten Leistungen. „Schön und gut“, sagst du jetzt, „aber wenn ich Familie und Beruf vereinen will, habe ich nicht genug Zeit, jedes Mal mein Kind ausgiebig wertzuschätzen.“ Um dich zu beruhigen: Es geht eigentlich gar nicht so sehr darum, dass du eine Menge verändern oder viel Zeit investieren musst. Es geht um deine innere Haltung, ob du bereit bist, deine ehrlich empfundene Freude auszudrücken und dein Kind mit all seinen Eigenheiten anzunehmen. Dann müssen sich Kinder nicht verstellen und können in ihrem sicheren Rahmen üben, weil sie wissen, nicht be- oder sogar verurteilt zu werden. So lernen sie ihre Grenzen und zugleich ihre Stärken kennen und entwickeln Vertrauen in sich.

Überlege in diesem Zusammenhang, ob du eher wertschätzend oder bewertend sprichst. Ist meine Kommunikation respektvoll? Wie spreche ich über andere in Gegenwart meines Kindes? Gibt es Eigenheiten deines Kindes, die vielleicht eine Stärke sein könnten, die du bisher nicht in diesem Licht betrachtet hast?

So kannst du mit deinem Kind wertschätzend sprechen:

„Toll gemacht!“, „Du bist ein gutes Kind!“, „Du siehst toll aus!“

Beschreibe stattdessen, was du siehst: „Super, du hast gelernt, deinen Reißverschluss zuzuziehen!“
Hebe die Bemühung hervor: „Ich habe gesehen, wie sehr du dich bemüht hast. Bist du zufrieden?“
Nenne das Gefühl: „Du warst richtig mutig!“
Gib eine Liebesbekundung: „Ich bin sehr froh, dass es dich gibt. Du bist sehr wertvoll für mich!“
Hilf, eine Entscheidung zu treffen: „Ich glaube an dich, überlege dir was du jetzt tun möchtest. Ich bin auf deine Entscheidung gespannt!“
Kommuniziere auf Augenhöhe: „Wir können gerne auch deine Idee ausprobieren!“
Lobe die Ausdauer: „Prima, sei stolz auf dich, dass du es so lange probiert hast und jetzt ganz alleine Fahrrad fahren kannst!“

Oder in konkreten Situationen:

Bei Meinungsverschiedenheit: „Ich verstehe was du meinst, bleibe aber bei meinem Nein!“
Bei den Hausaufgaben: „Ich war so beeindruckt, dass du so lange durchgehalten hast. Die Aufgaben waren wirklich schwer!“
Auf dem Spielplatz: „Ich sehe dir so gerne beim Spielen zu!“
Bei der Kleidung: „Du lässt das Kleid wirklich schön aussehen!“ oder „Du strahlst in diesem Kleid.“

Liebessprache Hilfsbereitschaft

Wenn man Kinder fragt, wann sie von ihren Eltern geliebt werden, dann sagen sie z. B.: „Wenn mein Papa mich auf den Schultern trägt, wenn ich müde bin“ oder „Als meine Mama mir ein Pflaster aufs kaputte Knie geklebt hat.“ Hilfe und Unterstützung können wohldosiert auch eine Liebessprache sein. Wenn dein Kind um Hilfe bittet und du darauf reagierst, wird es sich geliebt fühlen. So freut sich dein Kind, dass du ihm ab und zu beim Anziehen hilfst, auch wenn es schon alt genug ist und das eigentlich schon selbstständig kann. Um Missverständnissen vorzubeugen: Diese Form der Liebe bedeutet natürlich nicht, dass Eltern zu dauernden „Wunscherfüllern“ oder „Ja-Sagern“ werden. Auch die Bitte eines kleinen Kindes kann, nach sorgfältiger Abwägung, aufgeschoben werden.

Liebessprache Körperkontakt

Die körperliche Berührung und Zuwendung der Eltern ist der am stärksten verbreitete Liebesausdruck für ein Kind. Er wird ab der Geburt eingesetzt und beeinflusst die kindliche Entwicklung enorm. Während einer guten Berührung, etwa wenn du dein Kind drückst, wird parallel das sogenannte „Kuschel- oder Bindungshormon“ Oxytocin ausgeschüttet. Dies sorgt für eine starke Eltern-Kind-Beziehung.

Doch nicht jeder Körperkontakt wird von Kindern als angenehm empfunden. Manchmal neigen Verwandte und Bekannte dazu, die Grenzen des Kindes zu überschreiten. Sie wollen über ihre eigene Liebessprache mit deinem Kind kommunizieren. Diese Form der erzwungenen Zuwendung sollte unterbunden werden. Wenn Kinder sich nicht anfassen lassen wollen und dies ihrer Umwelt signalisieren, ist das ihr Recht und MUSS akzeptiert werden!

Auch bei „den Großen“ stoßen manche kindlichen Zuneigungsbeweise nicht auf sonderliche Gegenliebe. Wenn kleinere Kinder z. B. häufig kneifen, sich an die Eltern heranschleichen und ihnen die Augen zuhalten etc., finden das manche Erwachsene unangenehm. Diese Kinder scheinen häufig in ihrer persönlichen Liebessprache missverstanden zu werden. Wenn Eltern sich dann zurückziehen und diese Bindungsversuche abwehren, werden die nicht tolerierten Verhaltensweisen noch verstärkt.

Für manche Erwachsene kann die körperliche Zuwendung zu einer Herausforderung werden. Das kann passieren, wenn die „Liebessprache Körperkontakt“ in der eigenen Kindheit vernachlässigt wurde. Dann fällt es manchen Müttern oder Vätern schwer, mit sich selbst und dem eigenen Kind in engen Kontakt zu treten. Intensiver Körperkontakt wird vermieden und dadurch kann unbewusst eine ablehnende Botschaft wie „Lass mich in Ruhe. Ich mag deine Nähe nicht!“ an das Kind gesendet werden. Auch hier könnte ein Teufelskreis entstehen, in dem das Kind noch ein anhänglicheres Verhalten zeigt.

Falls es sich in einem solchen Fall herausstellt, dass dein Kind die Liebessprache „Körperkontakt“ bevorzugt, könntest du in kleinen Schritten anfangen, diese von dir nicht bevorzugte Liebessprache kennenzulernen. Massagen am Abend mit einem Igelball, Rückenmalen (Buchstaben, kleine Symbole) und Kissenschlachten sind da für den Anfang gute Maßnahmen.

Liebessprache bedingungslose Liebe

„Du hast deine Spiele aufgeräumt, also habe ich dich lieb“ ist im Kern positiv gemeint, aber wenn man genau darüber nachdenkt, werden der Liebe dabei Handschellen in Form von Bedingungen angelegt. Angenommen, das Kind hätte die elterliche Erwartung nicht erfüllt, hätte es der Vater dann etwa weniger oder gar nicht mehr lieb? Wenn Kinder so etwas des Öfteren zu hören bekommen, lernen sie, dass sie nur gut genug sind oder geliebt werden, wenn sie bestimmte Verhaltensweisen zeigen oder Leistungen erbringen. Das Selbstwertgefühl leidet hierbei deutlich. Liebe muss frei von allen Bedingungen und ohne Vorleistung gegeben werden. Dann wird sich das Kind geborgen, bedingungslos geliebt und akzeptiert fühlen, ohne sich verbiegen zu müssen. Diese tiefgründige Art der Verbindung vergeht nicht, sie ist immer erfahrbar und bietet das Gefühl der Selbstsicherheit. Falls es jemandem schwerfällt diese Liebe auszusprechen, dann kann man sie auch vorleben. Ein kleiner Augenblick der Zärtlichkeit, eine Umarmung oder das Kind fest an die Brust zu drücken, kann viele Worte ersetzen.

Sätze, die das Liebeskonto füllen

Ich vertraue dir!

Ich genieße die Zeit mir dir!

Du bist mir wichtig!

Ich fühle mich wohl, wenn du bei mir bist!

Ich lache so gern mit dir, du bist echt witzig!

Deine Geschichten höre ich mir sehr gerne an!

Ich bin froh, dass es dich gibt!

Es macht so viel Spaß, mit dir zusammen zu sein!

Ich respektiere deine Entscheidungen!

Es ist schön, Zeit mit dir zu verbringen!

Ich freue mich, mit dir das neue Buch zu lesen!

Du bist so, wie du bist richtig!

Fehler dürfen sein, ich bin dankbar, dass du mir das anvertraut hast!

Sei stolz auf dich, das war echt anstrengend!

Gefühle in Worten

Gefühle wahrnehmen und benennen

Eltern ist es am liebsten, wenn ihre Kinder keine belastenden und für sie „negativen" Gefühle erleben. Die tiefe Wut oder die ausgeprägte Traurigkeit soll am besten schnell verschwinden. Bei manchen geht die „Elternschutzintuition" dann so weit, dass sie die „negativen" Gefühle ihrer Kinder gar nicht begleiten. Einigen Eltern fällt es schwer, intensive Gefühle wahrzunehmen und zu akzeptieren. Andere haben Angst, das eigene Kind in Watte zu packen und aus ihm ein Weichei zu machen. Weil Eltern ganz unterschiedlich auf die Gefühle ihrer Kinder „antworten" können, möchte ich hier ein paar verschiedene Versionen von Reaktionen vorstellen und aufzeigen, welche möglichen Auswirkungen diese für ihre Kinder in Zukunft haben können.

Auf die Situation „Das Kind fällt hin und weint!" könnten folgende Reaktionen kommen:

- „Ah, da ist doch nichts passiert!" (Kleinreden)
- „Ich weiß gar nicht was mit dir los ist. Hör bitte auf zu weinen!" (Leugnen)
- „Das kann sich doch gar nicht so schlimm anfühlen!" (Gefühl ablehnen)
- „Schau mal, ich habe es weggepustet!" (Ablenkung)
- „Das Leben ist kein Zuckerschlecken. Hinfallen – Krone richten – und weiter geht es!" (Vortrag halten)
- „Wieso weinst du?" (Gefühle werden nicht wahrgenommen)

Oder aber:

- „Ich sehe, dass du schnell gerannt und hingefallen bist. Du siehst auch verängstigt aus. Ich bin bei dir." (Gefühle begleiten)
- „Wie wäre es, wenn wir gemeinsam ein Pflaster holen gehen?" (Handlungsmöglichkeiten aufzeigen)

Gut reagieren, wenn das Kind hinfällt und weint

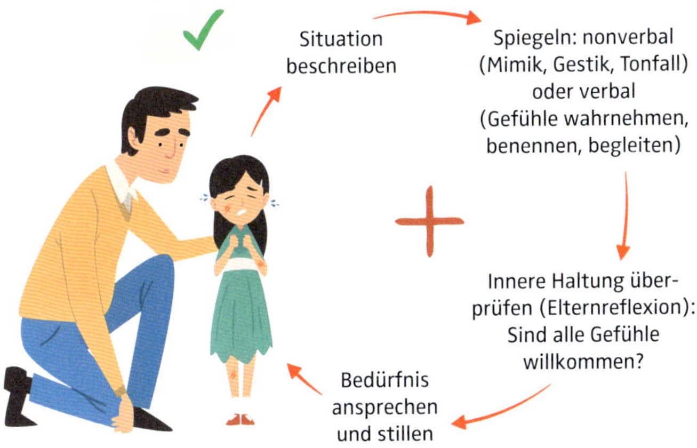

Diese Reaktion mag wesentlich komplizierter klingen, als die oft gehörten, die ich am Anfang aufgelistet habe. Und wahrscheinlich braucht ihr auch etwas Übung dafür. Doch die Wirkung ist wesentlich positiver und nachhaltiger. In den letzten Formulierungsbeispielen nehmen wir das Gefühl nicht weg, wir bieten an ein „sicherer Hafen" zu sein und das Kind zu informieren. Diese Informationen unterstützen das Kind, mit seinen Gefühlen in Verbindung zu sein, diesen einen „Namen" zu geben und die Emotionen zu regulieren. Kinder müssen intensive Gefühle ausreichend erleben, um ein Skript für die eigene Emotionsregulation zu haben („Wenn ich wütend bin, kann ich …"). Auf Dauer bewirkt das „echte" Trösten bzw. Co-Regulieren, dass das Kind den Umgang mit seinen eigenen Gefühlen lernt und diese auch ohne Anwesenheit der Bezugsperson umsetzen kann.

Im Familienalltag bieten sich immer wieder Möglichkeiten, um zwischendurch über Gefühle zu sprechen. So könnt ihr beim Bilderbuchlesen darüber nachdenken, wie sich Menschen fühlen könnten. Zum Beispiel Elsa, die Eiskönigin, als sie ihre Schwester mit einem Eisblitz trifft. Was könnte sie zu Anna sagen?

Um über Gefühle ins Gespräch zu kommen, könntest du deinem Kind aber auch eine Frage aus einer emotionalen Alltagssituation stellen, um herauszufinden, ob es seine Gefühle benennen kann. Zum Beispiel: „Wie hast du dich denn gefühlt, als Elina dich ausgeschlossen hat?“ Wenn dein Kind dann über unangenehme Erfahrungen berichtet, in denen es sich schlecht gefühlt hat, ist das auch für Eltern häufig schmerzhaft. Du solltest dich dann trotzdem mit voreiligen Ratschlägen und Tipps wie „Dann spiel doch mit Ruben“ zurückhalten. Lass dein Kind in Ruhe berichten. Um zu verhindern, dass du die Wahrnehmung deines Kindes beeinflusst, fälle kein Urteil über das, was es berichtet. Gerne kannst du bei Bedarf nachfragen „Was bräuchtest du, wenn du dich verärgert fühlst?“ und erst dann deine eigenen Ideen ergänzen. Alle Gefühle dürfen sein und sind willkommen.

Vielleicht stellst du dir die Frage, wieso dein Kind unangenehme Gefühle aushalten soll. Wer Frust, Enttäuschung, Trauer erlebt und bewältigt, entwickelt eine Frustrationstoleranz. Fazit: Du stärkst dein Kind, damit es sich selbstwirksam fühlt, und wenn die Zeit reif ist, wird es durch deine liebevolle Begleitung in der Lage sein, sich selbst beruhigen zu können.

Kleines – mittleres – großes Problem

Natürlich sind alle Gefühle erlaubt und dürfen geäußert werden. Und wir sollten unsere Kinder auch mit ihren kleinen Problemen ernst nehmen, die für sie riesengroß erscheinen. Allerdings kann ein zu starker Fokus auf unangenehme Gefühle zu noch mehr und länger anhaltenden unangenehmen Gefühlen führen. Hier kann es ihnen helfen, wenn wir ihnen ermöglichen, dass sie ihre Probleme immer besser selbst einordnen können. Da die eigene Bewertung einen großen Einfluss darauf hat, was wir schlussendlich fühlen, kann eine realistischere Bewertung dazu führen, dass das Gefühl als weniger intensiv erlebt wird.

WIE GROSS IST DEIN PROBLEM?

Ab ca. 2,5–3 Jahren (je nach sprachlichen Fähigkeiten) kann man mit Kindern darüber sprechen, was denn „große", „mittlere" und „kleine" Probleme sind.

Ein großes Problem bedroht den Körper oder die Psyche und man kann es nicht alleine lösen, sondern benötigt fachliche Unterstützung dazu (Feuerwehr, Ärzte ...). Es dauert länger, bis man es gelöst hat oder es ist eventuell gar nicht komplett lösbar (Naturkatastrophe, Brand, Unfall ...).

Ein mittleres Problem kann vom Kind nicht allein gelöst werden, es benötigt dazu Unterstützung z. B. von den Eltern und es braucht etwas Zeit, um es zu lösen.

Ein kleines Problem ist nicht gravierend und kann vom Kind selbst relativ schnell gelöst werden.

Für jede der drei Problemkategorien könnt ihr dann, insbesondere für kleinere Kinder, ein Blatt mit Bildbeispielen gestalten. Wenn dann dein Kind mit einem Problem konfrontiert wird und darauf emotional reagiert, könnt ihr gemeinsam schauen, ob es sich um ein großes, mittleres oder kleines Problem handelt. Je nachdem wie intensiv das Kind reagiert – ob es sich sehr aufregt oder gar einen Wutanfall hat – müsst ihr eventuell warten, bis es sich wieder etwas beruhigt hat.

Bei der „Problem-Analyse" könnt ihr folgendermaßen vorgehen: Der rote, von deinem Kind so begehrte Becher ist in der Spülmaschine. Benötigen wir mehrere Tage und die Hilfe von Ärzten/Feuerwehr etc., um das Problem zu lösen? Nein. Also ist es kein großes Problem. Ist es ein mittleres Problem, für das wir jetzt überhaupt keine Lösung finden können, weil die Lösung längere Zeit benötigt? Nein. Also ist es ein kleines Problem und wir können uns auf die Lösungssuche machen: Einen anderen Becher nehmen, aus einem Glas trinken ... Wer weiß, welche Lösungen dein Kind vorschlägt?

Mit dieser Kategorisierung wird das Problem deines Kindes nicht klein geredet. Es bekommt vielmehr die Möglichkeit zu beurteilen, ob es ein Problem schon allein lösen kann oder ob es sich mithilfe anderer recht leicht lösen lässt. Das fördert die Selbstwirksamkeit und die Erfahrung, dass man für viele Probleme doch recht gute und schnelle Lösungen finden kann. Kinder, die dazu ermutigt werden, Lösungen zu finden, werden sich darin auch zunehmend leichter tun.

Ganz wichtig: Den Frust des Kindes anzuerkennen gehört dazu („Ich weiß, du ärgerst dich, weil du den anderen Becher lieber wolltest"). Das Gefühl, das dein Kind zunächst hat, ist nicht falsch! Trotzdem darfst du es dabei begleiten, dass es immer besser aus dem Wut-Modus in den Lösungssucher-Modus kommt.

Sätze, die das Gefühls- und Empathie-Konto füllen

Gute Idee zu stampfen,
wenn du wütend bist!

Jetzt verstehe ich auch, wie traurig du warst.
Danke, dass du es mir erzählt hast!

Es muss sich wirklich fies anfühlen,
wenn du so frustriert bist!

Alle Gefühle sind willkommen!

Ich verstehe deine Gefühle,
wenn du sie mir zeigst!

Ich bin froh, dass wir über
deinen Ärger gesprochen haben!

Macht in Worten

Wenn sie auch noch so klein sind, Worte können eine nachhaltige Wirkung auf unsere Kinder haben, auf ihre Entwicklung und auf ihr Verhältnis zu uns.

Unschöne Worte schmecken nicht nur bitter, sie lösen unbewusst eine innere Distanz zum Sprechenden aus!

Kleine Worte, große Wirkung

„Nie" und „Immer"

„Nie hörst du mir zu!" oder „Du trödelst immer!" Stimmt das wirklich? Es klingt zumindest nach einer absoluten Wahrheit, die in Stein gemeißelt scheint! Die Worte „nie" und „immer" fallen beinahe schon automatisch. Wenn wir überlegen, warum wir sie benutzen, kommen die meisten Eltern auf „Ich kann aufzählen, wie oft er mir nicht zuhört!" Die Erklärung für diesen Eindruck ist, dass unser Gehirn negatives Verhalten viel stärker wahrnimmt und sich einprägt als positives. Deine „Gehirnsekretärin" notiert sich gerne die „nicht so tollen kindlichen Verhaltensweisen" und drückt dir in solchen Situationen eine dicke Akte in die Hand, damit du deine „nie-und-immer-Sätze" rechtfertigen kannst. Die Frage ist aber, wer macht denn schon „immer" alles richtig? Du kannst den Auftrag deiner „Gehirnsekretärin" dahin abändern, dass du sie beauftragst, auf positive Erlebnisse zu achten. So ist der Wechsel auf eine wertschätzende Kommunikation möglich.

„Nie machst du das, was ich dir sage!"

Anstatt sich abwertend oder demotivierend zu äußern, formuliere deinen Wunsch am besten positiv und in der Ich-Form:

„Ich möchte, dass du mir zuhörst!"

„Ich habe gestern gesehen, wie sehr du dich bemüht hast, deine Schuhe anzuziehen, denkst du wir schaffen das heute auch?“

„Aber“

Überlege mal, wie oft du das Wort „aber“ benutzt. „Ich verstehe, dass du lieber spielen willst, aber jetzt ist Schluss!“ oder „Ich habe dich wirklich lieb, aber langsam reicht es!“ Aber-Sätze streichen alles, was vor dem „Aber“ steht, weg. Die Aussage des ersten Satzes wird eingeschränkt oder ein Gegensatz beschrieben. Viel zu kompliziert für kleine Kinder. Es ist, als ob du Blumen geschenkt bekommst und sie dir im selben Augenblick wieder weggenommen werden. Würdest du da nicht auch sauer werden?

„Ich habe dich lieb, aber es ist jetzt genug!“

„Ich verstehe, dass du lieber spielen willst. Es ist Zeit zu gehen!“
„Dein Verhalten verletzt meine Grenzen. Hör damit sofort auf!“
„Ich höre, dass du wütend bist! Wir nehmen uns die Zeit, wenn wir zu Hause angekommen sind!“

„Müssen“

„Ich muss doch auf die Arbeit, Kinder, bitte lasst uns jetzt endlich losfahren!“ Wie demotivierend das Wort „muss“ diesen Satz klingen lässt. Wie wäre es mit „Ich möchte losfahren. Lasst uns jetzt einsteigen!“ Fremdbestimmung ist häufig ein Grund für Druck und Widerstand, und das nicht nur im eigenen Sprachgebrauch, sondern auch, wenn du dein Kind anleiten willst.

„Du musst jetzt davon mal was essen!“

„Es ist gut, wenn du dein Essen probierst!“

Häufig kann das „Muss-Monster“ auch einfach weggelassen werden: „Wir müssen jetzt aufräumen!“ oder „Wir räumen jetzt auf!“ macht doch einen großen Unterschied, oder?

„Nein"

Über das Nein wird oft und gerne diskutiert. Wann sollte es wie eingesetzt werden? Darf ein Nein ohne Begründung stehen?

Wenn dein Kind Nein sagt: In der empathischen Elternsprache geht es darum, das Nein eines Kindes zu akzeptieren, da das Kind ganz klar eine Grenze aufzeigt. Dieser respektvolle Umgang mit einem kindlichen Nein wird das Sicherheitsgefühl deines Kindes bestärken. Frage dein Kind: „Ich möchte dein Nein verstehen, was meinst du damit?"

Wenn du Nein sagst: Worüber ich an dieser Stelle reden möchte, ist das elterliche „Nein!", wenn Kinder „unerwünschtes" Verhalten zeigen. Eltern sagen das Wort zig Mal am Tag und wissen gar nicht, was alles im kindlichen Denken mit einem „NEIIIN" in diesem Augenblick verboten wird. Dein Kind hüpft auf dem Sofa herum und du sagst „Nein". Im selben Moment hatte sich dein Kind aber gerade überlegt: „Ich habe Durst, ich trinke mal was!" Für was gilt jetzt dein Nein in den Augen bzw. Ohren deines Kindes? Für das Springen oder den Durst? Deshalb ist die klare Formulierung „Bitte spiel auf dem Boden!" hilfreicher als ein unklares „Nein!"

Auch auf das schubsende Kind auf der Spielplatzrutsche hat ein „Nein!" keine große Wirkung. Es kommt vielleicht zu einer kleinen Verzögerung, aber dann wird gleich weitergeschubst, weil nach dem Nein keine effektiven Worte folgen. Nein sollte daher bewusst und wohldosiert eingesetzt werden, ggf. begründet. Je jünger das Kind ist, desto förderlicher ist es (auch sprachlich) in ganzen Sätzen zu sprechen. Wenn zum Beispiel das Kind zur Katze läuft und sie am Schwanz zieht, ist es praktischer, statt „Nein" so etwas zu rufen wie: „Stopp, du möchtest dir die Katze anschauen? Dann lass uns die Mieze gemeinsam streicheln!" Ab einem gewissen Alter sind die Regeln den meisten Kindern bekannt und dann kann auch ein Nein ohne Begründung wirkungsvoll sein.

Trotzdem ist ein „Nein!" so ganz alleine meist ein trostloses Wort. Es wirkt beispielsweise sehr enttäuschend auf das Kind, wenn man auf die Frage „Können wir noch weiterspielen?" einfach nur mit „Nein!" antwortet. Dein Kind genießt die gemeinsame Zeit und möchte sich nicht trennen – von dir nicht und nicht vom Spiel. Da wäre es wesentlich einfühlsamer zu sagen: „Ich weiß, dass dir die Zeit mit mir Spaß macht, ich würde auch gerne stundenlang mit dir spielen. Wenn du möchtest, spielen wir jetzt eine Runde Schere-Stein-Papier, danach gehe ich kochen!" (Trostpflaster ahoi!)

Häufig ist das Nein gar nicht notwendig:

„Stopp! Warte ab, bis der Junge gerutscht ist, dann bist du dran!"
„Behalte bitte deine Hände bei dir!" (Wenn dein Kind gerade haut)
„Der Helm wird aufgesetzt. Er wird dich vor Verletzungen schützen!"
„Stell dein Glas bitte auf den Tisch!"
„Ich freue mich, dass wir später an deinem Legohaus weiterbauen, jetzt geht es leider nicht!"

Etikettierungen/Spitznamen/Label

Deine Wortwahl und die Wirkung, die du damit erzielen willst, können manchmal vollkommen entgegengesetzt sein. Du sagst: „Wenn du kein Angsthase wärst, könnten wir jetzt die Tiere füttern!" und glaubst, dass diese Provokation dein Kind dazu bringt, dass es sich traut. Doch da muss ich dich enttäuschen. Es wird nicht funktionieren, denn dieser Satz schränkt dein Kind nicht nur im Handeln ein, auch die Gedanken werden negativ eingefärbt und die freie Entfaltung wird beeinträchtigt. Okay, solche Sätze rutschen einem im stressigen Alltag schon mal raus. Falls dir sowas passiert, überlege kurz, was du eigentlich sagen wolltest und starte deinen Satz dann neu: „Verzeih mir, dass ich so mit dir gesprochen habe! Ich verstehe deine Angst vor diesen Tieren. Mir ging es als Kind auch so. Wenn du möchtest, füttere ich sie und du schaust mir zu!"

Obwohl unser Gehirn sehr flexibel und anpassungsfähig ist, kann Kritik, selbst wenn sie „schön verpackt“ ist, sich unter Umständen ein Leben lang auswirken: So wird ein Kind, das ein ungesundes oder gestörtes Essverhalten zeigt und damit seine Gefühle/Bedürfnisse reguliert, eine scheinbar niedliche Bemerkung wie „Mein kleiner Specki will noch eine Portion!“ im Hinterkopf behalten. Deine Worte sind wie ein Klebeetikett: Nachdem man es abgerissen hat, bleiben trotzdem noch hartnäckige Kleberreste zurück. Dein Kind wird davon nachhaltig beeinflusst werden.

Überlege in solchen Situationen vorher, welche Botschaft du eigentlich vermitteln willst!

„Mein kleiner Specki will noch eine Portion!“

„Ich sehe, dass dir das Essen geschmeckt hat, lass uns eine kurze Essenspause einlegen und eine Runde spielen, wenn du dann noch eine Portion möchtest, kannst du sie dir gerne nehmen!“

Was du vermeiden solltest

So anspruchsvoll die Aufgabe im hektischen Familienalltag auch sein mag, es liegt in der elterlichen Verantwortung, die Bedürfnisgläser des Kindes zu füllen. Wird das Kind „emotional positiv von dir aufgeladen“, ist eine Kooperation auch in problematischen Situationen noch möglich. Kinder sind nämlich darauf angelegt, kooperieren zu wollen, blockieren aber, wenn sie mit negativen Äußerungen konfrontiert werden. Deshalb schauen wir uns die folgenden problematischen Sätze näher an.

Befehlssätze

„Räum sofort deine Bauklötze auf!“ ist eine Aussage, die je nach Tonalität ein Befehl sein kann. Eltern, die ihre Stimme anheben und Gehorsam verlangen, sind meistens mit ihrem Latein am Ende. Oder sie finden, dass es nach einem Traum klingt, wenn Kinder machen, was ihre Eltern verlangen und zwar sofort. Doch dieses „Ich gehorche immer meinen Eltern und kommuniziere meine Bedürfnisse nicht“, verhindert eine gesunde Selbstwertentwicklung. Die Unterwürfigkeit führt dazu, dass das Kind aus Angst vor Bestrafung folgt. Also doch kein Traum, sondern eher ein Albtraum. Wenn du dazu neigst, diese Form der Kommunikation des Öfteren zu benutzen, frage dich dabei, inwiefern dein Kind in solchen Augenblicken etwas lernt. Setzt es seine Kreativität, Spontanität, Ideen ein, um deinem Befehl nachzugehen? Nein, sicher nicht. Beeinflusst diese Art der Kommunikation eure Beziehung nachhaltig? Ja, und nicht im Positiven. So wird auch hier wieder klar: Es ist viel praktischer und besser für das Kind, erklärend und feinfühlig unsere Wünsche heranzutragen, damit es auch irgendwann selbstständig die Abläufe vollziehen kann.

Sätze mit versteckten Drohungen

Dein Kind wirft mit Sand, mal wieder, obwohl du ihm schon so oft gesagt hast, dass es das lassen soll. Sofort ploppt der Satz in dir hoch: „Du hörst sofort auf, sonst nehme ich dir deine Schaufel für immer weg!“ Das würdest du vermutlich unter „logische Konsequenz“ einordnen, denn dein Kind muss doch wissen, was gleich folgt. Doch die Strategie der Drohung führt meistens dazu, dass die Kinder ihre Messlatte, ab wann sie auf ihre Eltern hören, noch höher setzen oder sogar daraus eine Challenge werden lassen („Das will ich sehen, dass der mir meine Schaufel wegnimmt!“). Drohungen im Kindesalter sind unrealistisch und nicht altersgerecht. Überlege doch mal selbst: Jemandem ein Spielzeug *für immer* wegzunehmen oder ein *einjähriges* Tabletverbot zu verhängen, ist doch vollkommen weltfremd, oder?

Das Schlimmste ist, dass diese Ausdrucksform dich langfristig von deinem Kind entfernt. Die Atmosphäre ist angespannt, du bist gestresst, dein Kind verängstigt. Dies scheint keine gute Grundlage zu sein, um deine eigentliche Message „Benutze die Schaufel, um zu graben und nicht um mit Sand um dich zu werfen“ zu entschlüsseln.

Ich erwähne es nochmal: Angst ist ein schlechter Ratgeber. Deinen Willen (auch wenn es sinnvoll zu sein scheint) nur durch Angst zu bekommen, hinterlässt doch auch bei dir einen bitteren Nachgeschmack, oder? Dann kann das Ganze sich weiter hochschaukeln. Du drohst, dein Kind folgt deiner Anweisung nicht, du bist deswegen enttäuscht und wirst aufgrund der aufgeheizten Stimmung nur noch frustrierter und läufst letztlich Gefahr, das Kind verbal anzugehen und ihm die Schaufel aus der Hand zu reißen.

Eine spielerische Technik hingegen kann dir dabei helfen, diese Krisensituation zu bewältigen.

Dass kein anderes Kind mit Sand beworfen wird, sollte natürlich als Allererstes sichergestellt werden. Dann wäre es für dein Kind eine Option, Sand nur in eine bestimmte kinderfreie Richtung zu werfen. Frage, ob du mitspielen darfst. Konzentriert euch dann auf eine bestimmte Stelle und probiert, einen Eimer mit Sand zu treffen.

Erpressungssätze

„Wenn ihr nicht lieb seid und weiterstreitet, lese ich euch später nichts vor!“ Da ist sie, eine der beliebtesten Formulierungen elterlicher Ermahnungen. Nehmen wir diesen Satz doch mal unter die Lupe und formulieren dafür parallel einen weiteren Erwachsenensatz. Stell dir vor, dein/e Partner*in begegnet dir mit „Wenn du den Tisch abräumst, dann kuschele ich später mit dir!“ Durch Erpressungen beeinflussen wir unser Gegenüber und lassen keine Option dafür, einen anderen Weg einzuschlagen. Etwas, was ihm oder ihr wertvoll ist (Kind – etwas vorgelesen bekommen oder Partner*in – das Kuscheln), wird eingesetzt, um eine Handlung einzufordern (Kind – lieb sein, Partner*in – Tisch abräumen).

Woher kennen wir solche Vorgehensweisen noch? Ah ja, zugegeben ein sehr überspitzes Beispiel: bei Übergriffen oder Missbrauch. „Wenn du unser Geheimnis jemandem sagst, dann wird deinen Eltern etwas ganz Schlimmes zustoßen!" Damit Kinder Erpressungen wahrnehmen und darauf reagieren können, müssen Eltern zuerst die Grenzen des Kindes wahren und Erpressungssätze aus dem Repertoire entfernen. Das heißt, wenn beispielsweise eine Erzieherin dein Kind erpresst, indem sie sagt, dass es erst aufessen muss, bevor es aufstehen darf, dann muss dein Kind merken, dass es sich hierbei um eine Zwangssituation handelt. Das kann es nur, wenn es das von dir nicht kennt oder gar gewohnt ist.

„Wenn ihr nicht lieb seid, lese ich euch später nichts vor!"

Falls du Wenn-Dann-Sätze häufig benutzt, probiere mal diese Formulierungen aus:

„Ich freue mich auf unsere gemeinsame Vorlesezeit. Lasst uns überlegen, wie ihr bis dahin friedlich spielen könnt!" (in Vorfreude investieren)
„Wie schaffen wir es, dass ihr beide Spaß am Spielen habt? Hast du Ideen?" (auf Lösungen fokussieren)

Schuldzuweisung/Vorwürfe/Scham

„Ich bin immer schuld!", sagte das Kind.
„Wenn du auf mich gehört hättest, wäre das nicht passiert!"
„Das war klar, dass du wieder etwas kaputt machst!"
„Wegen dir …!"
„Du bist selbst schuld!"
„Von deinem Geschrei bekomm ich noch Kopfschmerzen!"

Das Gefühl des „Schuldig-Seins“ oder gar „*Immer*-schuldig-Seins“ ist eine Belastung für jede kleine Seele. Denn wo geht es noch ums Schuldig-Sein? Ja, in Gerichtsprozessen und im Zusammenhang mit Klagen, wo es Täter und Opfer gibt. Also wird dein Kind durch solche Sätze ganz klar als Täter abgestempelt. Dazu ist es meist durch seine moralische Unreife geworden, und weil es Regeln und Normen noch nicht versteht und dagegen verstoßen hat.

Das Problematische an diesen Sätzen: Es fehlt die Prise „Erklärung“ und „Verständnis“. Was wäre in dieser Situation angebracht, wieso ist es dazu gekommen, was war richtig und was war falsch, bleibt bei Vorwürfen unerwähnt. Die Botschaft, die bei deinem Kind ankommt, ist „Alles was ich mache ist falsch!“ oder „Ich mache nur Ärger!“ Schuldgefühle zu erzeugen kann das Kind in die oben schon erwähnte „Täterrolle“ drängen. In dieser Rolle ist eine gesunde Entwicklung des Selbst kaum möglich. Dabei zeigen sich die Eltern in der Opferrolle („Schau, wie schlecht es mir durch dich geht!“). Dies löst bei einem Kind extreme Schuldgefühle aus. Ein Kind liebt seine Eltern bedingungslos und ist abhängig von deren Wohlergehen. Wenn sich die Eltern schlecht fühlen, muss das Kind seine eigenen Bedürfnisse in den Hintergrund drängen, um die Anforderungen der Eltern zu erfüllen.

Um die in der Regel hilfreiche Emotion Schuld verstehen zu können, braucht das Kind die Fähigkeit „komplexer“ zu denken. Bis dahin dürfen Eltern diese moralische Entwicklung einfühlsam begleiten mit Sätzen wie zum Beispiel:

„Dir ist das unangenehm, dass du das Kind geschubst hast! Wie fühlst du dich jetzt? Was möchtest du tun? Ich hätte auch eine Idee, wie du dich versöhnen kannst!“

Falls dir ein unfairer Vorwurf unüberlegt herausrutscht, kannst du dich auch für diesen Fehler entschuldigen. „Es tut mir leid, das was ich gesagt habe war Quatsch, du machst mir keine Kopfschmerzen!“

In solchen Situationen darf das Kind nicht zusätzlich beschämt werden. „Schäm dich, sowas macht man nicht!“, würde das Kind völlig irritieren. Dann ist es nicht nur beschämt, sondern auch wütend auf sich selbst und auf seine Eltern. Wenn die auftauchenden Begleitgefühle wie Aggression, Wut oder Trauer nicht ausgelebt werden dürfen, können sie „einfrieren“. Wenn Eltern Scham als Erziehungsmethode einsetzen, könnte daraus ein pathologisches (schmerzhaftes) Schamgefühl entstehen, das die Entwicklung eines positiven Selbstbewusstseins und Selbstwertgefühls blockieren würde. Wichtig für uns ist, dass Scham der eigenen Wahrnehmung von Bedürfnissen und Grenzen dient. Diese Grenzen sollten respektiert werden, damit das Schamgefühl sich natürlich entwickeln kann.

Wenn dein Kind sich extrem schämt, solltest du den Satz: „Du brauchst dich doch nicht zu schämen!“ vollkommen aus deinem Repertoire streichen. Zeige durch deine Haltung, dass du gesprächsbereit bist und dieses Gefühl ernst nimmst: „Ich sehe, dass du dich unwohl fühlst! Willst du mir erklären, was passiert ist?“

Zusammengefasst gehören Scham und Schuld zur kindlichen Entwicklung. Situative und altersentsprechende Reaktionen sowie eine empathische Familienkommunikation können einen gesunden Umgang mit den beiden Gefühlen etablieren. Wenn sie hingegen als Erziehungsmethode mit dem Hintergedanken, dass das Kind gehorchen muss, eingesetzt werden, wird das Kind nicht nur das eigene Verhalten als „problematisch“ ansehen, sondern sein ganzes ICH („Ich bin das Problem!). Diese tief verwurzelten Selbstzweifel können langfristig zu psychischen Störungen führen.

Ignorieren

Dein Kind jammert, meckert, läuft um dich herum und sucht nach Beachtung. Das erste, woran du denkst ist: Ich schenke diesem Verhalten keine Aufmerksamkeit, dann wird es aufhören! Ja, es mag die Konsequenz daraus sein, dass sich dein Kind denkt, seine Signale seien nicht verstanden worden, also wird es über einen anderen Weg versuchen, die Signale erneut zu senden.

Viele Ratgeber ermutigen Eltern, unerwünschtes Verhalten zu ignorieren, um unangemessene Verhaltensweisen zu „löschen". Doch nachdem du schon einiges in diesem Buch gelesen hast, kennst du die kindlichen Bedürfnisse und weißt, ein Meckern oder Jammern kann darauf hindeuten, dass das Kind nach Kontakt und Bindung sucht. Trotzdem können in deinem stressigen Alltag intensive, die Positiv-Energie aufladende Bindungsmomente vernachlässigt werden, und dann kommt es zu diesen „Mecker-Momenten". Um das Versäumnis ein bisschen wett zu machen könntest du dann dein Kind mit „Ich merke, wie schlecht gelaunt du bist, ein bisschen Papa-Kind-Zeit könnte uns beiden guttun!" abholen. Damit könntest du die Bedürfnisse, die hinter dem vermeintlich auffälligen Verhalten „Meckern" stehen, befriedigen. Nicht zu reagieren würde entweder dazu führen, dass der Bindungswunsch des Kindes durch noch ausgeprägtere Verhaltensweisen (Zwicken, Hauen, Spucken ...) eingefordert wird, oder das Kind anfängt, seine Bedürfnisse zu unterdrücken. „Hör auf, ich kann mir dein Gejammer echt nicht mehr anhören!", würde das Kind verunsichern, da diese Rückmeldung als Zurückweisung interpretiert werden kann und das Kind sich schlichtweg nicht verstanden fühlen wird.

Dann gibt es auch „emotionale Manipulationen" bzw. Erpressungen in Form von Ignorieren oder strafendem Schweigen. Dieses Schweigen oder Nicht-Wahrnehmen wird dein Kind dir nicht verzeihen und bei wiederkehrendem Einsatz sind die Folgen verheerend. Denn die Wirkung der nonverbalen Kommunikation „eiskalte Stille" ist für Kinder sehr schmerzhaft. Die Ausgrenzung durch die eigenen Eltern lässt

Kinder sich hilflos, ohnmächtig, klein fühlen, vergleichbar mit „Mobbingerfahrungen". Nicht umsonst heißt es „eine Mauer des Schweigens errichten". Studien zeigen Zusammenhänge zwischen elterlicher Manipulation und einem verminderten Selbstwertgefühl sowie Defizite in der sozialen Kommunikation. Betroffene zeigen ein erhöhtes Vermeidungsverhalten und setzen sich mit Problemen ungern auseinander.

Falls die Auseinandersetzung mit deinem Kind deine Nerven so strapaziert hat, dass du eine Pause benötigst, dann schweige nicht, sondern sprich es ruhig aus: „Ich bin gerade so aufgewühlt, ich brauche 5 Minuten Ruhe für mich!" Diese Form der authentischen Reaktion ist völlig legitim.

Kritik

Sätze wie „Du bist echt so eine lahme Schnecke, du wirst nie ein Schulkind!" oder „Du solltest es doch besser wissen, du bist doch alt genug!" gehören eigentlich in die „Erst-Denken-Dann-Reden-Kiste", die eigentlich mit einem dicken Vorhängeschloss versehen sein sollte. Trotzdem schaffen wir es immer wieder, an ihren Inhalt ranzukommen. Doch wenn du sowas sagst, ist das verletzend und dein Kind wird auch gar nicht verstehen, was falsch gelaufen ist. Im Gegenteil, nicht nur das Verhalten wurde angesprochen, sondern das Kind als Person als „du bist kein Schulkind" kritisiert. Jetzt muss dein Kind seine Schutzausrüstung anlegen, um nicht noch mehr verletzt zu werden und wird sich vermutlich auch gegen die Aussage „lahme Schnecke" verteidigen und das sicherlich nicht leise! Solche Sätze kommen meist aus einem Impuls heraus. Bevor die Worte auf deiner Zunge zergehen und dir zeigen, dass sie bitter schmecken, werden sie losgeschickt und hinterlassen auch einen bitteren Nachgeschmack bei deinem Kind. Hier heißt es also, dem Impuls widerstehen, Zähne zusammenbeißen, Worte auf der Zunge zergehen lassen, probieren und erst, wenn es gut schmeckt, lossenden! Man könnte auch sagen, erst überlegen und abwägen, dann sprechen – so schwer es manchmal auch ist.

Kritik an jemandem im Kindesalter zu üben ist nur dann möglich, wenn es eine Form der „Verhaltensrückmeldung“ ist und nur das Beobachtbare in „Ich-Botschaften“ wiedergibt:

„Ich sehe, dass es dir schwerfällt, deine Sachen schnell anzuziehen. Vielleicht üben wir das die Tage mal mit einer Stoppuhr!“ (Wenn sich das Anziehen in die Länge zieht und der 1. Schultag naht.)

Bei diesen Rückmeldungen ist es auch hilfreich, dem Kind gleichzeitig die Stärken zu nennen: „Ich sehe, dass es dir schwerfällt, deine Sachen schnell anzuziehen, was ich aber auch sehe ist, dass du sie schon rausgelegt hast!“ Häufig vergessen wir in solchen Momenten, dass Kinder viele Teilschritte schon wunderbar meistern. Diese sollten hervorgehoben werden.

Vergleiche

Für Kinder: Meistens werden Geschwister oder gleichaltrige Freund*innen miteinander verglichen. Dann wird oft darauf hingewiesen, dass die Schwester viel schneller aufgegessen hat oder der Bruder das Anziehen in dem Alter längst konnte. Spitze! Jetzt wird die Schwester noch mehr gehasst als vor dem Vergleich. Es klingt vielleicht überspitzt, aber solche Aussagen können wirklich die Beziehung zwischen Geschwistern negativ beeinflussen. Was hört dein Kind, wenn es verglichen wird? „Meine Schwester ist besser!“ Es wird von intensiven Gefühlen wie Hass, Ärger und Frustration geflutet und kann dadurch gar nicht kooperieren. Was war die eigentliche Botschaft? „Ich möchte, dass du isst!“ Den Vergleich als Motivation zu nutzen ist nicht zielführend und erschüttert das Selbstvertrauen des Kindes. Wenn Eltern möchten, dass ihre Familie ein Team bleibt, sollten sie darauf verzichten. Alle Teammitglieder bringen ihre eigenen Fähigkeiten und besonderen Eigenschaften mit und das ist gut so. Also: Es ist sinnvoll, auch an dieser Stelle eindeutig zu formulieren, was man sagen möchte, ohne das Kind zu verletzen.

Für Eltern: Auch die Vergleiche mit anderen Eltern oder Kindern auf dem Spielplatz oder beim Kita-/Schul-Elterntag sind nicht förderlich. Ein ständiger Wettbewerb am Sandkasten über die angeblich außergewöhnlichen (meist jedoch sehr übertriebenen) Fähigkeiten des Sohnes oder der Tochter kann Mütter und Väter unter Druck setzen und den Fokus vom eigenen Kind ablenken.

Ein typischer Spielplatzdialog (vielleicht ein wenig übertrieben dargestellt, aber nur ein winziges bisschen):

Vater 1: „Wusstest ihr, dass George schon laufen kann?"
Vater 2: „Wie, kann dein Kind etwa noch nicht alleine schaukeln?"
Vater 3: „Ja super, dass eure Kinder das können. Meiner kann schon Dreisatz!"

Es wird immer eine*n Bessere*n oder prahlende Eltern geben. Der Druck, der durch Sticheleien erzeugt wird, ist nicht förderlich und angenehm. Deine Verunsicherung wird schnell deinen inneren Kritiker aktivieren und du wirst dich fragen, warum dein Kind dieses oder jenes noch nicht kann oder ob du etwas falsch machst. Wenn der innere Kritiker und der innere Antreiber aktiv werden, ist es wichtig, sich selbst zu hinterfragen und zu überlegen, warum es einem so wichtig ist, dass das eigene Kind sich schon genauso weit entwickelt hat wie die „anderen". Denk daran: Jedes Kind entwickelt sich in seinem Tempo! Das Gras wächst wirklich nicht schneller, wenn man dran zieht.

Strafen

„Oh es reicht! Es gibt kein Eis mehr! Wenn du so weiter schreist, bleibst du im Zimmer!" Ich vermute, dass nach so einer Ansage zu Hause Ruhe einkehrt. Kurzfristig bist du erleichtert, doch wie sieht es langfristig aus? Hat das Kind verstanden, wieso es kein weiteres Eis essen darf? Hat es aus Angst die Finger vom Eis gelassen? Wie fühlt sich das Kind, hat es Einsicht, dass zweimal Eis nicht okay ist? Und wie fühlst du dich dabei, wenn du dein Kind bestrafst?

Untersuchungen über das Bestrafen haben ergeben, dass ...

- das Verhalten der Kinder sich durch Strafen auf lange Sicht nicht ändert.
- Kinder, deren Eltern viel strafen, sich zu Hause zwar anpassen bzw. aus Angst „besser benehmen", aber sobald sie aus dem Blickfeld der Eltern sind, die zu Hause aufgestellten Regeln gerne brechen.
- Kinder, die durch Strafen aufgefordert werden, bestimmte Handlungen zu unterlassen oder durchzuführen, durch diese Form der Erziehung lernen, dass es in Ordnung ist, anderen Menschen (z. B. Freunden) den eigenen Willen aufzuzwingen.
- häufig bestrafte Kinder Gleichaltrigen gegenüber eher zu aggressivem oder ängstlichem Verhalten neigen.

Ein wichtiger Punkt ist auch, dass bei manchen Kindern im Laufe der Zeit die Strafen immer härter werden müssen, damit sie Aufforderungen nachkommen. Die „Straflatte" wird immer höher gelegt, Strafen verlieren ihre Macht und den meisten Eltern gehen dann irgendwann nach Fernseh-Entzug, Tablet-Sperre und Zimmerarrest die Möglichkeiten und Ideen aus. Und das ist dann ein Problem!

Wenn das Strafen als Erziehungskonzept angewandt wird, spüren die Eltern nicht, welche Gefühle bei ihren Kindern erzeugt werden. Der/die Bestrafte wird dabei nämlich gedemütigt, verängstigt, wütend oder auch hilflos. Nur weil es nicht sichtbar ist, heißt es nicht, dass die kleinen Herzen nicht brechen – es findet leise und still statt. Kinder leiden unter dem autoritären Erziehungsstil der Eltern und die negativen Folgen für die kindliche Entwicklung sind evident. Wenn wir den Kontakt zu unserem Kind verlieren und dabei auch noch sehr intensive verletzende Gefühle erzeugen, entfernen wir uns von unserem Wunsch verbunden zu sein. Dein Kind wird in einer Strafwelt nicht wachsen können. Es ist wie mit einer Pflanze, die in einer Vase mit Deckel lebt. Sie bekommt zwar Licht, wird aber nur bis zum verschlossenen Deckel wachsen.

Setzen wir Kindern doch auf liebevolle Art Grenzen! Die Eis-Diskussion mit deinem Kind wirst du vermutlich noch einige Male führen. Wie wäre es, eine Regel aufzustellen, wie oft am Tag/in der Woche Eis gegessen werden darf? Dabei ist es hilfreich, dass es keine Strafregeln sind und diese nicht im Zusammenhang mit Schimpfen stehen. Genauso wie Verkehrsregeln im Verkehr alles ordnen sind gemeinsam festgesetzte Familienregeln für Kinder entlastend und für jede Familie unentbehrlich.

Anschreien

„Ich war einfach so erschöpft, ich wusste nicht weiter und dann sind mir die Worte rausgerutscht und ich habe mein Kind wieder angeschrien!" Stress löst deine innere Alarmanlage aus, die ganz laut schrillt und dich nicht mehr hören lässt, was du sagst und vor allem wie. Wenn du Kinder aufziehst, bedeutet das, dass Fehler passieren werden. Täglich! Mal mehr, mal weniger. Trotz der bedingungslosen Annahme und Fürsorge, des Zuhörens auf Augenhöhe, der Anleitung, der Aktivierung deiner Superkraft wirst du immer wieder in Situationen geraten, in denen du in „alte Muster" verfällst oder dir die Co-Begleitung schwerfallen wird. Damit du für solche „Ausrutscher" die Verantwortung übernehmen kannst, solltest du auf die – vielleicht noch ganz leise – innere Stimme hören, die dir folgende Sätze zuflüstert:

- „Fehler sind menschlich!"
- „Behandele dich und deine Fehler so wohlwollend, wie du es bei deinem Freund, deiner Freundin tun würdest."
- „Ich lerne es noch."
- „Es ist okay, dass ich frustriert bin."

Daraus könnte dann eine Aussprache mit deinem Kind resultieren, in der du dich für das Anschreien oder Strafen entschuldigen kannst („Es tut mir leid, dass ich so mit dir gesprochen habe.").

ANALYSE: WIE UND WANN BESTRAFE ICH?

Wenn dir der Verzicht auf Strafen und Anschreien immer noch schwerfällt, kannst du über ein paar Tage hinweg eine kleine Eigenbeobachtung durchführen, bei der du dich immer wieder fragen kannst:

- Wann bestrafe ich mein Kind?
- Wie äußere ich mich dabei? Schimpfen, Schreien ...
- Wieso sehe ich die Notwendigkeit, mein Kind zu bestrafen?
- Wie habe ich mich dabei gefühlt? (Druck, Stress ...)

Anschließend kannst du dir überlegen: Welche Alternativen gibt es? Wie kann ich mich das nächste Mal daran erinnern?

Selbsterfüllende Prophezeiungen

„Lass das mal deinen Bruder tragen. Du bist so ein Tollpatsch!“ und zack greift das Mädchen (erst recht) danach und vor lauter Aufregung fallen ihr die Teller auf den Boden und schnell kommt die Antwort „Mensch Jule, ich hab’s dir doch gesagt!“

Kinder saugen solche Aussagen auf wie ein Schwamm und speichern sie. Und wenn sie Sätze hören wie: „Du bist einfach wild und so war dein Vater auch schon!“, fragen sie sich, ob es dann überhaupt möglich ist, nicht mehr wild zu sein, wenn es sogar der Vater schon war. Auch wenn sich das Kind anders entwickelt als durch solche Aussagen scheinbar vorherbestimmt (zum Tollpatsch oder zum Wildfang), wird diese Identifikation und Zuschreibung am Selbstkonzept und an der Selbsterwartung des Kindes haften. Das tollpatschige Kind wird sich mit hoher Wahrscheinlichkeit weniger trauen, Herausforderungen anzugehen und somit wäre das „freie Wachsen“ deutlich eingeschränkt. Deshalb sollten Eltern solche Aussagen unter allen Umständen vermeiden, weil sie ein Leben lang wirken können.

Worte ohne Gehalt

Entschuldigung

Wenn Kinder auf dem Spielplatz sich streiten, greifen die zuschauenden Eltern häufig mit „Sag sofort Entschuldigung!“ ein und warten dann mit erwartungsvoll geweiteten Augen, ob das Kind das auch tut. Denn ein so „unhöfliches“ Verhalten fremden Kindern/Leuten gegenüber muss doch wieder GUT gemacht werden! Was haben jedoch die beteiligten Kinder von einer „noch nicht mal halbherzigen“ Entschuldigung ihres Kontrahenten? Der gesellschaftliche Druck, der Zwang zum „Er hat ja Anstand, er hat sich entschuldigt“, nötigt die Eltern zu solch einem unauthentischen Verhalten. Das Kind hingegen ist höchstwahrscheinlich irritiert, verunsichert oder gestresst, kann die Forderung „Entschuldige dich sofort“ vermutlich gar nicht einschätzen oder ist mit den eigenen aufkommenden Gefühlen beschäftigt. Aber es soll sich jetzt schnell gesellschaftskonform an „Höflichkeitsregeln“ halten.

Das große Problem an diesem Wort ist die allmähliche „Verwässerung“ der wahren Bedeutung. Ich möchte an jemandem vorbei, der mir im Weg steht oder ich niese laut und sage „Entschuldigung“. Mehrmals am Tag und bei jedem kleinen Fehler wird das Wort benutzt und seine Bedeutung nimmt durch dieses ritualisierte „Tschuldigung“ ab, es kann sogar „bedeutungslos“ werden. Dabei wird als Gefühl weder Reue noch ein Bedauern ausgelöst. Dadurch bekommt insbesondere ein Kind nicht die Möglichkeit sich in die Situation einzustimmen. Sich in andere hineinversetzen, die Perspektive wechseln und das eigene Verhalten reflektieren, eigene Gefühle regulieren und auf die des Gegenübers eingehen würde komplexe Denkvorgänge voraussetzen, die sich bei kleineren Kindern erst noch entwickeln.

Wenn du nun einschreitest und forderst, dass dein Kind sich entschuldigt, wirst du ihm höchstens die Höflichkeitsregel beibringen, aber keine empathische Problemlösung oder einen guten Umgang im Miteinander. Woran würdest du merken, dass dein Kind mit dem Wort „Entschuldigung" auch ein Bedauern verbindet? Wenn es ohne Aufforderung auf die Situation reagiert und beispielsweise einen Kühlpack für das betroffene Kind holt oder die Körperhaltung sich passend verändert. Diese achtsame Reaktion ist ehrlich und mehr wert als ein „Tschuldigung". Mit zunehmendem Alter wird das „Es tut mir leid!" von alleine kommen. Wörter aufzwingen oder lieber Mitgefühl und Achtsamkeit leben? Was sagst du?

Danke

Auch das Wort **Danke** wird im gesellschaftlichen Umgang ähnlich verwendet. Natürlich ist dieses Wort, genau wie das „Bitte" nicht aus unserem Sprachgebrauch oder unserer Kultur wegzudenken, aber welcher Wert ihm zugesprochen wird, liegt auch daran, wie die Eltern ihn ihren Kindern vermitteln. Deshalb bedarf es einer Reflexion, wie der Begriff gebraucht wird.

Mutter: „Ja, und was sagt man da?"
Kind verstummt und blickt auf den Boden.
Mutter: „Sag jetzt Danke!"
Kind leise: „Danke!"
Mutter: „Ein bisschen lauter!"
Kind hörbar: „DANKE!"

Okay, vielleicht ein klein wenig übertrieben dargestellt, aber genau so wird das Wort Danke durch gesellschaftlichen Zwang antrainiert. Strenggenommen könnten wir in diesem Fall auch sagen, dass das Danke gelogen ist. Wenn sich das Kind widerwillig bedanken muss, dabei nichts spürt und aus Angst oder Hilflosigkeit handelt, kann man es vermutlich auch einer Lüge gleichsetzen. Dankbar zu sein bedeutet, etwas persönlich als bedeutend zu erleben. Frage dich deshalb, ob du deinem Kind das Dankbarkeitskonzept authentisch und spürbar näherbringen willst oder ob du es als Floskel benutzt?

Reicht nicht manchmal auch der Blick eines lächelnden Kindes, damit ein „Danke dir Papi, dass du mir auf die Wippe geholfen hast!“ als Botschaft verstanden wird? Du bist das Vorbild deines Kindes, alles was du sagst und nicht sagst, wird beobachtet, imitiert und verinnerlicht. Die Sorge, dass Kinder das Bitte und Danke nicht lernen ist dabei unbegründet. Ist die Zeit für die Anwendung des Danke-Konzepts reif, wird dein Kind es anwenden und auch das damit verbundene positive Gefühl verstanden haben.

Kommuniziere deine Dankbarkeit im Alltag, wenn du sie auch spürst: „Suri, ich danke dir, dass du deine Süßigkeiten mit mir geteilt hast“ oder „Ich bin dankbar, weil ich dich glücklich sehe!“

Wenn andere Menschen von deinem Kind ein Danke erwarten, begegne ihnen mit diesen Worten: „Ich danke Ihnen für die Gummibärchen. (Blick zum Kind) Ich sehe, dass sich Sophia darauf freut!“ (Gefühl benennen).

Nun weiß Sophia, dass die Mutter bei Freude oder Geschenken ein Danke sagt. Sie wurde weder beschämt oder in ihrer Selbstbestimmung eingegrenzt noch musste sie inhaltslose Worte sagen. Das Vertrauen in die Eltern-Kind-Beziehung wächst in solchen Momenten, da sich das Kind auf die Unterstützung der Mutter verlassen kann.

Heben wir die Kommunikationsblockaden auf

Jetzt wissen wir, welche Sätze und Worte die Beziehungsqualität beeinträchtigen. Stell es dir so vor: Sobald du mit Vorträgen, Belehrungen, abwertenden Bemerkungen, Etikettierungen, Befehlen, Warnungen, Drohungen oder Urteilen anfängst, schlägt dir dein Kind die „Gesprächs-Tür“ vor der Nase zu. Dein Zugang für ein gelungenes Gespräch wird blockiert und du stellst dir die Frage, wie du wieder einen Fuß in die „Gesprächs-Tür“ deines Kindes setzen kannst.

Welche Optionen hast du, um die Kommunikationsblockaden aufzuheben und dein Kind zu erreichen? Die „gewaltfreie Kommunikation“ des amerikanischen Psychologen Marshall Rosenberg wird dir helfen, dich einfühlsam mit dir und deinem Kind zu verbinden.

„Dein Zimmer sieht wie immer wie ein Saustall aus!“

Probiere es mit den vier Schritten der gewaltfreien Kommunikation:

1. Formuliere das, was du beobachten und sehen kannst
„Ich sehe, dass der Boden voller Spielsachen und Klamotten ist.“

2. Benenne deine Gefühle, die durch diese Beobachtungen hervorgerufen werden
„Ich habe Sorge, dass du bald keine sauberen Klamotten mehr zum Anziehen hast.“

3. Nimm dein Bedürfnis wahr und sprich es aus
„Mir ist es wichtig, dass du zumindest deine Wäsche in den Wäschekorb legst, damit ich deine Kleider waschen kann.“

4. Formuliere deine Bitte
„Ich möchte jetzt einen festen Tag in der Woche mit dir festlegen, an dem du deine dreckige Wäsche ins Bad bringst!“

Wie nun einmal mehr klar geworden ist, haben Eltern in der Beziehung zu ihrem Kind die Verantwortung, ihre Worte richtig zu wählen und die Kommunikation anzupassen. Selbst kleine Worte haben so viel Macht, dass sie die Persönlichkeitsentwicklung entweder stark einschränken oder auch beflügeln können. **Worte machen klein oder auch groß!** Daher überlege für dich, worauf du noch stärker deinen inneren Scheinwerfer richten willst und was du gerne ändern möchtest, weil es dir jedes Mal Gewissensbisse bereitet. Weniger Strafen, dafür mehr klare Regeln, weniger schimpfen, dafür mehr klare Ansagen – die einfühlsame Kommunikation ist, wie die Beispiele von oben verdeutlichen, zielführend.

SPRICH DIE SPRACHE DEINES KINDES – DEIN SPICKZETTEL FÜR ALLTAGSKONFLIKTE

In vielen Alltagssituationen stößt du auf Probleme, bei denen dir dann die richtigen Worte fehlen. Hier verrate ich dir Lösungsmöglichkeiten und Formulierungen für die potenziellen Konflikte des täglichen Lebens. Von A wie Anziehen bis Z wie Zähneputzen.

Anziehen

Gerade wenn es morgens schnell gehen muss, können Kinder beim Anziehen streiken und die Morgenroutine boykottieren. Die Reaktion vieler Eltern fällt dann so oder so ähnlich aus: „Von mir aus gehst du auch im Schlüppi in die Kita!“ Doch manche Kinder haben morgens Startschwierigkeiten und brauchen Zeit, um wach zu werden. Der abrupte Übergang von der Traumwelt in die Realität kann sie dann durchaus gereizt reagieren lassen. Doch auch Erwachsene können in der morgendlichen Hektik ohne ihren Kaffee manchmal ziemlich ungenießbar sein. Manche Kinder beobachten dann ihre gestressten Eltern und versuchen unterbewusst, dagegen zu steuern, indem sie langsam machen. Oder in ihnen wird der Selbstbestimmungswunsch wach: „Ich will was ‚Eigenes‘ anziehen.“ Auch Trennungsängste können zur inneren Blockade führen. Das Kind denkt dann: „Wenn ich angezogen bin, muss ich in den Kindergarten/zu (Vor)-Schule/Tagesmutter/Großeltern. Dort geht dann mein Vater/meine Mutter weg. Ich will mich aber gerade nicht trennen!“

Achte bitte auf folgende Punkte

Kleidung ist wie eine zweite Haut, daher sollte das Kind seine eigenen Wohlfühlklamotten aussuchen dürfen. Der Kleiderschrank sollte für dein Kind erreichbar und geordnet (z. B. mit Anziehsymbolen für Pullis, Jacken, Socken, Unterwäsche) und die Kleidung der Jahreszeit entsprechend eingeräumt sein. Dabei sollte es keine Rolle spielen, wie die Kleidung zusammengestellt ist. Der Geschmack des Kindes entwickelt sich noch (keine Angst, die Lieblingspulli- oder Disney-Frozen-Elsa-Phase vergeht wieder), und es kann dazu kommen, dass deine Stilvorstellungen mit denen deines Kindes kollidieren, sie sollten aber trotzdem respektiert werden. Doch warum wehren sich Kinder gegen die „großartigen“ Farbkombinationsvorschläge der Eltern? Wenn die Wahlfreiheit des Kindes (stark) eingeschränkt wird, könnte es passieren, dass das Kind sich bedrängt fühlt und darauf mit Widerstand reagiert und zu protestieren anfängt.

Manchmal hilft es, die Kleidung für den nächsten Tag schon am Vortag nach dem Abendessen auszusuchen und bereitzulegen. Überlege, wann das Kooperationskonto deines Kindes gedeckt ist und probiere dabei verschiedene Zeitpunkte aus, bis du ein optimales Zeitfenster für euch gefunden hast.

Eine weitere Möglichkeit ist, die Kleidungsauswahl zu begrenzen und zwei Kleidungskombinationen zu präsentieren. Eine zu große Auswahlmöglichkeit kann eine Reizüberflutung darstellen. Dabei die richtige Entscheidung zu treffen, kann Kinder ermüden oder auch die Stimmung kippen lassen.

Gerade am frühen Morgen können Fragen wie „Was möchtest du anziehen?“ Kinder überfordern. Auch wenn wir das meist gar nicht von außen bemerken, die Entscheidungsfindung ist eine mentale Anstrengung insbesondere für jüngere Kinder. Wenn das Kleinkind jetzt viele Fragen hört und gleichzeitig auch noch Entscheidungen treffen muss, wird das „Ich-treffe-GUTE-Entscheidungen-Konto“ schnell mal geleert, und es ist keine weitere Energie für geistige Anforderungen mehr da (= Entscheidungsmüdigkeit). Um ihre wertvolle Entscheidungsenergie nicht unnötig zu verbrauchen, haben z. B. Steve Jobs und Mark Zuckerberg die Klamottenentscheidung ganz aus ihrer Tages-To-Do-Liste gestrichen.

Wenn das Anziehen eine große Herausforderung ist, kann die Einführung der „Besonderen Zeit“ eine tolle Lösung sein. Das sorgt für einen Energieboost und die Grundbedürfnisse für den Tag werden gestillt. Der Alltag vieler Familien ist mittlerweile so durchgetaktet, dass es immer schwieriger wird, Zeit für freies Spielen einzuräumen. Stelle daher den Wecker 5–10 Minuten früher, um am Morgen alle Bedürfnisse deines Kindes zu decken.

„Du spielst gerade so schön, darf ich mitspielen?“ Spiele 5 Minuten mit (um die Zeit zu visualisieren kannst du auch eine Sanduhr aufstellen) und nimm dir ausschließlich Zeit für dein Kind. Wenn Eltern mit mehreren Kindern jetzt kopfschüttelnd sagen, das sei zeitlich nicht umsetzbar, dann rate ich, ein Mini-Ritual für jedes Kind einzuführen (ein Extra-Kuschelmoment, Kurzspiele wie „Schere, Stein, Papier“ o. Ä.). Das Wichtigste: Dich mit deinem Kind verbinden. Alle Tricks und Tipps können nur dann Früchte tragen, wenn ihr euch verbunden fühlt.

HOCHSENSIBLE KINDER

Hochsensible Kinder können überreagieren, wenn ihnen ein Kleidungsstück zu kratzig ist oder sie einen kleinen Faden oder eine Naht spüren. Manchmal sind es die Socken, die zu Wutanfällen führen können, oder auch ein Etikett, ein zu langer Ärmel, eine zu weite Kleidung u.v.m. Auch wenn das für manche Eltern nicht nachvollziehbar ist, ist ein ruhiger und empathischer Umgang mit diesem Persönlichkeitsmerkmal enorm wichtig. Achte deshalb schon beim Kleidungskauf darauf, dass ihr weiche (natürliche) Stoffe wählt, die dein Kind verträgt.

Teilerfolge sind auch Erfolge

Du kannst den Fokus auch auf das Positive legen. Statt „Willst du mich veräppeln, warum bist du noch nicht fertig? Wir müssen los!“ könntest du positiv formulieren – z. B., indem du zu deinem Kind sagst:

„Heyyy, das ist ein cooler Anfang mit deinen Socken und wo hat sich dein Pulli versteckt?“ Wenn wir uns auf die Teilerfolge konzentrieren und die weiteren Fortschritte verbal begleiten, ist weniger Energie erforderlich, als auf Konfrontationskurs zu gehen. Gemecker und Schimpfen aktivieren keinen Turbo-Modus.

Wenn die Klamotten sprechen können

Eine spielerische verbale Begleitung für das „Anziehproblem“ könnte auch so aussehen: Ab jetzt spricht die Hose oder der Pulli z. B. als Lieblingstrickfilmfigur deines Kindes oder wenn ein Einhorn auf dem Kleidungsstück abgebildet ist:

„Hey xx! Wieso war ich so lange im Schrank? Ich möchte sofort angezogen werden und mit in den xx-Kindergarten, wer nimmt mich mit zu den anderen Kindern, ich möchte endlich spielen!“ Dein Kind wird sich riesig freuen. Auf dem Kindergartenweg könnte das Einhorn dann sagen: „Danke, dass du mich in die Jacke eingepackt hast, so friere ich nicht!" Im Kindergarten angekommen, könnte es weiter mit den Erzieher*innen sprechen. Aus der langweiligen Aufforderung sich anzuziehen wurde ein lustiger Dialog, der die Umsetzung vereinfacht hat und an den sich dein Kind erinnern wird.

DAS JACKEN-THERMOMETER

Jacke ist Jacke, oder? Doch so einfach ist das nicht. Da hat sich das Kind eine Jacke ausgesucht und schon heißt es: „Nicht DIE! Zieh die andere an, weil es so kalt ist und du sonst krank wirst!"

Wenn Kinder ungern ihre Jacke anziehen, kann man für sie ab einem Alter von 2–3 Jahren die Jackenauswahl mit einem Bild darstellen. Das funktioniert natürlich auch mit allen anderen Kleidungsstücken.

Materialien: Bildsymbole für Regenjacke, Übergangsjacke, Winterjacke; Karton, Kleber und ein Außenthermometer für Balkon oder Fenstersims.

Durchführung: Auf den Karton werden von oben nach unten die verschiedenen Jackensymbole aufgeklebt, daneben notiert ihr dann ungefähre Temperaturangaben, wann die betreffende Jacke zum Einsatz kommt. Das Kind darf jeden Morgen auf das Thermometer schauen, und je nach Außentemperatur entscheidet es dann, welches Symbol passend ist und nimmt sich die Jacke raus. Das Kontroll- und Autonomiebedürfnis des Kindes wird gestillt und die ganze Morgenroutine entspannt sich, wenn das Kind im von den Eltern vorgegebenen Rahmen selbst entscheiden kann „Heute ziehe ich diese Jacke an!"

Wenn mein Kind vergisst sich anzuziehen

Kinder tauchen oft in ihre Kinderwelt ein, sind spontan und kreativ, haben ihren eigenen Rhythmus. Dabei blenden sie die Außenwelt völlig aus (auch wenn es dort drunter und drüber geht) und sind mit Dingen beschäftigt, die für Außenstehende völlig unnötig sind und so kommentiert werden: „Wir haben keine Zeit dafür!" Dieses Gehetztwerden hindert die Kinder aber nicht daran, ohne Socken in die Schuhe schlüpfen zu wollen. „Diiiieee Soockeen, Nisa!", erinnert der schnaufende Papa dann ungeduldig.

Kinder denken weniger über die Folgen ihrer Handlungen nach. Sie leben nun mal in der Gegenwart, im Moment und planen weniger, was der nächste Tagesordnungspunkt ist. In ihrer Welt spielt Zeit einfach kaum eine Rolle. Das unterscheidet sie von ihren Eltern:

„Wie oft denn noch, WIR HABEN KEINE ZEIT ZUM TRÖDELN. Du weißt doch wie es funktioniert, zieh dich jetzt bitte vollständig an!"

Solch genervte Ermahnungen füllen dein „Stressfass", doch dein Kind ist dadurch kein bisschen kooperativer. Wenn du dich hingegen bemühst, eine Verbindung zu schaffen, lässt das eine Brücke in die Kinderwelt entstehen. Das Einfühlen in die Gedanken, Gefühle und das Verhalten des Kindes sind „Aha-Momente" und führen zu wirksamen neuen Lösungswegen.

DIE ANZIEHSACHEN-LEINE

Bastelt gemeinsam eine Anleitung, in welcher Reihenfolge die Kleidungsstücke angezogen werden.

Du kannst fragen: „Welche Kleidungsstücke sollten wir malen?"

Dein Kind kann dann Vorschläge machen: „Eine Hose, Unterhemd, Unterhose ..."

„Toll, dass dir so viel einfällt. Ich finde die Zeit gerade total schön mit dir! Klebst du die Symbole auf? Was soll ich machen?"

Alle Kleidungssymbole werden gezeichnet, ausgeschnitten und der Reihe nach an einer Schnur befestigt. Morgens legt ihr von nun an diese „Anziehsachen-Wäscheleine" auf den Boden, das Kind holt sich selbst seine Kleidungsstücke und legt sie daneben. Dabei können natürlich auch Geschwisterkinder oder Eltern mitmachen. Jetzt heißt es, nacheinander anziehen. Klatscht euch gerne ab, wenn ihr ein Kleidungsstück angezogen habt.

Durch die visualisierten Symbole hat dein Kind die Chance sich selbstständig anzuziehen. Die Klamotten-Leine ist aber auch ein morgendlicher Stimmungsaufheller, mit dem vergessene Kleidungsstücke der Vergangenheit angehören.

Wenn die Hausschuhe wegrennen

Heilfroh darüber, dass das Kind sich schließlich doch noch angezogen hat, bist du im Kindergarten angekommen – und stehst gleich vor der nächsten Hürde: Das Kind will die Hausschuhe nicht anziehen. Jetzt solltest du deine verständnisvolle innere Stimme aktivieren. Sie wird dir sagen: „Mein Kind ärgert mich nicht, auch wenn es mich gerade ziemlich frech angrinst. Denn es geht ihm nur um Bedürfnisbefriedigung!" Versuche herauszufinden, was genau dein Kind in diesem Augenblick braucht. Wenn Mama oder Papa jetzt weggeht, dann ist das für das Kind ein „kleiner Abschied". Das kann ihm Angst machen oder auch schmerzen. Wenn du die Situation aus der kindlichen Perspektive betrachtest, wäre deshalb jetzt eine Dosis Kuscheln (Bindung) und Spielen (Lustgewinn) angesagt. Versuche vor dem Abschied ein kleines Spielchen als Ritual einzuführen (manchmal reichen klitzekleine 1-Minuten-Rituale aus). Durch jede positive Erfahrung, die ein Kind in dieser Interaktion macht, erfährt es eine innere „Beglückung"!

Einen solchen „Trennungssatz" hast du sicher auch schon mal geäußert:

„Ich muss echt los, sei doch endlich einmal lieb! Zieh doch bitte deine Hausschuhe an, so schwer kann das doch nicht sein!"

Doch wenn dein Kind dann frech lacht und dich herausfordernd anschaut, kommst du mit der empathischen Kommunikation wesentlich schneller weiter. In solchen Situationen kann es hilfreich sein, wenn du deine Beobachtungen in Worte fasst:

„Ich sehe, dass du noch mit mir spielen willst. Ich glaube deine Hausschuhe wollen das auch!"
Und dann kannst du es mit einem kleinen Spiel versuchen: Die Hausschuhe verstecken sich oder rennen weg und müssen eingefangen werden. Insbesondere sich verweigernde Kinder finden Challenges wie „Ich fange meine Schuhe ein!" toll. Oder du versuchst es so:

„Ich würde dich gern noch einmal richtig dolle drücken, damit wir beide ganz viel Energie für den Tag haben!" (Wenn ihr wollt, darf dann das Kind die Mutter/den Vater zur Tür begleiten, laut „1-2-3" zählen und rausschubsen.)

Größere Veränderungen im Leben des Kindes

Der erste Kita-Tag. Zum ersten Mal ohne Eltern ganz alleine in einer unbekannten und nicht vertrauten Umgebung zu sein, stellt eine große Herausforderung für ein Kind dar. Plötzlich steht eine fremde Person vor ihm und versucht mit ihm zu kommunizieren. Das kindliche Bindungssystem wird aktiviert. Das bedeutet, dass das Kind in kurzer Zeit alle seine Kräfte sammeln muss, um diese Situation – den Statuswechsel zum Krippen-/Kitakind – gut meistern zu können. Dabei können Eltern und Erzieher*innen eine Brücke zwischen der noch neuen Situation und der vertrauten Familie bauen.

Eltern neigen dazu, ihre Kinder vor negativen Ereignissen beschützen zu wollen. Auch bei größeren Veränderungen bemühen sie sich, die „emotionale Last“ von ihren Kindern zu nehmen. Das heißt, oft werden kleine Kinder nicht als eigenständige Personen wahrgenommen. Die „Übergangs-Brücke“, welche eigentlich von den Kindern zusammen mit den Eltern und Erzieherinnen gebaut werden sollte, wird viel zu oft von den Bezugspersonen allein gebildet. Erwachsenen scheint es nicht klar zu sein, dass Kinder in der Lage sind, ihren Übergang in eine neue Welt selbst zu gestalten. Die beteiligten Erwachsenen dürfen das Kind dabei feinfühlig und bindungsorientiert begleiten und die äußeren Umstände des Übergangs so gestalten, dass Kinder diese Entwicklungsaufgabe bewältigen können. Den Kern der Arbeit leisten die Kinder allerdings selbstständig.

So kannst du die räumliche und emotionale Veränderung im Übergangsprozess unterstützen: Informiere dich vorab über das Eingewöhnungsmodell und kläre Fragen dazu mit dem Kita-Personal.

- Es darf keinen „ersten Tag“ geben. Das Kennenlernen der Einrichtung und der Bezugspersonen sollte vor dem Eintritt stattfinden.
- Lauft des Öfteren an der Kita vorbei und schafft eine positive Atmosphäre und Vorfreude (nicht umsonst heißt es, „Vorfreude ist die schönste Freude“). Gerne könnt ihr nach dem Spaziergang gemeinsam ein Bild von der Kita, den Erzieher*innen und Kindern

zeichnen. Dieser kreative Zugang und das aufgehängte Kinderbild werden dem Kind positive Gefühle bereiten (Vorfreude = Ausschüttung von Glückshormonen).

- Spielt zu Hause „Trennungsspiele" wie z. B. Verstecken oder auch Spielsachen verdecken und wieder aufdecken. Diese kurzen Trennungssituationen schaffen für das Kind eine angenehme Distanz zu den Bezugspersonen. Abschied und Wiedersehen stellen dabei eine kurze Trennung dar. Diese Trennungserfahrungen werden als erfolgreiche Trennung abgespeichert, wenn sie regelmäßig mit den Eltern durchgespielt werden.
- Erkunde das Außengelände und die Umgebung fußläufig mit dem Kind. Äußere Sicherheit führt zu innerer Sicherheit.
- Wenn die Kita zustimmt, vor der tatsächlichen Eingewöhnungsphase einen „Beschnupperungs-Termin" machen und gemeinsam mit den Kita-Kindern zum Beispiel einen Spielplatz besuchen. Dein Kind baut sich in solchen Situationen langsam seinen eigenen Bezugskreis auf.
- Sprich dein Kind darauf an, wenn es sich auf das Spielen mit den Kindern freut: „Ich sehe, wie viel Spaß es dir macht, mit den anderen zu spielen!" (= positive Gefühle hervorheben) oder „Ich sehe, wie glücklich du bist ...!"
- Ihr solltet Rituale für die tägliche Trennungssituation einführen, zum Beispiel: Besondere Umarmungen, einen speziellen Handschlag oder Kuss. Manchmal helfen auch „Kindergartensteine" (zwei bemalte Steine, also ein Eltern-Stein und ein Kind-Stein), die zum Abschied ausgetauscht werden. Dabei kann dem Kind gesagt werden, dass dieser Eltern-Stein ganz viel Liebe und Umarmungen speichert und die ganze Kraft im Kindergarten entfalten wird. Damit seid ihr schon gut vorbereitet, wenn die Eingewöhnung beginnt.

Ich empfehle: Deine eigene elterliche Haltung, deine Gedanken und Gefühle vorher zu reflektieren: z. B. Wovor habe ich Angst? Was ist meine Sorge? Bin ich bereit, loszulassen? Trennungsangst, schlechtes Gewissen oder Konkurrenzdenken können die einfühlsame Eingewöhnung verhindern. Es wäre auch eine gute Idee, die Vorteile der Betreuung deines Kindes zu notieren, um deine Entscheidung zu bestärken. Hilfreich ist auch, wenn Eltern Vertrauen in die Betreuungseinrichtung haben und auch eine gewisse Art von Sicherheit, Gelassenheit, Zuversicht ausstrahlen.

Post vom Kindergarten

Oft werden Kinder vor ihrem Eintritt in den Kindergarten nicht beachtet. Elternabende werden organisiert, um Informationen über den Übergang zu geben. Aber wer kommuniziert dabei mit dem Kind? Kinder sind aktive Gestalter und müssten auch schon vor ihrem Eintritt in die Planung miteinbezogen werden.

EINE EINLADUNG VOM KINDERGARTEN

Das Kind erhält vom zukünftigen Kindergarten eine „Einladungskarte", auf der die/der Erzieher*in ein Bild von sich und dem Kindergartenkind gemalt hat. Den kurzen Text können die Eltern ihren Kindern vor dem Übergang vorlesen. Am Ende könnte die Frage stehen: „Bringst du uns etwas mit, was dir zu Hause besonders gefällt?" Dies wäre eine Möglichkeit die kindlichen Ängste zu vermindern. Kita und natürlich die Familie sind die wichtigsten Lebenswelten und Sozialisationsinstanzen für Kleinkinder. Ein pädagogisch „optimal" gestalteter Übergangsprozess setzt empathische Kommunikation und die „Mitarbeit" aller Beteiligten voraus.

„Geh nicht!" – Die Angst vor der Trennung

Der Übergang vom Familien- zum Kita-Kind ist eine sensible Trennungsphase. Wie schnell oder langsam sich das Kind an die neue Situation anpasst, ist vom kindlichen Temperament, der Bindungs-

und Beziehungsqualität zu seinen Eltern und der einfühlsamen Begleitung der Kindergarten-Fachkräfte abhängig. Einen positiven Einfluss haben bisherige Trennungen, die häppchenweise geübt (etwa bei Oma/Opa, Ausflug oder Tag in der Spielgruppe) und gut gemeistert wurden. Wenn Abschiede gelungen sind und ein strahlendes Wiedersehen im Erfahrungsrepertoire aufgenommen wurde, erleben Kinder, dass Trennungen von den Eltern keine Bedrohung bedeuten.

Der erste Kita-Tag steht bevor, dein Kind signalisiert dir die Vorfreude und packt seinen Rucksack. Der kindliche Motor (Explorationsbedürfnis) ist eingeschaltet, das Kind ist bereit, die Kita-Welt zu entdecken. Am Anfang der kindlichen Erkundungsreise ist der „sichere Hafen“ (Eltern) noch in Sicht, ganz bald soll ein weiterer (Erzieher*in) in der Kita entstehen. Eltern können den Beziehungsaufbau zum/zur Erzieher*in unterstützen, indem sie erlauben, dass der neue Hafen von Tag zu Tag aktiver wird. Während der Eingewöhnung können sich die Eltern auch zugunsten eines/einer Erziehers*in zurücknehmen: „Ah du möchtest ein Buch lesen, frag mal Jaqueline, ob sie Zeit für dich hat!“ Diese neuen Bindungserfahrungen führen dazu, dass das Kind sich in der Einrichtung geborgen fühlt und Vertrauen in seine neue Bezugsperson entwickelt. Neue Freundschaften entstehen, das Kind schaut sich die Spielsachen interessiert an und hat vielleicht auch eine Lieblingsecke, es lässt sich von der Kindergarten-Fachkraft gut beruhigen – diese Signale deuten darauf hin, dass ein Trennungsversuch gestartet werden kann. Trennung und Abschiednehmen schmerzen und stressen alle Betroffenen gleichermaßen (wie sehr, hängt natürlich von den bisherigen Trennungserfahrungen ab).

Ein wichtiger Hinweis: Tränen werden mit ziemlicher Sicherheit fließen, Weinen ist eine völlig normale Reaktion in diesem Prozess. So kommuniziert das Kind und zeigt deutlich das Bedürfnis nach Zuwendung, welches feinfühlig gestillt werden muss. Eltern dürfen sich von kritischen Aussagen aus dem Umfeld, wie etwa „Der will nur Aufmerksamkeit“, nicht beirren lassen. Wenn das Kind von einer Kita-Fachkraft unbedachte Äußerungen wie zum Beispiel „Jetzt reicht’s aber mit deinem Theater!“ hört, kann es den Eindruck bekommen, dass die eigenen Gefühle in der Kita keinen Platz haben.

Der Trennungsschmerz sollte von Eltern wie auch von den Erzieher*innen ernst genommen werden: „Ich spüre, dass dir der Abschied schwerfällt, ich bleibe bei dir, bist du bereit bist!“ Vorschläge wie „Der ist total im Spiel versunken, schleichen Sie sich weg!“ sind kontraproduktiv. Eltern sollten sich IMMER verabschieden.

Was passiert wenn das Kind weinerlich sagt: „Geh nicht weg?“

„Du brauchst doch nicht weinen, Jaqueline ist hier!“

Bereitet die Trennung vor, indem ihr gemeinsam die Umgebung des Kindergartens zeichnet. Hebt Besonderheiten wie Bäume oder Ähnliches hervor. Kurze Trennungen kannst du so kommunizieren: „Ich freue mich, dass du hier so viel Spaß hast. Jaqueline ist bei dir und ich werde jetzt bis zum 1. Baum gehen und komme dich danach wieder abholen!“ So erweitert ihr dann allmählich die Trennungszeit mit der Unterstützung von weiteren Bildelementen: „Heute laufe ich bis zum 2. Baum ...!“ Wenn das Kind sich freiwillig aber weinend verabschiedet, ist es okay, den Abschied kurz zu halten. Weinen ist ein wichtiges Kommunikationsmittel und erzeugt beim Gegenüber Mitgefühl. So kann dein Kind seinem sicheren Hafen – also der/dem Erzieher*in – Signale senden und Empathie einfordern. Spendet diese/dieser Trost können Abschiedstränen sogar Erleichterung bringen.

Der Übergang in die Kita sollte sanft verlaufen, plane deshalb viel Zeit für die Eingewöhnung ein und überlege, welche Strategien, Rituale und kleine Schritte dein Kind unterstützen können. Hilfreich ist es auch, wenn andere Kita-Eltern angesprochen und ein Nachmittagstreff verabredet wird. So wird dein Kind die anderen Kinder aus der Kita schneller kennenlernen und sich anfreunden. Der Anschluss im Kita-Alltag wird ermöglicht und das Loslassen der Eltern fällt dadurch leichter.

Abholkrise – wenn das Kind nicht mit heim will

Mutter: „Wie war es heute in der Kita?" – Kind: „Anstrengend!" Viele Erwachsene finden so eine Aussage zunächst lustig. Spielen, essen, nochmal spielen, was daran soll bitte anstrengend sein? Dennoch ist die Erschöpfung des Kindes verständlich. Es ist vollkommen erledigt, denn so viele verschiedene Reize können schnell zur Überforderung führen. Das Kooperationskonto des Kindes ist leer und der Abschied von den neuen Freunden kann „stressen" und zu Stimmungsschwankungen führen. Da kann es dann vorkommen, dass das Kind anfängt, die Mutter anzuschreien „Geh weeeeeegggg!"

„Jetzt hör sofort auf! Schrei mich nie wieder an!" Die Mutter ist verärgert, und weiß gleichzeitig nicht, wie sie damit umgehen soll.

Das hilft: Kurz innehalten, durchatmen, ggf. Jacke ausziehen (manchmal dauern solche Gespräche länger). Jetzt braucht dein Kind eine Art „Vorschuss", um sein „Ich-mach-weiterhin-mit-Konto" zu decken. Und da haben **Ich-Botschaften** einen weitaus größeren Effekt als Drohungen, Anklagen und Beschimpfungen:

„Ich möchte, dass du in ruhiger Stimme mit mir sprichst!" (Tonalität anpassen), ... „Ich sehe, dass du genervt bist!" Erst wenn das Kind nicht mehr schreit, kann das Gespräch weitergehen: „Ich weiß, dass dir das hier riesig Spaß macht, ich bleibe hier sitzen, du kannst dich gerne in Ruhe von allen verabschieden!" Und wenn dein Kind dann in gemäßigterem Ton spricht, sage: „Ich höre dich in diesem ruhigen Ton viel besser!"

Eine liebevolle und wertschätzende Begleitung ist bei einer überrollenden Emotionswelle häufig schwierig. Ich kann jedoch alle Eltern beruhigen: Wenn Kinder frech sind und sich sogar trauen zu kontern, *kann* das bedeuten, dass sich das Kind bei seinen Eltern geborgen fühlt. Es hat keine Angst, dass Gegenwehr kommt oder die Eltern es verlassen. Ist die Situation auf beiden Seiten beruhigt, kann eine Problemlösung vorgeschlagen werden.

„Ich bin echt gespannt, was du heute alles erlebt hast, du kannst es mir gleich auf dem Nachhauseweg erzählen!" (Aussicht auf ein schönes Gespräch)

Auch kleine Rituale können den Abschied aus dem Kindergarten erleichtern. Ein mitgebrachter Snack für „unterzuckerte" Kinder oder ein Heimwegspiel sind neue Wege, die ausprobiert werden können.

Der erste Schultag

Wird dein Kind aus der Kita „geworfen" (das Abschiedsritual in vielen Kitas), sehen das viele Eltern mit gemischten Gefühlen. Manchmal kullern dann auch ein paar Tränen, weil es bald ein Schulkind sein wird. Äußert dann dein Kind Sorgen wegen der bevorstehenden Einschulung, heißt es diese gemeinsam zu verarbeiten. Dein Kind fängt nun an komplexer zu denken und nimmt dabei seine Umwelt besser wahr. Da kann eine noch unbekannte Situation Ängste auslösen. Überlegt gemeinsam, was dein Kind in der Schule erwarten könnte (Wie sieht ein Schultag aus? Wen kennst du dort schon? Wie heißt dein/deine Lehrer*in? usw.). Dabei können die kindlichen Zweifel thematisiert, ernst genommen und eine passende Lösung für das Problem gefunden werden. Ihr könnt auch gemeinsam ein Bild malen, wie sich dein Kind die Schule vorstellt. Manchmal helfen noch die „Fantasie-Tricks" aus der „Vorschulzeit". Stifte aus dem Mäppchen könnten zum Beispiel mit verschiedenen Zaubersprüchen besprochen werden. Werden diese Stifte benutzt, verteilt sich der Zauber (z. B. Mutigsein, Fröhlichsein etc.) im Klassenzimmer.

Manche Kinder mögen es nicht (mehr) zum Abschied geküsst oder gedrückt zu werden. Für sie könntet ihr einen kleinen „Abschiedsstein" verzieren, der dann vor der Schule als kleiner Abschiedsgruß unauffällig „von Hand zu Hand" wandern kann. Auch magische Ketten oder Armbänder, die angelegt werden, können ein Abschiedsritual sein. Außerdem würde es dem Kind auch helfen, wenn das „Sicherheitsnetz" erweitert werden würde und es gemeinsam mit einem oder mehreren anderen Kind(ern) aus der Klasse den Schulweg gehen könnte. Falls du dein Kind zur Schule bringst, versuche dich zurückzuhalten, damit es mit anderen Freundschaft schließen kann.

Geht dein Kind dann in die Schule und klagt des Öfteren über Bauchschmerzen oder andere Krankheiten und lässt sich immer wieder vorzeitig aus der Schule abholen, solltest du hellhörig werden und mit dem/der Kinderärzt*in darüber sprechen. Falls erwiesenermaßen nichts Organisches vorliegt, könnte auch der/die Schulsozialarbeiter*in oder Schulpsycholog*in kontaktiert werden. Wenn das Kind sagt, es sei krank, nimm es ernst und erlaube ihm auch mal einen Tag Ruhe. Doch so ein Ausruh-Tag sollte die Ausnahme bleiben und dein Kind dabei nicht übermäßig bespaßt werden oder extra viel TV schauen dürfen. Gehe dabei wie gewohnt deinen Aktivitäten nach, beziehe das Kind aber gegebenenfalls mit ein und zeige ihm, was du alles so machst, wenn es in der Schule ist. Ein krankes Kind wird den Tag zum Auskurieren nutzen. Ist das Kind aber aus anderen Gründen zu Hause, könnte es sich langweilen und sich wieder auf den Schulbesuch und auf die Freunde am nächsten Tag freuen.

SCHULANGST

Berichtet dein Kind an Wochentagen vermehrt über Ängste (soziale Ängste, Mobbing etc.), Kopf- oder Bauchschmerzen, scheint die tägliche Schulpflicht psychische und psychosomatische Reaktionen hervorzurufen. Das kann auf eine Schulangst hindeuten. Manchen Kindern fällt der Schulbesuch aber auch deshalb schwer, weil sie große Probleme haben, sich von ihrem Zuhause und ihren Eltern zu trennen. Diese übermäßige Sorge um die Eltern und die Schulverweigerung wird als „Schulphobie" bezeichnet. In solchen Fällen solltet ihr in Erwägung ziehen, eine/n Psychotherapeut*in zu Rate zu ziehen.

Einkaufen

Wer schon einmal mit einem Kleinkind einkaufen war, der kennt das Spiel: Ihre Neugier führt dazu, dass die Kinder alles anfassen, sehen, ausprobieren und wahrnehmen wollen. Und natürlich wollen sie auch so manche der schönen und leckeren Dinge, die es da gibt, haben. Dabei verwandeln sie sich in Kommunikationsexpert*innen mit Überzeugungs- und Überredungskünsten, um die sie so mancher Politiker beneiden würde. Du versuchst mit „Nein, das kaufen wir heute nicht" dagegenzuhalten, was aber nicht von großem Erfolg gekrönt ist. Wenn von dir dann als nächstes „Nein, du bekommst das nicht!" „Hör auf!", „Es reicht!" kommt, führt das schnell zu einem kindlichen „Ich wiiiilll ABER ...!" Und da sind sie schon wieder, die Blicke der „anderen". Die Luft knistert und du spürst, es wird gleich explodieren.

„Ich will noch 'nen Lolli"

Diskussionen im Supermarkt schaukeln sich rasant hoch. Nicht umsonst heißen die Süßigkeiten, die an der Kasse geschickt in Kleinkindhöhe drapiert sind, „Quengelware". Du stehst in der Kassenschlange und dein Kind hat genügend Zeit, Wünsche zu äußern. Wenn diese dann nicht erfüllt werden, fängt das Kind an zu weinen, toben und beim letzten „Nein, die machen die Zähne kaputt!" liegt das Kind bereits völlig überfordert wütend auf dem Boden. Welche Optionen haben Eltern in solchen Situationen?

1. **Nachgeben** und damit die peinliche Versammlung beenden, damit die kopfschüttelnde Menschenmenge aufhört entsprechende Kommentare abzugeben: „Unseren Kindern hat ein Ü-Ei auch nicht geschadet, diese Eltern von heute!"
2. **Drohen** und schwitzen.

- „Wenn du nicht aufstehst, dann erzähle ich es deinem Vater ..."

- „Ich zähl jetzt bis 3! 1-2-...!“ Dabei hörst du Trommelwirbel im Hintergrund: „Was, wenn mein Kind merkt, dass nach 3 nichts mehr kommt?“ Weshalb du deine letzten mathematischen Kenntnisse aus der Schule zusammenkratzt und die Nennung der 3 durch Anwendung der Bruchrechnung möglichst lange hinauszögerst: nach 2 kommt dann erst $2\frac{1}{4}$, $2\frac{1}{2}$, $2\frac{3}{4}$ ...

3. **Vortrag** über den „Superschurken“ Zucker halten und Einsicht fordern, während das Kind außer Rand und Band ist.
4. **Emotionale Manipulation:** „Willst du, dass ich traurig werde?“

Du hattest sicher schon häufiger die Gelegenheit, zu testen, wie erfolgreich diese Strategien sind. Zumindest sind sie nicht befriedigend für beide Seiten. Probiere es so:

Das Kind durch einen Wutanfall führen

Selbstcheck: Hier solltest du dich fragen: Bin ich bereit, habe ich Kraft für eine Co-Begleitung? Kann ich die Blicke der „anderen“ ausblenden, um mich auf mein Kind zu konzentrieren? Wenn du dich gerade wie in einer Sackgasse fühlst, keine Kraft für eine Co-Begleitung hast, ist ein Abbruch des Einkaufs auch eine Option.

Deine Co-Begleitung: Im kindlichen Gehirn ertönt bei der Lolli-Verweigerung die Alarmanlage so laut, dass du einen Schlüssel holen und sie ausschalten musst. Wenn das Kind auf dem Fußboden liegt oder andere stört und die Begleitung so erschwert wird, kann es in einen ruhigeren Supermarktgang getragen werden, damit du ungestört auf es eingehen kannst. Gehe auf Augenhöhe, nimm Körperkontakt auf (wenn es das Kind zulässt; ein „Nein, geh weg!“ sollte aber auch respektiert werden). Spiegele dann nonverbal durch Gestik, Mimik und Tonfall die Gefühle des Kindes. Passe dich hier also der Emotion deines Kindes an. Blickt dein Kind zu dir, hat sich das Zeitfenster für eine Co-Begleitung geöffnet (auch hier wieder Tonalität, Mimik, Gestik der beobachteten Emotion anpassen).

„Ich sehe, dass du wütend bist. Meine Entscheidung gefällt dir nicht. Du hättest gerne einen weiteren Lolli? (Pause, warten ob das Kind zustimmt) Unsere Regel ist: *eine Süßigkeit pro Einkauf*, du kannst gerne deine Schokolade gegen einen Lolli eintauschen! Egal wofür du dich entscheidest, auf dem Nachhauseweg darfst du es gerne essen. Wenn du bereit bist, können wir weiter einkaufen!" Deine Haltung und Kommunikation sollte glaubwürdig sein.

Wenn der Wutanfall weiterhin andauert, dann solltest du diese „einfühlsame Kommunikationsschleife" – **Gefühle spiegeln, benennen, Bedürfnis äußern, Lösung und Handlungsmöglichkeiten anbieten** – eben wieder von vorne beginnen!

Wie ein Wutanfall deeskaliert werden kann, findest du übrigens auch im Kapitel *Was passiert im Kind – Wut*.

PASSE DEIN KOMMUNIKATIONSVERHALTEN AN DIE EMOTION DEINES GEGENÜBERS AN

Stell dir vor, du regst dich richtig über einen nervigen Nachbarn auf, und dein/deine Partner*in sagt in ruhigem Ton: „Du siehst genervt aus!" Was würde das in dir auslösen? Hättest du dich verstanden gefühlt? „Hä, hörst du mir überhaupt zu? Der hat mich ...!", wäre vermutlich dein nächster Satz.

Wie wäre es aber, wenn der/die Partner*in die Tonalität anpasst und leicht ärgerlich deine Frustration spiegelt: „Oh MANN! Das scheint dich ja richtig AUFGEWÜHLT zu haben. Das fühl ich bis hierher!" Besser? Ja, zumindest ehrlicher. Das Geschrei deines Kindes wird dich im Supermarkt nicht automatisch dazu bringen, ruhig und leise zu sprechen und das musst du auch nicht. Das Überspielen deiner eigenen Gefühle würde dich im Kommunikationsverhalten unauthentisch wirken lassen. Die Folge wäre, dass sich das Kind so fühlt, als würde es nur beschwichtigt und nicht ernst genommen werden.

Schnitzeljagd im Supermarkt

Vorwarnungen wie „Hör mir zu, wenn wir gleich dort sind, wirst du dich nicht so aufführen wie das letzte Mal!“, sollen die Wiederholungen früherer negativer Erfahrungen verhindern. Aber was passiert hier? Eigentlich verteilst du hier schon gelbe Karten, bevor das Spiel überhaupt angefangen hat. Gefühlt wird die freie Entfaltung des Kindes dabei schon im Voraus eingeschränkt. Die Vergabe der „roten Karte“ schwebt über deinem Kind und lässt von Beginn an ein Gefühl von Unzufriedenheit entstehen. Die Vorwarnung enthält leider die Wörter „*nicht* so aufführen!“ und damit nur das, was Kinder nicht tun sollen. Was sie tun können oder wie sie die Herausforderung meistern können bleibt im Verborgenen. Der Wechsel von dieser Vorwarn-Kommunikation zu einer positiven und einfühlsamen, besser gesagt produktiven Sprache erfordert allerdings Geduld. Wie kannst du deine Worte wählen, damit dein Kind weiß, was es stattdessen tun kann? Kann ich mein Kind motivieren oder Anreize bieten, damit es aus freien Stücken kooperiert? Die veränderte Kommunikation wird dein gutes Gewissen beflügeln und euch zufriedenstellen

Statt „Im Supermarkt wird kein Aufstand gemacht, hast du mich verstanden?!“ (Vorwarnung und gelbe Karte) zu sagen, ist es sinnvoller, deinem Kind zu signalisieren, dass es ein Mitspracherecht hat.

Beziehe dein Kind aktiv mit ein: „Ich freue mich, dass du mich heute beim Einkaufen unterstützen willst!“ Überlegt gemeinsam, was auf die Einkaufsliste kommt: „Was denkst du, was noch fehlen könnte?“ Grundschüler*innen können die Liste selbstständig schreiben, jüngere Kinder kleben Symbole der Lebensmittel auf. Im Supermarkt hat das Kind dann eine spannende Aufgabe: „Suchen wir gemeinsam die Sachen?“ Gestalte die Einkaufliste so, dass die „Lebensmittel-Schnitzeljagd“ an der Kasse endet. Diese „Aufgabe“ kann erfolgreich abgeschlossen werden, wenn das Kind selbstständig oder gemeinsam mit dir an der Kasse bezahlt. Bei Geschwisterkindern werden die Lebensmittel abwechselnd in den Einkaufswagen gelegt.

Spielplatz

Einer der Klassiker kritischer Eltern-Kind-Situationen dürfte der „Spielplatz-Konflikt“ sein. Gefühlte Heerscharen hilfloser Eltern bevölkern die Spielplätze dieser Welt und versuchen, ihre Kinder dazu zu bewegen, mit nach Hause zu gehen. Sie verhandeln mit ihnen, bieten Wahlmöglichkeiten, irgendwann reißt dann aber der Geduldsfaden und es wird doch wieder elterliche Macht ausgeübt. Auch bei dir gibt es sicher Tage, an denen du kurz davorstehst, dein Ziel mit den drohenden Worten „Entweder kommst du mit, oder ich lass dich hier allein!“ zu erreichen. Es kann sein, dass die Strategie „Angsteinjagen“ funktioniert. Es kann aber auch sein, dass du damit das Worst-Case-Szenario startest und die Situation, die du kontrollieren wolltest, außer Kontrolle gerät. Aus Verzweiflung nutzt du dann womöglich deine alten Werkzeuge wie Schreien und Drohen. Eure Kommunikation wird immer aggressiver, dabei entfernt ihr euch voneinander und das Ziel liegt weit weg.

Kindliche Kompromissbereitschaft

Der Spielplatz mag ja sehr attraktiv für dein Kind sein, unterschätze jedoch die kindliche Kompromissbereitschaft nicht. Auch wenn uns manche Strömungen in der Gesellschaft vor Augen führen wollen, dass Kinder nicht für sondern gegen uns handeln wollen (da wird dann auch der Begriff „Tyrannenkinder“ benutzt), überzeuge dich vom Gegenteil. Hast du die Entscheidung am Sandkasten getroffen, dass ihr langsam nach Hause gehen solltet, offenbare deinem Kind deine Gefühle, Gedanken und Bedürfnisse. Wenn du dir selbst ausreichend Empathie entgegenbringst, wirst du diese auch deinem Kind gegenüber zeigen können. Sobald du deinen liebevoll sprechenden inneren Begleiter aktivierst, wird dieser sich bemühen, dich wertschätzend sprechen zu lassen.

Statt „Heute nicht! Ich diskutiere nicht mit dir! Weil ich das so will, ab nach Hause!" ist dieser Weg besser für dein Kind:

Versuche es mit Selbstoffenbarung. Traue dich auch deinem Kind gegenüber, deine Gefühle und Bedürfnisse konkret zu äußern:

„Ich fühle mich heute richtig erschöpft. Ich wünsche mir, jetzt nach Hause zu gehen, dort kann ich uns einen Kakao machen, das würde mir helfen wieder Energie zu tanken!" (altersgerechte Erklärungen)

Such nach einem Kompromiss: „Denkst du, wir finden einen Kompromiss? Mir würde ein ... (Wunsch) zu Hause guttun? Was würdest du daheim gut finden?"

Medienkonsum

Die Mediennutzung von Kindern ist ein heißdiskutiertes Thema und sogar eine Streitfrage unter Expert*innen verschiedener Fachbereiche. Wird die Nutzung von TV und Tablet in einer Familie befürwortet, kommt es immer wieder zu Konflikten und es fallen Sätze wie: „Ihr habt jetzt genug ferngesehen. Jetzt wird ausgeschaltet." Worauf prompt die Antwort kommt: „Immer darfst du bestimmen!" oder „Ich will noch schauen!" Und am Ende des Eltern-Kind-Machtkampfes werden Türen geknallt und der Haussegen hängt schief. Wie ist es dazu gekommen? Spulen wir den Film mal 10 Minuten zurück. Da ist noch alles friedlich. Alle sind zufrieden, die Lieblingssendung läuft und die Eltern haben Zeit für familiäre Aufgaben. Doch dann denkt sich der Vater: „Irgendwann ist aber auch mal genug", läuft Richtung Fernseher und verkündet: „So, das ist die letzte Folge, dann ist Schluss!" Hmm. Die Voraussetzung dafür, dass diese Forderung auf Anhieb umgesetzt werden würde, wären einsichtige und vernünftige Kinder mit einer gewissen Hirnreife. Also Fehlanzeige! Und Hand aufs Herz, wie vernünftig wärst du, wenn du mitten in einem spannenden Film rausgerissen werden würdest?

MEDIENKONSUM IN GEREGELTEN BAHNEN

Wenn Kinder sehr viel Zeit vor dem Fernseher oder Computer sitzen, fragen sich Eltern, wie sie den Medienkonsum begrenzen können, ohne eine gegenseitige Grenzüberschreitung auszulösen. Mit diesen Maßnahmen kann das gelingen:

- Es sollte eine Balance zwischen kindgerechter digitaler Welt und Aktivitäten in der realen Welt herrschen (spannende Aktivitäten und Abwechslung anbieten zwischen Hobby, Freunden und Pflichten zu Hause).
- Führt klare Regeln für Medienzeiten ein, z. B. tägliche Fernsehdauer festlegen. Richtet bei älteren Kindern wöchentliche Zeitkontingente ein: in einem Glas befindet sich eine bestimmte Anzahl mit Perlen für jede Woche; jede Sendung, die die Kinder ansehen wollen, „kostet" eine Perle, wenn diese aufgebraucht sind, bleiben die Geräte aus.
- Es werden Familien-Medien-Zeiten eingeführt, z. B. können Filmabende für alle zusammen festlegt und diese besonders gestaltet werden, z. B. mit Popcorn.
- Es gibt einen medienfreien Tag und der wird zum Familien-Spiel-Tag.
- Interessiere dich für den Inhalt der Sendungen, die deine Kinder schauen, sprecht darüber, sucht sie gemeinsam aus. Bei Spielen oder anderen Anwendungen auf dem Tablet, die ersten Male gemeinsam mit dem Kind spielen und seine Reaktion beobachten.
- Technische Zeitbegrenzungen können die Absprachen unterstützen (es gibt dafür Apps, notfalls hilft auch eine gewöhnliche Zeitschaltuhr).
- Vorsicht bei der Auswahl der Sendungen, hier solche mit pädagogischen Altersempfehlungen bevorzugen.
- Kinder im Vorschulalter brauchen elterliche Begleitung und Gesprächsangebote über das Gesehene (was ist Fiktion und wie unterscheidet sie sich von der Realität).
- Kein TV vor dem Zubettgehen (durch das Fernsehen wird die Ausschüttung des „Schlafhormons" Melatonin gehemmt!).

„Hörst du mir nicht zu?"

Dein Kind sitzt wie erstarrt vor dem Fernseher? Du hast das Gefühl, dass deine Worte gar nicht bei ihm ankommen? Nach mehrmaliger Aufforderung wie bei einer kaputten Schallplatte, das Gerät auszuschalten, reagiert das Kind auch nicht auf „Es ist genug jetzt!" – noch nicht mal ein bisschen. Für den erschöpften Vater scheint die einzige Lösung darin zu bestehen, dem Kind das Tablet oder die Fernbedienung aus der Hand zu reißen. Und die passenden Worte liegen ihm auch schon auf der Zunge: „Wie oft haben wir das besprochen? Hörst du mir nicht zu?" Wenn jetzt noch Strafen wie „Dann gibt es morgen kein TV/Tablet/Handy!" angedroht werden, sind wir in einem Standard-Teufelskreis gefangen.

Fernsehsendungen oder Spiele auf Konsole oder Tablet sind unterhaltsam und machen Spaß. Kinder haben dabei große Schwierigkeiten, sich von dieser „belohnenden Quelle" abzuwenden. Oft sind sie total darauf konzentriert, blenden die Eltern vollkommen aus und sind vom Fernseher regelrecht in Bann gezogen.

So kannst du die Aufmerksamkeit des Kindes wieder auf die reale Welt lenken:

- Setze dich neben dein Kind, schaue kurz mit. Wenn du inhaltlich weißt, worum es geht, kommentiere die Figuren und stelle konkrete Fragen: „Wer war jetzt Marinette? Verwandelt sie sich in Lady Bug? Wie macht sie das?" Wenn sich dein Kind zu dir dreht und die Frage beantworten möchte, bedanke dich und eröffne ein Gespräch. Du hast jetzt die Aufmerksamkeit deines Kindes, nutze das Zeitfenster und erkläre, dass die Sendung gleich zu Ende ist und du den Fernseher ausschalten möchtest (klare Haltung und Kommunikation).
- Vielen Kindern hilft es, wenn du sie etappenweise auf das Ende einer geliebten Aktivität (z. B. der Fernsehzeit) vorbereitest. „So mein Schatz, du kannst noch zehn Minuten weiterschauen, dann machen wir uns bettfertig." Jetzt weiß dein Kind Bescheid und wird nicht plötzlich mit der für ihn negativen Situation konfrontiert.

- Ihr könnt euch auch darauf einigen, dass es kurz bevor die Medienzeit abläuft, ein Signal gibt (z. B. die Eieruhr auf 2 Minuten vor dem Ende stellen). Das kann dein Kind „Wachrütteln". Nach Ablauf der Zeit kannst du wie folgt formulieren: „Ich sehe, dass dir die Sendung Spaß macht, wie vereinbart schalten wir jetzt den Fernseher aus!" (Bei Bedarf kannst du auch etwas Positives in Aussicht stellen wie z. B. „... weil wir jetzt noch zusammen spielen/Eis essen/... wollen!")
- Entspannter kann es auch sein, wenn Eltern auf natürliche Pausen wie das Ende einer Folge warten und dann den Fernseher ausschalten.
- Um die Aufmerksamkeit des kindlichen Gehirns zu bekommen, ist Körperkontakt wie auf die Schulter tippen ein guter Hinweisreiz.
- Zeige Verständnis und gib positive Ausblicke! Du möchtest auch nicht, dass stets über dich hinweg bestimmt wird. „Ich kann verstehen, dass du den Film gerne fertig geschaut hättest. Wenn du möchtest, können wir den Film aufnehmen und du kannst ihn morgen Abend fertig schauen."

Computerspiele

SPIELT MEIN KIND ZU VIEL COMPUTER?

Interview mit Dr. Armin Kaser, klinischer Psychologe und spezialisiert auf Computerspiel-Sucht, zum Thema Kinder und Computerspiele

Wieso haben Kinder so ein unwiderstehliches Verlangen nach Computerspielen?

Computerspiele schaffen es in vielen Punkten interessanter und spannender als die echte Welt zu sein: Grafische Effekte sind bunter und aufregender als die reale Umgebung, Soundeffekte und Melodien erzeugen auf Knopfdruck Stimmungen und Emotionen, die im Alltag selten sind.

Spiele sind zudem wie Belohnungsmaschinen entworfen – schon die Erledigung kleiner Aufgaben und leichter Herausforderungen führt zu schnellen Belohnungen und damit zu Glücksgefühlen. In der realen Welt, etwa in der Schule, sind Belohnungen selten und unsicher. Je weniger Erfolgserlebnisse das Kind im echten Leben hat, desto verlockender ist die Parallelwelt in PC, Xbox und Playstation.

Wie können Eltern ihre Sorgen über einen ausufernden Medienkonsum bei ihren Kindern geschickt ansprechen? Worauf sollten sie achten?

Das kommt auf das Alter des Kindes an. Erst mit ungefähr 12 Jahren sind Kinder in der Entwicklung so weit, dass sie selbst Verantwortung für ihren Medienkonsum übernehmen können. Für jüngere Kinder müssen Eltern klare Grenzen setzen und diese konsequent durchsetzen. Computerspiele dürfen nicht die zentrale Quelle für Befriedigung, Bestätigung und Unterhaltung werden. Bei schwierigen Fällen werden dann in einer Therapie Anreizsysteme eingesetzt, in denen sich das Kind vorher festgelegte Belohnungen verdienen kann. Ab 12 Jahren werden Kinder in der Familie jedoch Verhandlungen einfordern. Dann gilt es, geschickt zu argumentieren und Kompromisse zu finden. Versuchen Sie, zu verstehen, welche Funktion die Computerspiele haben: Spielt das Kind gemeinsam mit Freunden, kann der soziale Aspekt im Vordergrund stehen. Spielt es aus Langeweile, sollten sie vermehrt alternative Angebote machen. Greift es bei schlechter Stimmung oder in Stresssituationen zu PC und Konsole, sollten diese ursächlichen Probleme angegangen werden.

Diese schwierigen Gespräche mit dem Kind sollten jedenfalls in einem Moment geführt werden, wenn es gerade ruhig und gelassen ist. Überlegen Sie sich vorher, was das konkrete Ziel der Verhandlung ist und zu welchen Kompromissen Sie bereit sind. Beide Eltern sollten gemeinsam mit dem Kind reden, damit es keine Nebenabsprachen gibt. Wenn erste Absprachen nicht eingehalten worden sind, dann legt man die Vereinbarungen am besten mit einem „Mediennutzungsvertrag“ schriftlich fest.

Gibt es darüber hinaus noch weitere Tipps für Eltern und ihre Kinder, was Computerspiele angeht?

Der beste Weg ist, ein Umfeld zu schaffen, in dem Computerspiele nicht die interessanteste Freizeitbeschäftigung sind. Stattdessen Freundschaften aufbauen und fördern, neue Hobbys ausprobieren. Je später Smartphone, Tablet und Konsolen in das Leben des Kindes kommen, desto besser.

Sollten Zweifel aufkommen, ob das Kind tatsächlich in eine Computerspielsucht abrutschen könnte, ist eine professionelle Beratung sinnvoll. Anzeichen dafür wären massiv steigende Spielzeiten, sozialer Rückzug, Freudlosigkeit abseits von Computerspielen, starke Stimmungsschwankungen und massive Aggressionen, wenn die vereinbarte Spielzeit um ist.

95 % der Computerspielsüchtigen leiden zusätzlich an einer anderen psychischen Erkrankung: Depressionen, Angststörungen oder ADHS. Ohne Therapie verbessert sich die Lage dann nicht. Je früher man eingreift, desto besser und einfacher ist die Behandlung. Hilfe bieten Suchtberatungsstellen, Psycholog*innen und niedergelassene Psychotherapeuten mit Schwerpunkt Computerspielsucht oder Online-Beratungen.

Dr. Kaser bietet eine Online-Beratung zur Computerspiel-Sucht an: www.dr-armin-kaser.com/computerspiel-sucht. Außerdem hat er einen YouTube-Kanal zu diesem Thema.

Geschwisterstreit

Mia nimmt Emres Lieblingsspielzeug, und schon ist der Streit da. Wie kannst du dich verhalten, damit die täglichen Reibereien nicht ständig eskalieren?

„Ich kann mir euer Geschrei nicht mehr anhören. Wenn zwei sich streiten, freut sich der Dritte", sagt der Vater und nimmt den Kindern das Spielzeug weg. Das Geschrei hört auf! Beide Kinder sind frustriert, Mia weint. Emre ist wütend, weil er auch bestraft wurde. Das findet er nicht fair. „Ich hasse dich!", rutscht ihm raus. Die Antwort des Vaters: „Es reicht jetzt. Geh hoch in dein Zimmer!" Damit wurde der Konflikt zwar unterbrochen, doch ein neues Verhalten oder der Umgang mit den aufkommenden Gefühlen wurde nicht gelernt.

Einen Streit zu unterbrechen oder auch bei mehrfachem Streit ein Spielzeug wegzuräumen, kann kurzfristig effektiv sein. Langfristig müssen Kinder jedoch über ihre Eltern Strategien erlernen, ihre Probleme „angemessen" und auch ohne die Anwesenheit der Eltern zu lösen. Die meisten Geschwisterkinder treffen nach der Kita oder Schule aufeinander. Wenn ihr „Akkuladestand" dann schon rot blinkt, sind Konflikte vorprogrammiert, was die Familienatmosphäre ziemlich belasten kann. Manche Eltern werden jetzt einwenden: „Auch am Wochenende liegen sie sich in den Haaren!" Ist das ein Drama? Eher nicht! Durch die täglichen Auseinandersetzungen lernen sie verschiedene Gefühle kennen und probieren neue Wege der Regulation aus. Die Geschwisterbeziehung hält viel aus, da trauen sich Kinder auch mal, ihre Durchsetzungsfähigkeit zu testen.

Eingreifen oder gar nichts tun?

Hörst du aus dem Kinderzimmer eine laute Diskussion, wird dir die Helferstimme raten, sofort einzugreifen. Doch Kinder dürfen ihre eigenen Konflikterfahrungen machen, das voreilige Einmischen verhindert dabei, dass die Geschwisterkinder ihren eigenen Umgang mit aufkommenden Problemen lernen. Also gar nichts tun? Das ist natürlich auch nicht zielführend.

Wie kannst du bei Geschwisterstreit vorgehen?

Atme kurz durch: „Stopp, ich möchte nicht, dass ihr euch haut!" (Keiner darf verletzt werden!)

Beschreibe die Situation, die du beobachten oder hören konntest: „Ich habe gesehen, dass ihr euch um das Spielzeug gestritten habt!"

Beruhige deine Kinder und spiegele ihre Gefühle dabei: „Ich sehe gerade, dass ihr beide total wütend seid. Gut wäre es, wenn ihr euch jetzt erst einmal beruhigt. Wir suchen gleich gemeinsam nach einer Lösung!" (Jetzt abwarten, bis die starken Gefühle reguliert sind!)

Bewerte und bevorzuge nicht: Lass beide Kinder erzählen, was vorgefallen ist. Fasse den Konflikt in eigenen Worten zusammen!

Kooperative Lösung: Was brauchen Kinder, um den Konflikt zu lösen? **Bedürfnis äußern:** (zu dem einen Kind) „Wenn ich dich richtig verstanden habe, wolltest du gerne mit dem Spielzeug allein spielen." (zu dem anderen Kind) „Und du wolltest mit deinem Bruder spielen. Das ist jetzt eine verzwickte Situation. Da kann ich euren Ärger verstehen. Ich bin gespannt, welche Ideen euch einfallen, um die Situation zu lösen!" Eigene Lösungen funktionieren meist besser als Elternvorschläge. Trotzdem sollten Eltern einige Ideen in petto haben.

Einleiten der Empathie-Spirale (je nach Reifestand deines Kindes): „Kannst du verstehen, dass sich dein Bruder so fühlt?", „Wie sieht es bei dir aus, kannst du deiner Schwester sagen, wie du dich gefühlt hast?

Elternvorschlag: „Wie fändet ihr es, wenn ...?" oder „Brauchst du Hilfe, dir ein anderes Spielzeug auszusuchen?"

„Du sollst teilen!“

Die immer wiederkehrende Szene von weinenden und streitenden Kindern ruft die Frage hervor, wieso Kinder ungern teilen? Forscher haben herausgefunden, dass das faire Teilen Kindern schwerfällt, weil sich die Hirnregion, die für die Verhaltenskontrolle wichtig ist (der präfrontale Kortex), erst sehr spät voll entwickelt. Im Spiel erproben Kinder ihr soziales Verhalten. Sie merken aber auch recht früh, dass Großzügigkeit vorteilhaft sein kann.

Statt „Du bist gemein, du machst deinen Bruder richtig traurig!“ probiere es so:

„Du willst dein Spielzeug nicht hergeben, das ist vollkommen in Ordnung. Du entscheidest über deine Spielsachen! Teile, wenn du bereit bist!“

KOOPERATIONSSPIEL FÜR GESCHWISTER

Baut in euren Familienalltag immer mal wieder kooperative Spiele für Geschwister ein. Dabei müssen sie sich gegenseitig helfen, um die Aufgaben im Spiel zu erfüllen. Solche Spiele stärken das Wir-Gefühl und fördern die prosozialen Fähigkeiten (also den Willen, mit seinen Handlungen etwas für andere Menschen zu tun).

Material: Luftballon

Durchführung: Die Kinder können sich Rücken an Rücken stellen und einen Luftballon dazwischen klemmen. Auch die Eltern können als Team mitspielen. Beide Teams müssen den Ballon („die Bombe“) von einem Zimmer in das nächste bringen, ohne ihn fallen zu lassen. Wenn der Ballon dann dort ankommt, ist „die Bombe entschärft“.

WORAUF ELTERN IM FAMILIENALLTAG ACHTEN KÖNNEN

- Rechte und Pflichten nach Altersstufen einteilen: „Deine Schwester ist xx Jahre alt, deshalb darf sie ...!" „Dein Bruder ist noch ein Baby und kann sich nicht anziehen, deshalb ziehe ich ihn zuerst an!"
- Gerechter Umgang mit allen Beteiligten (keine Partei ergreifen!).
- Das Bedürfnis hinter dem Konflikt sehen, benennen, stillen.
- Jedes Kind sollte seinen eigenen Platz in der Familie haben. Das Kind nicht in eine bestimmte Rolle drängen: „Du bist aber älter ..."
- Verbinde dich mit deinen Kindern: Rituale für jedes einzelne Kind einführen.
- Sorge für Rückzugsmöglichkeiten für deine Kinder, in denen sie sich allein ihren eigenen Interessen widmen können.
- Reflektiere deine eigene Kindheit und überlege, ob du dich mit einem Kind mehr identifizierst. Bekommt ein Kind mehr Unterstützung?

Schule und Hausaufgaben

Wie schön wäre es, wenn Kinder ihre Hausaufgaben gerne machen und sich aktiv sowie selbstbestimmt dieser Aufgabe widmen würden. Dabei ist das wirkungsvollste Lernen sicherlich nicht das Auswendiglernen, sondern eher das eigenständige Herausfinden, welcher Weg bzw. welche Vorgehensweise eine effektive Lernstrategie für dein Kind darstellt. Noten und das mechanische Üben erwecken den Anschein, dass wir Kindern nicht zutrauen, dass sie auch von sich aus lernen würden. Eigentlich ist genau das ihr Ziel. Kinder wollen sich aktiv beteiligen, sich wohl in der Schule fühlen und gleichzeitig Erfolge erleben. Da die Mehrheit der Schüler*innen keinen individualisierten Unterricht besucht, besteht die Gefahr, dass das Kind seine Stärken nicht einsetzt und ggf. sich auf seine Schwächen fokussiert. Dies könnte die Lernmotivation des Kindes beeinträchtigen. Falls du das Gefühl hast, dass das Selbstwertgefühl deines Kindes belastet ist, wäre es ein guter Ansatz, dein Kind in seinem Tempo zu begleiten und deine empathische Superpower einzusetzen.

Auch wenn die Hausaufgaben vorgegeben werden und dein Kind deswegen oft unter Druck steht, kannst du es durch die Veränderung deiner Kommunikation so motivieren, dass es sein individuelles Entwicklungspotenzial so gut wie möglich ausschöpfen kann.

Kind: „Ich bin einfach doof, ich kann das nicht."
Eltern: „Quatsch, du bist nicht doof."

Empathische Elternantwort: „Ungeübt können manche Aufgaben uns „doof" fühlen lassen. Das heißt aber nicht, dass du doof bist. Jedes Kind ist in vielen Bereichen „noch" nicht gut, weil es noch nicht geübt hat. Wenn du übst, wirst du gut."

Und noch mehr „Hausaufgaben-Klassiker":

Statt „Wie oft soll ich es noch wiederholen? Fang endlich mit den Hausaufgaben an!" probiere es so:
„Wir starten jetzt mit den Hausaufgaben. Welche Aufgabe würde dir am meisten Spaß machen?"

Hilfreich: Feststehende Rituale nach der Schule und gleichbleibende Hausaufgabenzeiten können oft den schwierigsten Part der Hausaufgaben, nämlich sich hinzusetzen und anzufangen, langfristig erleichtern. Auch „Signale" wie eine aufheiternde „Hausaufgabenmusik" kann einladend sein. Die Überwindung, sich an „anstrengende Aufgaben" zu setzen, lässt während der Erledigung positive Gefühle wie z. B. Stolz entstehen. Dabei spürt dein Kind, dass auch unangenehme und herausfordernde Dinge bewältigbar sind.

Statt „Wieso schaust du in der Gegend herum, mach endlich die Aufgabe fertig.“ probiere es so:

„Ich sehe, dass es dir schwerfällt/dich langweilt. Wollen wir die Aufgabe im „Turbo-Gang“ gemeinsam machen, damit du es schneller hinter dir hast? Dann hast du mehr Zeit für ....“ (positive Aktivität erwähnen)

Hilfreich: Manche Fächer werden dein Kind herausfordern. Wie wäre es, wenn genau diese „überfordernden“ Themen kreativer gestaltet werden würden (z. B. mit Musik im Hintergrund, in Bewegung, mit elterlicher Begleitung, mit Bastelmaterialien oder Medien wie z. B. Internet-Erklärvideos)? Frage dein Kind, welche Idee es hat und wie du es unterstützen kannst. Die Vokabeln mit Kreide auf die Straße zu schreiben ist sicherlich angenehmer, als „trocken“ von dir abgefragt zu werden. Manchmal ist es auch die elterliche Verantwortung, einen Riegel vor negative Erlebnisse zu schieben und die Aufgabe ggf. an einem anderen Tag zu erledigen.

Statt „Jetzt hängst du wieder an der gleichen Stelle. Ich habe dir die Aufgabe schon so oft erklärt. So wirst du nie fertig!“ probiere es so:

„Ich sehe, dass du die Aufgabe gut gestartet hast, magst du mir mal erklären, was du bisher verstanden hast?“

Hilfreich: Wenn Kinder aktiv zu erklären beginnen, kann es sein, dass sich der Knoten löst oder sie eine andere hilfreiche Sicht einnehmen. Dabei darfst du dich gerne zurückhalten und einen „Ich versuche diese schwierige Aufgabe zu verstehen-Gesichtsausdruck“ machen. Geschickt eingesetzte „Verarbeitungspausen“ haben aus lernpsychologischer Sicht erstaunlich positive Effekte. Nach der Pause sind die meisten Kinder wieder aufnahmefähiger. In der Pause sollten Kinder keine neuen Informationen wie z. B. Handynachrichten aufnehmen, da das Gehirn diese freie Zeit benötigt. Außerdem können Entspannungs- oder Atemübungen, Bewegung oder ein Lernortwechsel festgefahrene Hausaufgabenkrisen entkrampfen und infolgedessen dein Kind wieder aktivieren.

Statt „Du hast hier aber ganz schön viele Fehler gemacht.“ probiere es so:
„Sieh mal, hier haben sich Fehler eingeschlichen. Gut, dass wir diese kleinen Helfer gesehen haben (wenn wir Fehler als Helfer bezeichnen, sind sie nicht mehr Zeichen eines kindlichen Versagens, sondern Unterstützer des Kindes). So merken wir, dass wir die Aufgabe genau unter die Lupe nehmen dürfen. Ich freu mich drauf.“

Oder: „Boa, da hast du so viel richtig gemacht. Ich sehe einen einzigen Fehler, der sich mehr Aufmerksamkeit von uns wünscht. Komm wir schauen mal, was dieser kleine Helfer uns sagen möchte.“

Lernen ist dann möglich, wenn die Bedingungen für das Kind stimmen. Dabei spielen die Eltern am Nachmittag eine wichtige Rolle. Auch wenn viele Väter und Mütter in der eigenen Kindheit vermutlich nicht die Unterstützung erhalten haben und die Aufgabe als „Motivator*in“ mit Anstrengung verbunden ist, sind wir uns inzwischen sicher einig, dass sie das Lernen an die Bedürfnisse des Kindes anpassen sollten. Dabei können wir natürlich wenig Einfluss auf Lehrkräfte in der Schule oder Lehrpläne nehmen. Wir müssen aber auch nicht die Form des Lernens, die in der Schule praktiziert wird, am Nachmittag weiterführen, sondern können individuell die für unser Kind besten Lernstrategien anwenden (Wenn dein Kind z. B. bei ruhiger Musik besser lernen kann, dann soll es das tun; wenn es immer mal wieder „Tanzpausen“ einlegen möchte, dann darf es auch das). Entwickeln sich Einflusspersonen weiter, geben kindzentrierten Ansätzen eine Chance und begleiten ihr Kind, selbstbestimmte sowie aktive Lernerfahrungen zu machen, werden sie ihre Kinder dazu befähigen, die Vielfalt ihrer Begabungen optimal zu nutzen.

Essen

GESUNDE ERNÄHRUNG BEIM KIND

Interview mit Ernährungsberaterin Dr. rer. nat. Anastasia Pyanova
Als Wissenschaftlerin und Mutter von zwei Kindern weiß sie, warum es sich lohnt, Kindern Gemüse schmackhaft zu machen.

Mein Kind isst kein Gemüse, was soll ich tun?

Es gibt zwei Gründe, die für die kindliche Abneigung gegenüber Gemüse verantwortlich gemacht werden. Erstens schmecken viele Gemüsesorten bitter oder zumindest nicht süß. Wir haben eine genetisch prädestinierte Vorliebe für Süßes (deswegen kommen von Natur aus süße Gemüsesorten wie Kürbis oder Süßkartoffel bei den meisten Kindern gut an) – das hat damit zu tun, dass Süßes in der Natur in der Regel nie giftig ist. Bitter ist im Gegensatz dazu oft ein Signal dafür, dass die Pflanze potenziell giftig sein kann. Deswegen vermuten Wissenschaftler, dass Babys mit einer Abneigung gegenüber Essen mit bitterem Geschmack früher einen Überlebensvorteil hatten.
Zweiter Grund für die „Unbeliebtheit" von Gemüse: Es liefert meistens nur sehr wenig Energie, und wir sind ebenfalls genetisch darauf programmiert, energiereiche Lebensmittel zu bevorzugen (die es früher in der „freien" Natur kaum gab). In der modernen Welt werden uns allerdings die durch Evolution geprägten Geschmacksvorlieben zum Verhängnis, denn wir sind stets von energiereichen, süßen Lebensmitteln umgeben. Das macht aber nichts, denn wenn man Kinder möglichst früh an Gemüse heranführt, werden sie es lieben lernen! Die Entwicklung unserer erlernten Vorlieben beginnt sehr früh: schon im Mutterleib können Kinder schmecken, und auch in der Stillzeit lernen sie durch den sich stets verändernden Geschmack der Muttermilch neue Lebensmittel kennen, bevor sie diese überhaupt probiert haben! Diesen Kennenlernprozess sollte man unbedingt in der Beikostzeit fortführen, indem man Babys von Anfang an unterschiedliche Gemüsesorten an-

bietet. Wenn diese zuerst abgelehnt werden, sollte das kein Grund zur Sorge oder Verzweiflung sein: Oft braucht es viel Zeit, eine neue Geschmacksrichtung lieben zu lernen! Manchmal müssen Babys 10–15-mal eine Gemüsesorte oder andere Speise probieren, bis sie sie mögen. Und nicht vergessen: Eltern haben hier eine Vorbildfunktion! Wenn man selbst kein Gemüse isst, wie sollen Babys es dann lieben lernen?

WIE MAN KINDERN GEMÜSE SCHMACKHAFT MACHEN KANN

- Viele Kinder essen Rohkost lieber als gekochtes Gemüse! Man kann unterschiedliche Gemüsesorten (so bunt und vielfältig wie möglich) in mundgerechte Stückchen schneiden und, schön auf einem Teller angerichtet, mit leckeren Dips präsentieren.
- Gemüse zusammen mit energiereichen Lebensmitteln anbieten, z. B. mit Nussmus oder als Beilage zu Nudeln oder Kartoffeln usw. Da Kinder Lebensmittel präferieren, die viel Energie liefern, erhöht es die Bereitschaft, dazu auch mal Gemüse zu probieren!
- Wenn man eine neue Gemüsesorte einführen möchte, hilft es auch, es zusammen mit einem „safe food" anzubieten – also mit einem Lebensmittel, welches das Kind schon gerne isst (z. B. Nudeln).
- Beim Kochen helfen lassen! Vor allem Kinder im Alter von 3–5 Jahren helfen meistens gerne und es erhöht die Bereitschaft , das zu probieren, was man selber zubereitet bzw. gewaschen und geschnitten (für ältere Kinder!) hat.
- Gemüse in unterschiedlichen Formen anbieten: püriert oder am Stück, gekocht oder roh, als Suppe oder Salat usw.
- Nicht mit Nachtisch locken, wie etwa „Wenn du dein Gemüse isst, bekommst du ein Eis" – das ist auf Dauer nicht nachhaltig und eher kontraproduktiv!
- Zum Probieren animieren wie etwa „Schau, dein Brokkoli sieht wie ein kleiner Baum aus – magst du diesen Baum probieren?"
- Kein Kind zum Gemüseessen zwingen!

Wie viel Süßigkeiten sind für ein Kind okay?

Zucker fördert Kariesentstehung und kann bei übermäßigem Verzehr auch zur Gewichtszunahme beitragen. Da wir von Natur aus eine Vorliebe für Süßes haben, essen wir natürlich gerne zuckerhaltige Speisen – besonders bei Kindern ist diese Vorliebe stark ausgeprägt (süße Speisen sind meistens auch energiereich, s. o.). Was also tun: verbieten, einschränken oder doch Süßigkeiten zulassen? Dass strikte Verbote nichts bringen, wurde mehrfach durch Studien bestätigt: Kinder, denen zu Hause verboten wird, Süßigkeiten zu essen, entwickeln oft eine besonders ausgeprägte Vorliebe dafür! Das heißt, man sollte den Kindern von klein auf einen gesunden Umgang mit Süßigkeiten vorleben: Zuckerhaltige Speisen sollten zwar eher eine Ausnahme bleiben, dürfen aber in kleinen Mengen (bis 10% der täglichen Energiezufuhr) konsumiert werden, wenn die Ernährung insgesamt abwechslungsreich und vollwertig ist. Von den Fachgesellschaften werden Süßigkeiten für Kinder unter 1 oder sogar 2 Jahren allerdings nicht empfohlen. Das hat u. a. damit zu tun, dass in diesem Alter der Nährstoffbedarf extrem hoch ist und es keinen Platz in der Ernährung für „leere“ Kalorien aus zuckerhaltigen Speisen gibt, die kaum Nährstoffe liefern. Außerdem sollten Babys sich von Anfang an an den „natürlichen“ Geschmack gewöhnen und nicht direkt mit stark gesüßten Lebensmitteln in Kontakt kommen. Süßigkeiten müssen also kein Tabu sein, dürfen aber auch nicht die „gesünderen“ Lebensmittel vom Speiseplan verdrängen! Ein Trick, der oft hilfreich ist, ist Süßes zusammen mit anderen Lebensmitteln anzubieten, die etwas mehr Nährstoffe bieten, z. B. Gummibärchen zusammen mit Obst, Vollkornkräckern oder Nüssen (für ältere Kinder). Zu Hause kann man Süßspeisen auch etwas „aufwerten“, indem man sie selbst aus hochwertigen Zutaten zubereitet, z. B. Kuchen mit Vollkornmehl. Aber wenn es mal „richtiger“ Kuchen sein muss, ist das auch kein Problem! Ein Kind, das sich sonst relativ ausgewogen ernährt und viel bewegt, kann etwas Zucker verkraften!

Dr. rer. nat. Anastasia Pyanova auf Instagram: ein_bisschen_rational

Zähneputzen

Gerade beim Zähneputzen stellen sich viele die Frage, ob das Kind festgehalten werden darf. Ganz klar: NEIN! Warum nicht? Der Kontakt zum eigenen Körper und die Pflege lassen ein positives Körpergefühl entstehen. Wenn dann aber Eltern aus dem Gedanken der Gesundheitsfürsorge heraus agieren und in den kindlichen Schutzraum eingreifen, kann beim Kind sein innerer Wunsch nach Autonomie ganz laut werden. Obwohl sie spüren, dass sie von ihren Eltern abhängig sind, verweigern sich Kinder, um ihre „körperliche Autonomie" zu demonstrieren. Das kann dich dann schon mal zur Weißglut treiben. Doch je mehr ihr kämpft, desto leerer werden die Bedürfnisgläser und damit schmälert sich auch die Bereitschaft, Zähne zu putzen. Solche Machtkämpfe führen Eltern und Kinder in eine Endlos-Diskussions-Schleife.

Keine Schlaumeier-Kommentare

„Wenn du nicht deine Zähne putzt, bekommst du Karies, diese Bakterien bohren dann Löcher in deine Zähne, dein Zahlschmelz ...!" Hier sind sie wieder, die Erwachsenen, die aus ihrer Perspektive mit ihren ach so schlauen Sprüchen daherkommen. Wir haben das Wissen und natürlich wäre es schön, wenn unsere Kinder auch genau über Karies Bescheid wüssten. Das Kind hat aber nur „Zähne" und „Karies" und vielleicht noch das Wort „Löcher" gehört. Was hat dieser Vortrag sonst noch ausgelöst? Richtig, Widerstand. Durch die bestimmende Art wurde das Kontrollbedürfnis deines Kindes geweckt. Seine innere Stimme schreit jetzt nach Selbstbestimmung „A-U-T-O-N-O-M-I-E". Und auch wenn das Kind ursprünglich bereit gewesen wäre zu kooperieren, dieser Satz hat jegliche Chancen dafür zunichte gemacht. Beim Zähneputzen geht es nicht um ja oder nein sondern um: Wie setzen wir das gemeinsam um? Wie kann ich mich in mein Kind hineinversetzen? Was hätte ich gewollt, als ich in dem Alter war? Und was sage ich jetzt am geschicktesten? Kinder sind sehr sensibel, wenn es um die Mundhygiene geht. Sie können nicht wirklich in ihren Mund reinsehen, dabei wird von ihnen verlangt, dass sie ihre Zähne von vorne, von hinten, oben und unten putzen. Viele Anforderungen auf einmal. Und wenn das dann nicht richtig klappt, kann dir der Geduldsfaden schon mal reißen: „So jetzt reichts, wenn du jetzt nicht sofort Zähne putzt, dann darfst du nicht mehr ...!“

Wie kann es aber funktionieren? Na durch deine Superkraft! Aktiviere die einfühlsame Kommunikation, verbinde dich und bleibe währenddessen im Dialog.

Das solltest du beim Thema Zähneputzen beachten

- Frage dich, **wann** die beste Zeit ist, um Zähne zu putzen! Achte dabei auf das Kooperationskonto deines Kindes, welches gegen Abend sowieso schon nicht mehr besonders voll ist.
- Eine der Möglichkeiten, die leidige Zahnputzprozedur attraktiver zu gestalten: Das Kind darf Zahnpasta und Zahnbürste selbst auswählen.
- Dein Kind darf sich Wasser in seinen Becher füllen und drückt am besten auch selbst die Zahnpasta aus der Tube.
- Fingerspiele, Musikhören, Zahnputzvideos oder -Apps können euch dabei unterstützen.
- Auch hier kannst du wunderbar die Fantasiewelt deines Kindes anregen: Lest gemeinsam ein Buch und taucht in die Bilderbuchwelt ein: Wie würde Conny Zähne putzen? Oder das Lieblingskuscheltier bekommt einen Klecks Marmelade auf den Mund und sagt zu deinem Kind: „Putz mir bitte meine Zähne“ – „Danke liebe/r xx, dass du mir die Zähne geputzt hast, jetzt bist du dran!“ Baue spielerisch die Interessen deines Kindes ein. Durch deine offene Körperhaltung und deine liebevollen (klaren) Worte hast du dein Kind erreicht und das wird nun Früchte tragen, der Kooperation steht nichts mehr im Weg.
- Nachdem das Kind selbstständig die eigenen Zähne putzen durfte, ist bei Bedarf ein einfühlsames Nachputzen in Ordnung.

- Und wichtig: wenn die Eltern nicht nur Zuschauer sind, sondern gleichzeitig auch ihre eigenen Zähne putzen, kann die Zahnreinigung auch zu einer besonderen Zeit zu zweit werden.

DIE SPRECHENDE ZAHNBÜRSTE

Kinder lieben es, alltägliche Aufgaben und Pflichten spielerisch umzusetzen. Gegenstände zum Reden zu bringen ist gerade im Vorschulalter effektiv. Hier kann es helfen, die Zahnbürste zum Leben zu erwecken.

Die Zahnbürste wie eine Figur bewegen und die Zähne ansprechen lassen: „Hi, meine liebsten Zahnfreunde, wo wart ihr den ganzen Tag? Ich habe euch so vermisst. Ich schau mal zu euch rein. Hä, was habt ihr denn da? Ein Geschenk für mich? Oh *neeein* … das ist ja *Süßmonsti*! (Hier für die „Zahnschädlinge" einen Namen einsetzen. Es kann auch *Karius* und *Baktus sein*. Jedoch bei sensiblen Kindern bitte vorsichtig mit der bildhaften Sprache umgehen, wir wollen ja keine Ängste auslösen). *Hey Süßmonsti*, du machst die Zähne kaputt, das ist nicht schön und auch nicht lustig. Wir putzen dich jetzt weg, aus xx Mund heraus. Putz, putz und schrubb, schrubb, *Süßmonsti* ist kaputt. Hurraaaaaaa!

Merksatz für euch: „Schrubb, schrubb, schrubb – Süßmonsti ist kaputt!" Und Abklatschen nicht vergessen.

Keine Sorge, ein solches spielerisches Vorgehen wird meist nur vorübergehend nötig sein. Wenn im Verlauf Fähigkeiten und Fertigkeiten erlernt werden und die nötige Reife vorhanden ist, werden spielerische Angebote überflüssig.

Gemeinsam forschen

Wenn das Zähneputzen für ältere Kinder ein Problem darstellt, könnte gemeinsames Forschen dabei helfen, dass sie eine eigene Lösung finden. Da sie neugierig und interessiert sind, können Experimente

Kinder dazu befähigen, sich konstruktiv mit dem Problem auseinanderzusetzen. Eltern übernehmen häufig das Denken und verhindern dabei die eigenen Problem-Löse-Strategien der Kinder. Um diesen wichtigen Lernprozess anzuregen, begegne deinem Kind mit der Frage: „Hättest du Lust, dass wir uns das Thema Zähneputzen näher anschauen? Ich habe ein cooles Experiment gesehen!"

DAS ZAHNPASTA-EXPERIMENT

Fragestellung für die neugierigen Forscher*innen:
„Warum brauchen wir zum Zähneputzen Zahnpasta? Was denkst du?"

Material: Einmachglas, Zahnpasta, rohes Ei, Pinsel, Haushaltsessig

Durchführung (Kinder bitte selbst durchführen lassen!)**:** So let´s go! Die Forscher*innen dürfen das rohe Ei zur Hälfte mit einem Pinsel mit Zahnpasta (Fluoridgel) bepinseln. Danach legt das Kind das Ei vorsichtig in das mit Essig gefüllte Einmachglas. Ihr werdet recht schnell beobachten können, dass sich auf der Eierschale kleine Kohlendioxid-Gasbläschen bilden. Aber nur auf der Hälfte, die nicht mit Zahnpasta eingepinselt wurde. Nach einer Weile werdet ihr sehen, dass sich auf der unbestrichenen Seite die Eierschale langsam zersetzt.

Das Kind kann bei dem Experiment das Ei genau beobachten. Und wenn Fragen auftauchen, kannst du sie kindgerecht beantworten.

Deine Erklärung: „Was denkst du, warum wir unsere Zähne mit Zahnpasta putzen? Genau, es ist wie ein Schutzschild für deine Zähne. Die Kalkschale schützt das Ei und der Zahnschmelz unsere Zähne. Wenn wir essen und trinken, können Säuren unseren Zahnschmelz beschädigen (jetzt kannst du die Lieblingsgetränke des Kindes, zuckerhaltige Naschereien, Obst ... aufzählen, damit das Kind einen Bezug herstellen kann). Durch Zähneputzen mit Zahnpasta kannst du deine eigenen Zähne wunderbar beschützen."

Durch das Experiment wird deinem Kind schnell klar werden, wie wichtig das Zähneputzen ist. Ihre eigene Erklärung für ein „Alltagsproblem" zu finden ist für neugierige Weltentdecker von großer Bedeutung. Diese Erfahrung können Kinder verinnerlichen und in ihren Lebensalltag übertragen.

Schlafenszeit

Thema Nummer eins in vielen Ratgebern: Wann schläft das Baby durch oder welche Strategien gibt es, damit es durchschläft? Die Schlafsituation jeder Familie ist individuell, und ein Patentrezept für das Durchschlafen gibt es nicht. Einige Veränderungen in der Kommunikation und Begleitung können allerdings hilfreich sein und die stressige Einschlafsituation entspannen.

Der Schlaf- und Wachrhythmus deines Kindes entwickelt sich insbesondere in den ersten Lebensjahren. Die Schlafarchitektur des Babys/Kindes unterscheidet sich von der seiner Eltern. Kinder haben etwa bis zum 2. Lebensjahr einen längeren REM-Schlaf (Traumschlaf) als Erwachsene. Dies hängt damit zusammen, dass sich das Gehirn deines Babys/Kindes erst einmal entwickeln muss. Da viele „Reifungsvorgänge" noch nicht abgeschlossen sind, ändern sich also auch die Schlafphasen deines Babys im Laufe der Monate bzw. Jahre. Ob dein Baby im Traumschlaf ist, wirst du an vermehrten Augenbewegungen, Schlaflächeln, Räkeln und auch am kurzen Weinen und Wiedereinschlafen erkennen. Die Tiefschlafphase wird daran erkannt, dass das Kind tief ein- und ausatmet und sich von Geräuschen oder anderen Reizen kaum irritieren lässt. Dein Nachwuchs wird zwischen den einzelnen Schlafphasen immer mal wieder aufwachen, um seine Bedürfnisse nach Nähe, Geborgenheit, Sicherheit, Bindung zu äußern. Dabei ist das Schlafen mehr, als nur im Bett zu liegen. Für dein Kind fühlt es sich wie ein kleiner Abschied an, da es sich für eine kurze Zeit von dir trennen muss (etwa wenn es in seinem eigenen Zimmer schläft).

Gerade in den ersten Monaten können Kinder ihre Abneigung gegen diese spezielle Form der Trennung gut kommunizieren, indem sie sich z. B. kaum ablegen lassen. In diesem Zusammenhang bekommt man dann häufig den Satz zu hören: „Das Baby manipuliert dich nur, schau wie es dich anlächelt, wenn du es wieder auf den Arm nimmst." Doch um es klar zu sagen: Dein Kind manipuliert dich nicht. Weil seine Mitteilungsmöglichkeiten sehr begrenzt sind, versucht es dir eben durch sein Lächeln zu zeigen, dass du es verstanden hast.

Wie schon zuvor erwähnt, wird das kindliche Bindungssystem (seine innere Alarmanlage) bei Müdigkeit und Trennung aktiviert. Aus bindungstheoretischer Sicht kann dann das Nicht-Schlafen-Wollen oder Aufwachen und sich Rückversichern als Bindungsverhalten gedeutet werden. In der Nähe der Eltern zu sein und wachsam auf Reize zu reagieren, ist ein evolutionär bedingter Schutzmechanismus. Das kennst du sicherlich von dir, wenn du irgendwo schlafen musst, wo du fremd bist. Da wirst du vermutlich eher unsicher schlafen und während des Schlafs eine Habacht-Stellung einnehmen. Wann ist dein Schlaf für dich erholsam? Ganz klar: wenn du dich geborgen und sicher fühlst (z. B. neben dem/der Partner*in und eventuell sogar mit Licht und offener Tür).

Wenn du die Erwartung hast, dass dein Baby/Kind möglichst bald durch- oder allein schläft, kann das zu einer stressigen Eltern-Kind-Kommunikation führen. Manchmal wird verzweifelten Eltern auch ein Schlaftraining empfohlen, um das zu erreichen. Dabei soll das Schlafverhalten des Kindes trainiert werden, indem man es schreien lässt und nicht eingreift, wohlgemerkt unabhängig vom Entwicklungsstand. Ziel ist, dass sich das Kind selbst reguliert (Trennungsangst, Bindungswunsch usw.) und dabei lernt ein- und durchzuschlafen. Dabei wird keinerlei Rücksicht auf den Kommunikationswunsch des Kindes genommen, der durch Schreien oder Weinen (das heißt „Ich brauche dich") geäußert wird. Doch die Forscher sind sich einig, dass der dadurch ausgelöste Stress negative Auswirkungen auf die Psyche und den Körper des Kindes hat. Diese Form der Kommunikationsablehnung wird dich von deinem Kind entfernen, weil es gezwungenermaßen seine Bedürfnisse dir gegenüber unterdrücken muss, um das Ziel des Schlaftrainings, nämlich das Durchschlafen, zu erreichen.

In einer empathischen Kommunikation hingegen darf der Bindungswunsch kommuniziert werden (durch Weinen, Klammern, nach dir Rufen) und Eltern dürfen gerade in den ersten Monaten, aber auch wenn das Kind schon älter ist, dieses Bindungsbedürfnis feinfühlig und mit viel körperlicher Rückmeldung stillen. Das Kind muss dabei spüren, dass es sich auf die Eltern verlassen kann und sie es nicht ablehnen.

Übrigens: Schlafprobleme können insbesondere bei Entwicklungs- und Wachstumsschüben entstehen. Dein Kind wird in solchen Phasen wenig schlafen wollen (auch wenn es wirklich müde ist) oder häufig aufwachen. Auch das kindliche Temperament, z. B. Empfindlichkeit gegenüber sinnlichen Reizen oder geringere Anpassungsfähigkeit kann zu Schlafproblemen führen.

Wenn das Thema Schlaf dir Sorgen bereitet, kannst du es zuerst mit deiner Kinderärztin oder deinem Kinderarzt besprechen und gegebenfalls eine Schlafberatung in Anspruch nehmen.

Bei Babys entsteht das wichtige Geborgenheitsgefühl vor allem durch Tragen, Singen, ein Liedchen Summen, Geräusche wie im Mutterleib (z.B. White Noise App), Stillen oder Wiegen.

Ein älteres Kind kannst du, wenn es unruhig ist, folgendermaßen in den Schlaf begleiten:

Statt „Ich kann nicht mehr, schlaf doch endlich!“ zu sagen, kannst du auf die positive Kraft der Körpersprache setzen:

Um zur Ruhe zu kommen, braucht dich dein Kind. Anspannung oder emotionale Schwingungen können die beiden Ziele blockieren, die du hast. Du möchtest, dass dein Kind in Ruhe einschläft, und dass auch du deine eigene Eltern-Regenerationszeit bekommst. Wie ein Seismograf spürt dein Kind deine Unruhe und versucht, das unsichtbare

Verbindungsband zwischen euch noch enger zu ziehen. Dabei kann es Folgendes denken: „In so einem Zustand kann ich doch meine Mutter nicht allein lassen. Eine festere Umarmung hilft ihr sicherlich!“ Die Konsequenz daraus wäre, dass das Kind noch mehr Nähe sucht als vorher. In solchen Momenten heißt es, kurz auf Pause drücken, innehalten und überlegen: Was sagt meine Körpersprache? Was kommt gerade bei meinem Kind an? Kann ich meine Gedanken von „Du MUSST jetzt schlafen!“ zu „Ich bin hier und werde dich in den Schlaf begleiten“ neu und positiv umformulieren?

Da sich dein Baby nicht selbst regulieren kann, schirme es von Reizen ab. Trage es nah bei dir und verringere jegliche überfordernden Reize (z. B. Geräusche oder blinkende Spielsachen). Bei älteren Kindern ist es wichtig, nicht nur auf den Abend zu schauen. Eine ruhige und kuschelige Atmosphäre am Tag durch Entschleunigung (z. B. wenig Besuch, TV ausschalten) im Tempo des Kindes und mit geregelten Abläufen kann die Abendsituation unterstützen. Nicht nur dem Kind, auch Erwachsenen fällt es schwer, die Informationsflut, die täglich auf uns einprasselt, gut zu filtern und zu regulieren. Die Mischung aus überreizten Kindern und angespannten Eltern ist daher hochexplosiv. Stattdessen sollte die natürliche Fähigkeit, zur Ruhe zu kommen, die selbstgesteuerte Regulation von negativem körperlichen und emotionalen Empfinden gefördert werden.

Abendroutine

Gleichbleibende Rituale oder Schlafroutinen können den Abend insgesamt entspannen und Stress reduzieren. Das Kind konzentriert sich dabei auf die bekannten Abläufe und kann sich entspannter darauf einlassen. So hat es eine Vorstellung davon, was z. B. nach dem Vorlesen folgen wird. Je jünger das Kind, desto eher bestimmen die Eltern, wie die Abend- oder Einschlafroutinen aussehen. Signalisiert dein Kind, dass es lieber etwas in der Abfolge ändern möchte, passe dies gerne an. Wie dir schon bekannt ist, kooperieren Kinder eher, wenn sie selbst- und mitbestimmen dürfen. Es gibt auch die Möglichkeit, den Abend ohne feste Abläufe zu gestalten. Jede Familie ist individuell und sollte für sich einen eigenen Weg finden, am Abend zur Ruhe zu kommen.

ABENDRITUALE FÜR BABYS UND KLEINKINDER

Wenn du typische Müdigkeitsanzeichen wie Gähnen, glasige Augen, Quengeln, Fäuste ballen, Augenreiben erkennst, sage: „Ich sehe, dass du müde geworden bist!" Denn in erster Linie muss dein Kind müde sein, damit es einschläft.

- Kleine Kinder brauchen einen Übergang in den Abendschlaf, gestalte ihn behutsam und biete Körpernähe in solchen Momenten an.
- Plane Zeit ein, unterstütze dein Kind, seine eigenen Müdigkeitssignale zu verstehen. Achte auf ruhige motorische Aktivitäten und stark reduzierte äußere Reize sowie ein gemütliches Licht.
- Auch eine Entspannungsübung kann als Übergangsritual dienen und sollte dann immer in gleicher Weise durchgeführt werden, z. B. beim Windelwechseln:
  „Ich nehme deine Füße in die Hand, meine Hände sind warm, ich streiche damit über deine Füße. Deine Füße scheinen vom Strampeln müde geworden zu sein!" So wird die Wahrnehmung deines Babys auf eigene Körpervorgänge sensibilisiert, Motorik und Verhalten beruhigen sich dabei. Du kannst den ganzen Körper mit deinem Kind durchgehen und ihm seine Müdigkeitsanzeichen erklären (auch wenn es ein Baby ist) und so beim Entspannen unterstützen.
- Ebenso kann Baden (Wasser & Wärme), ein Spaziergang an der frischen Luft, Vorsingen oder Vorlesen als Übergangsritual gestaltet werden.

Vorteile einer Abendroutine

Durch Routinen können wir einen möglichst gleichbleibenden Abendablauf gestalten. Dazu gehört z. B. allen in der Familie gute Nacht sagen, Schlafanzug anziehen, Zähne putzen, ein Buch anschauen oder vorlesen, kuscheln oder auch beten. Werden solche Abendroutinen regelmäßig in sehr ähnlicher Art und Weise wiederholt, wachen Babys bereits ab einem Alter von 3 Monaten seltener nachts auf und bei Kindern ab 1 Jahr verlängert sich der nächtliche Schlaf insgesamt. Routinen, die den Schlaf eher stören, sind z. B. Fernsehen oder digitale Spiele, unter anderem, weil sie das Erregungsniveau im Körper wieder hochfahren.

SCHÖNE BRIEFE VOR DEM EINSCHLAFEN

Für Kitakinder ab 5 Jahren eignen sich als Abendroutine auch kleine Briefe, die du nach dem Abendessen für sie schreibst. Du erzählst darin, was dir an dem Tag besonders an deinem Kind gefallen hat, was spaßig war und wofür du dankbar bist. Bevor alle ins Bett gehen, werden die „schönen Worte" vorgelesen. Dieser Austausch am Abend wird euren anstrengenden Alltag entschleunigen und den Fokus auf die positiven Ereignisse lenken. Egal, wie stressig der Tag war, es gibt immer eine Kleinigkeit, die von euch Eltern notiert werden kann. Du wirst staunen, worauf Kinder ihren Blick richten und was dich „zur Best Mommy/zum Best Daddy" küren kann.

Die kindliche Schlafentwicklung ist mit 5 Jahren noch nicht abgeschlossen. Auch wenn die Schlafphasen in diesem Alter bereits denen der Erwachsenen ähneln, ist dies ein lebenslanger Entwicklungsprozess und da wird das ein oder andere Kind natürlich ab und zu die Eltern fordern. Dabei prallen häufig zwei unerfüllte Bedürfnisse wie „Ich brauche dich!" (Kind) und der elterliche Wunsch „Ich brauche auch mal Zeit für mich!" aufeinander. Wenn Eltern tagsüber gearbeitet haben, dann sind, wenn sie am späten Nachmittag auf ihr Kind treffen, häufig die Akkus leer – eine Situation mit hohem Konfliktpotenzial. Da jedoch Kinder bereits ab dem Kita-Alter mit Morgenkreis, Schulpausen, etc. feste Strukturen im Alltag kennenlernen, können solche Regelmäßigkeiten auch den Abend für sie vorhersehbarer machen. Das Wissen über feste Übergänge wie z. B. „Nach dem Zähneputzen startet unser Abendritual“, kann „Ich-geh-jetzt-nicht-ins-Bett!“-Konflikte reduzieren. Damit der Tag für das Kind nicht zu abrupt endet, sollte der Übergang rechtzeitig angekündigt werden.

Statt „Spielsachen einräumen, wir gehen gleich schlafen!“ versuche es lieber so:
„In 10 Minuten räume ich mit dir auf (ggf. Sanduhr oder Eieruhr stellen). Bis dahin kannst du gerne noch weiterspielen!“ Das Kind bekommt dabei die Gelegenheit, sich vom Tag zu verabschieden.

Einschlafritual
In Beziehung gehen: Das fördert die nächtliche Trennung und stärkt dein Kind für die Nacht. Egal, welche Schlafsituation (im eigenen Zimmer oder bei den Eltern), biete deinem Kind eine individuelle Einschlafbegleitung. Lest gemeinsam ein Buch. Hier geht es jedoch nicht um das eigentliche „Buchlesen“, ob das Kind vorblättert oder dabei ein Gespräch über ein anderes Thema entsteht, darfst du ihm überlassen. Die kuschelige Atmosphäre, die Nähe, deine Stimme und dein Fokus auf dein Kind sind die emotionale abendliche Begleitung, die es benötigt.

DAMIT ES MIT DEM EINSCHLAFEN KLAPPT …

Man kann auch tagsüber schon die Weichen stellen, damit das Kind abends genügend Bettschwere hat. Es sollte:

- sich ausreichend bewegt haben (Bewegungsdrang stillen, frische Luft, Spaziergang, Sport).
- genug gegessen haben (wenn das Abendessen zu früh stattgefunden hat, ggf. nochmal einen kleinen Snack anbieten).
- genug Bindungsmöglichkeiten angeboten bekommen („Bedürfnisgläser“ betrachten und auf bis dahin nicht ausreichend gestillte Bedürfnisse eingehen).

„Schlafe bitte alleine"

Gerade Kinder, die schon einmal eigenständig einschlafen konnten, können phasenweise nochmal eine körpernahe Einschlafbegleitung benötigen. Kita- oder Schulkinder erleben am Tag so viel und können nicht alles einordnen. Dadurch können Schlafprobleme oder nächtliche Störungen (z. B. Albträume) entstehen. Auslöser sind manchmal Ängste, zu viel Trennung am Tag, Veränderungen in Kita/Schule/Familie, Krankheit, familiäre Belastung, Streit mit Gleichaltrigen, positive Aufregung wie der eigene Geburtstag usw. Wenn das Kind vorübergehend wieder eine engere Einschlafbegleitung einfordert, solltest du diese auch anbieten. Aussagen wie „Sie wird sich wieder an dich gewöhnen, lass sie in ihrem Zimmer, auch wenn sie nörgelt" können dabei dezent überhört werden. Sprich mit deinem Kind über deine Vermutungen. Überlegt gemeinsam, was dein Kind in dieser Situation benötigen könnte, was würde ihm guttun? Dieser feinfühlige Austausch und die Begleitung werden dein Kind beruhigen. Schon bald wird es wieder allein einschlafen können.

GEDANKEN SORTIEREN LEICHT GEMACHT

Wenn du dein Kind dabei unterstützt, die Sorgen und Belastungen des Tages zu verarbeiten, findet es am Abend schneller zur Ruhe. Dazu habe ich dir hier ein paar Möglichkeiten aufgelistet:

Bilderbücher zu bestimmten Themen anschauen und darüber sprechen. Die Gedanken deines Kindes werden sich dabei sortieren. Das Gespräch über aufkommende Gefühle und Gedanken kann befreiend wirken.

„Was war gut – was war doof?"-Übung: Zeichenblockpapier in zwei Bereiche teilen und gemeinsam die positiven und negativen Tageserlebnisse im Alltag aufzeichnen. Die Fragestellung: „Was hat dir heute besonders gefallen?" „Worüber hast du dich geärgert?"

Im **Rollenspiel**: Szenen aus dem Kindergarten oder der Schule nachspielen. z. B. Morgenkreis, Pause, Essen, Unterricht, Streitthemen.

Beispiel: Das Kind wird in der Schule ausgegrenzt.

Material: Puppenhausfiguren; Lego; Fingerpuppen; Barbies (eines davon)

Durchführung: Deine Figur ist ein Kind und spielt auf dem Pausenhof. Wenn andere auf es zukommen, stoppst du kurz. Die Figur versteckt sich hinter etwas. Du fragst dein Kind: „Was spürt das Kind? (Antwort ...) „Hmmm, und was vermutest du denkt es?" So bekommst du die Chance in die Welt deines Kindes einzutauchen. Nimm seine Antworten ernst und lass sie nicht unberücksichtigt oder spiele sie herunter. Frage dein Kind, was deine Figur machen kann/soll? „Stimmt, das ist eine gute Idee, sie könnte sich groß und stark hinstellen und laut 'Stopp, lass mich in Ruhe!' sagen." Wenn deinem Kind nichts einfällt, unterstütze es mit einer Lösung für die Situation. So lernt es mit deiner Hilfe spielerisch die eigenen Probleme zu lösen. Gleichzeitig merkt es durch deine Vorschläge, dass es nicht nur eine „richtige Lösung" geben kann und auch andere Reaktionen möglich sind. Durch deine Begleitung kann dein Kind belastende Erlebnisse verarbeiten, durch das Gespräch kann es die Situation besser einordnen und gleichzeitig neue Handlungsmöglichkeiten erlernen.

Welche Eltern kennen das nicht? Sie haben sich abends gerade hingesetzt, um etwas auszuruhen und dann kommt der Sohn oder die Tochter gefühlt im Minutentakt aus dem Bett, weil noch irgendetwas ist: Das Kind hat Hunger, hat auch schon lange nichts mehr getrunken, muss mal Pipi, hat vergessen von einem Erlebnis zu erzählen und beim nächsten Mal will es bei euch im Bett schlafen.

Das kannst du tun, wenn dein Kind immer wieder aufsteht:

Statt „Jetzt komm nicht dauernd wegen irgendwelcher Kleinigkeiten angerannt. Geh in dein Bett. Du bist schon groß, du kannst allein schlafen!" zu sagen, kannst du genauer hinschauen:

Offensichtlich sucht dein Kind Gründe, dir nah zu sein. Wie kannst du damit umgehen?

- Finde die Ursache für das aktuelle Verhalten (Warum braucht dein Kind gerade mehr Nähe? Schau dir seinen Alltag an!).
- Überlegt als Elternpaar, wer das Kind die nächste Zeit in den Schlaf begleitet (Wer hat mehr Kapazitäten?).
- Findet eine mittelfristige Lösung, die für den begleitenden Elternteil auch umsetzbar ist (z. B. Matratze neben das Bett, neben dem Kind schlafen/sitzen, Kuscheln, Händchen halten, Nachtlicht, offene Tür ...).
- Als Sicherungsnetz für eine bestimmte Zeit kuschelige, ruhige und positive Gespräche anbieten.
- Mit den bestärkenden Worten „Ich merke, dass du dich wieder gut fühlst ..." Schritt für Schritt die Einschlafbegleitung wieder ausschleichen. Fangt an, das Kind in einzelnen Nächten wieder in sein Bett zu legen und erhöht nach und nach „die Dosis", bis es wieder ganz in seinem Zimmer schläft.

Verständnisvolle Kommunikation

„Ich verstehe, dass du nochmal kuscheln möchtest, ich lege mich noch mal zu dir, bis du dich in deinem Bett wohlfühlst."
„Ich bin da und bleibe bei dir. Ich bin mir sicher, dass du es bald wieder schaffst, allein einzuschlafen."

Weitere Tipps, wie du mit deinem Kind in solchen Situationen kommunizieren kannst, findest du im Kapitel *Wie erkläre ich es meinem Kind – Ängstliche Kinder.*

WIE ERKLÄRE ICH ES MEINEM KIND?

Das ist eine der häufigsten Fragen in neuen, belastenden oder herausfordernden Situationen. Eltern sind verunsichert und suchen nach geeigneten Worten und Lösungen, wenn das eigene Kind leidet und im Alltag beeinträchtigt ist. Um die eigenen Kommunikationsmöglichkeiten aufzustocken und die Sprache bei sensiblen Themen adäquat zu nutzen, werden im folgenden Kapitel mögliche Gespräche exemplarisch vorgestellt.

Ob es ausgeprägte Ängste sind, der Verlust eines geliebten Menschen oder Scheidung – insbesondere aufwühlende und stressige Themen lassen Eltern manchmal unbedacht sprechen, weil sie selbst nicht so recht wissen, was sie sagen sollen. Aus der Befürchtung heraus, die falschen Worte zu wählen, das Kind zu überfordern, zu verletzen oder gar auf falsche Wege zu führen, sind viele verzweifelte Eltern dann auch einfach still. Dabei kann es passieren, dass Kinder die Wissenslücken selbst füllen und in ihrer Fantasie können dann harmlose Themen ganz dramatisch dargestellt werden. Die aufgeschnappten Informationen, die sie zwischen Tür und Angel hören, können die Basis ihrer Erklärungen werden. Da kann schnell auf „Oma geht's nicht gut!“ die Reaktion „Wird sie denn sterben?“ folgen.

Auch hier können aufklärende Worte viel bewirken. Damit du diese im entscheidenden Augenblick auch parat hast, habe ich dir hier zu den unterschiedlichsten Themen zahlreiche Dialogbeispiele aufgeführt.

Ängstliche Kinder

Entwicklungsbedingt tauchen in den ersten Lebensjahren viele verschiedene Ängste auf. Dabei gehört die Angst zu den wichtigsten Emotionen und ist ein gesunder Bestandteil der kindlichen Entwicklung. Auch wenn Angst häufig als negativ angesehen wird, wären Menschen ohne diese Emotion vielen Gefahren schutzlos ausgeliefert. Gerade in der Phase des magischen Denkens (ca. 2–5 Jahre) können Kinder keine klare Grenze zwischen Realität und Fantasie ziehen. Sie nehmen an, dass ihre Worte, Handlungen und sogar Gedanken bestimmte Erlebnisse beeinflussen oder sogar verhindern können.

In dieser Phase ist (auch wenn es Eltern überfordern kann) alles möglich. Daher bringt die Aussage „Geister gibt es aber nicht!“ überhaupt nichts, das Kind wird weiterhin Angst vor der bedrohlichen Fantasiegestalt haben. Laute Geräusche, Trennungsangst, soziale Ängstlichkeit, Verletzungen, Tierphobien, Dunkelangst, Gewitter, Monster, Räuber, Sauberkeitserziehung sind die gängigen Themen im Vorschulalter. Ab dem Schulalter stehen dann Themen wie Krankheit, Unfall, Tod, Arztbesuche, Schulprobleme und soziale Zurückweisungen eher im Vordergrund. Hier wird also deutlich, dass sich kindliche Angstinhalte mit zunehmendem Alter und der kognitiven Entwicklung verändern.

Doch wenn sie für die verschiedenen Ängste, die sie empfinden, die passende Regulation finden, wird das Angstgefühl „bewältigbar“. So fühlen sich Kinder selbstwirksam und können Schritt für Schritt mutiger und sicherer in die nächste Entwicklungsphase gehen. Das Kind muss dabei spüren, dass es selbst Kräfte besitzt und einsetzen kann, um alternative Strategien anzuwenden. Insofern ist es wichtig, Kinder zu begleiten, ihnen aber auch gleichzeitig zuzutrauen, dass sie sich mit der Zeit selbst beruhigen lernen.

Problematisch wird es, wenn angstauslösende Situationen gemieden werden, das Gefühl der Angst bagatellisiert oder das Kind für die

Angst ausgeschimpft wird. Dann kann aus einer Befürchtung, die für eine Entwicklungsphase spezifisch ist, eine anhaltende Angststörung entstehen. Wenn das Kind Angst empfindet, wird die sensible Alarmanlage des Gehirns ausgelöst. Das Kind denkt sich „Die Monster werden mir etwas Schlimmes antun!“ (Gedankenebene), sein Herz schlägt schneller (Körperebene) und es kann dabei nicht mehr klar denken, weint und schreit nach dir (Verhaltensebene). Ein Gefahrenreiz löst Angst aus, der Körper bereitet sich auf Kampf oder Flucht vor. Diese Sympathikus-Reaktion versetzt Kinder in einen Erregungszustand. Gerade ängstliche Kinder erleben dann diese heftige körperliche Reaktion als „Oh, nein! Mir passiert gerade etwas ganz Schlimmes!“ So kann es passieren, dass das Kind Situationen wie das Schlafen vermeidet oder extrem wachsam alles abscannt, um sich vor der möglichen Gefahr zu schützen. Die Alarmanlage reagiert also auf viele Reize sehr sensibel, schon kleine Dinge können das Kind beunruhigen.

Damit das Gehirn deines Kindes den Reiz als ungefährlich einstuft, benötigt dein Kind am Anfang deine Co-Regulation, also von dir begleitet zu werden. Kinder brauchen die Information, dass Angstreaktionen völlig normal sind und dazugehören. Dass eine Bedrohung nicht besteht und sie sich in Sicherheit fühlen dürfen. Daher sollten Ängste, auch wenn sie für Eltern irreal sind (z. B. Geister), ernst genommen und wohlwollend durch eine warme, einfühlsame Haltung begleitet werden.

„Du fühlst dich ängstlich ..., ich kann das verstehen ..., lass uns überlegen, was du tun könntest“ und ggf. „Das sollten wir ausprobieren.“

Auch wenn dein Kind noch kein Skript für die Problemlösung hat, lass es überlegen und vertraue, dass es aus eigener Kraft Ideen entwickelt mit der Angst umzugehen. So fühlen sich Kinder selbstwirksam und das Gehirn lernt die korrigierende Erfahrung „Fehlalarm, du brauchst dich ab jetzt nicht mehr fürchten, der hat das im Griff!“

BEVOR DU ÜBER DIE ANGST SPRICHST, REFLEKTIERE KURZ …

- Wie sprechen wir in der Familie über Angst?
- Wie denke ich über das Angstgefühl?
- Sind meine Erwartungen an mein Kind realistisch? Kann es diese Ängste bewältigen? Oder braucht es im Moment meine Unterstützung?
- Wie kann mein Kind durch meine Co-Begleitung die Angst in den Griff bekommen?
- Fokussiere ich mich gerade nur auf die Ängste oder sehe ich mein Kind ganzheitlich?
- Habe/Hatte ich Ängste (Ist mein Kind genetisch empfänglich, hat es eine Prädisposition, die vererbt wurde?)
- Wie ist mein Erziehungsstil? Reagiere ich zu sensibel oder abweisend? Was lernt mein Kind aus meinen Reaktionen?

„Ich erkläre dir deine Angst"

Statt „Du brauchst keine Angst haben!" kannst du andere Formulierungen nutzen, die deinem Kind helfen, seine Ängste zu überwinden:

„Täglich spürst du verschiedene Gefühle in dir, oder? Welche kennst du denn (aufzählen lassen z. B. Trauer, Freude, Wut etc.)? Wie ist das mit der Angst, wie findest du dieses Gefühl? Angst hat wie jedes Gefühl eine bestimmte Aufgabe. Es warnt uns automatisch, wenn wir z. B. eine Straße überqueren wollen, und sagt uns schnell, wie wir reagieren sollen: 'Stopp! Hier musst du vorsichtig sein und auf die Autos achten!' Manchmal aktiviert unsere Angst sogar eine Energie, die uns hilft, schnell über die Straße zu rennen, weil sich ein Auto nähert. Diese Angst spüren wir dann im Körper (z. B. schlägt das Herz schneller). Hat dir deine Angst auch schon mal geholfen oder dich beschützt? Das nennt man hilfreiche Angst."

„Wenn es aber nichts zu warnen gibt und die Angst trotzdem auftaucht, könnte es sein, dass die Angst dich zu stark beschützen will. Wenn dich deine Angst zu häufig warnt und du dadurch coole Sachen verpasst, sollten wir deiner Angst erklären, dass das zu viel für dich ist und du selbst bestimmen möchtest, was du tust."

„Wenn dich deine Angst das nächste Mal wieder warnt und du einen Angstgedanken wahrnimmst, könntest du diese durch hilfreiche/gute Gedanken ersetzen."

„Statt zu denken: ‚Wenn ich was Falsches sage, werden die anderen lachen!', probiere es z. B. mit diesem Gedanken: ‚Jeder kann Fehler machen, ich traue mich!'"

„Wenn du die angstauslösende Situation vermeiden willst, erinnere dich, wie du dich mutig auf diese Situation vorbereitet hast, z. B. Bestellen in einer Bäckerei: ‚Ich sage freundlich Hallo und frage nach einem Brot!'"

„Wenn du unangenehme Gefühle in deinem Körper spürst, sage dir, dass es gleich vorbeigeht und es nichts Gefährliches gibt."

„Je häufiger du es schaffst, dich entschlossen deiner Angst zu stellen, desto tapferer wirst du. Schon bald wird die Angst merken, dass du gar keinen starken Schutz oder so viele Warnungen benötigst."

„Hast du denn Ideen, wie du dich das nächste Mal vorbereiten kannst?"

So wird dein Kind seine Angst, Angstsymptome und Verhalten verstehen. Nach der Erklärung sollte im besten Fall Hoffnung entstehen, sich der Angst stellen zu wollen/können. Durch Mut und deine (gegebenfalls einfühlsame Begleitung) wird es seine Angst überwinden lernen.

Mutmachgedanken

Statt „Mir wird etwas Schlimmes passieren!“ kannst du dein Kind ermuntern, positiv zu denken und zu reden:

- „Ich bin vorbereitet und weiß, was auf mich zukommt!“
- „Ich fühle mich stark und stelle mich dir!“
- „Neues ausprobieren macht Spaß!“
- „Ich kann jederzeit meine Eltern rufen, sie sind für mich da!“
- „Meine Angst wird kleiner, wenn ich mutig auf dich zugehe!“
- „Stopp! Du willst mir nur Angst machen. Ich habe dich sofort erkannt!“

SORGENFRESSER-BRIEFE

Kinder finden das Briefeschreiben meist sehr interessant. Wenn du spürst, dass dein Kind eine Sorge quält, frage es, ob es einen Brief an die Sorgenzentrale schreiben möchte. Dort werden alle Kindersorgen aufgenommen und beantwortet. Wenn das Kind noch nicht schreiben kann, schreibe du die vom Kind genannten Gefühle Wort für Wort auf. Dieser Brief wird dann von euch an die Sorgenzentrale geschickt. Jetzt seid ihr Eltern dran. Bastelt ein spezielles Sorgenzentrale-Briefpapier und verfasst darauf eine Antwort mit Ideen und Ratschlägen für das Sorgenproblem. Dein Kind bekommt die Antwort in einem adressierten Umschlag von der „Post“ zurück und darf ihn selbst öffnen. Gemeinsam könnt ihr dann die neuen Wege, mit der Sorge umzugehen, durchlesen. Nutzen wir die Fantasie der Kinder – wenn sie an den Weihnachtsmann Wunschlisten schreiben können, können sie sicherlich auch die Sorgenzentrale kontaktieren.

Schlafen: Ich habe Angst

Statt „Da gibt es keine Monster ...!“ probiere es so, wenn dein Kind vor Angst nicht in den Schlaf kommt:

„Ich sehe, dass du Angst hast. Komm erst einmal zu mir (Körperkontakt). Das mit den Monstern hört sich, so wie du es mir erzählst, gruselig an. Hast du eine Idee, was du tun könntest?“ (Zeit lassen, Kinder kommen auf die verrücktesten Ideen und entwickeln dadurch Fähigkeiten, die Angst selbstständig zu überwinden).

Zur Unterstützung kannst du etwas vorschlagen: „Kannst du dich an unser Monsterspray erinnern? (Vorher eine durchsichtige Sprühflasche mit Wasser und verschiedenen Zauberelementen, z. B. Paillettensterne befüllen) Ich begleite dich und bin zuversichtlich, dass du damit die Monster in deinem Zimmer verjagen kannst. Lass uns gemeinsam dein Monsterspray holen!“

Die Angst zeichnen lassen (aber erst am nächsten Tag, wenn sich dein Kind beruhigt hat): „Da ich dein Monster nicht gesehen habe, würde ich es gerne kennenlernen. Kannst du mir dein Monster zeichnen? So, wie du es dir vorstellst (dabei bitte nicht bagatellisieren wie: „Oh der ist doch niedlich, ah komm, vor dem brauchst du doch keine Angst haben!“, aber auch nicht überdramatisieren „Oh, nein, der macht mir ja auch Angst!“), sieht es wirklich gruselig aus. Da jetzt die Angst aber nicht mehr in deinem Kopf ist, sondern auf dem Papier, können wir es gerne ...!“ Es gibt jetzt mehrere Optionen was mit dem gemalten Monster passiert:

1. mit der Zauberschere zerschneiden
2. das Monster mit guten Eigenschaften besetzen und es „freundlich“ werden lassen
3. an die Monsterzentrale zurückschicken (Kind nimmt einen Briefumschlag und wirft es in den Briefkasten)

Da Ängste normal sind, werden im Leben deines Kindes einige kommen und auch ohne besondere Aufmerksamkeit einfach gehen, dabei ist eine übermäßige Beschäftigung mit ihnen meist gar nicht notwendig. Kleine Fantasie-Stupser wie Zauberdecken und -kissen, Kuscheltiere mit besonderen Fähigkeiten, Superheldenfähigkeiten, Traumfänger, Mut-Pyjamas, Fantasiereisen (z. B. zum Wohlfühlort), Entspannungsübungen, Atemübungen können entlastend sein. Kreativ zu werden und Unterstützung anzubieten soll dein Kind dazu bringen, sich seiner eigenen Stärken bewusst zu werden und ein positives Selbstbild zu entwickeln. Steht das Kind vor einer Herausforderung wird dieses Selbstbild es ermutigen, über den eigenen Schatten zu springen. Eine dauerhafte elterliche Begleitung oder ein „überbehütendes“ Verhalten würde die Entdeckung der eigenen Fähigkeiten blockieren.

! Wenn die Ängste allerdings anhalten und ein Leidensdruck entsteht, ist die Abklärung bei einer/einem Kinderpsychotherapeut*in sinnvoll.

EINE REISE ZUM WOHLFÜHLORT

Um Kraft zu tanken oder Sicherheit zu spüren, bieten sich Fantasiereisen an. Zunächst soll das Kind sich einen kuscheligen Platz suchen. Es kann sich auch aus Decken eine kleine Höhle bauen. Kinder fühlen sich geschützt und geborgen, wenn große Räume und Zimmer begrenzt werden. Dann kann die Reise zum Wohlfühlort losgehen.

Text (von dir in beruhigender Stimme vorgetragen): *„Mache es dir bequem, atme langsam ein und wieder aus. Wenn du bereit bist, darfst du gerne deine Augen schließen. Konzentriere dich auf dich und deinen Körper. Jetzt zähle ich bis 10 und bei jedem Atemzug wirst du dich entspannter fühlen. 1-2-3-4 …* (gemeinsam mit dem Kind ein- und ausatmen) *Nun bist du entspannt, so entspannt wie du sein möchtest und du darfst jetzt gerne einen Ort suchen, an dem du dich wohl und sicher fühlst. Einen Ort, den du kennst oder einen, an dem du mal sein wolltest oder einen Fantasieort. Dort wirst du Geborgenheit, Ruhe und Kraft tanken. In deiner Fantasie öffnet sich* *nun ein Tor, gehe hindurch, dahinter wartet dein spezieller Wohlfühlort auf dich. Wenn du angekommen bist, gib mir ein Handzeichen. Schau dich nun an deinem Wohlfühlort um. Was siehst du? Was hörst du? Was riechst du? Die Farben, die Bilder, die Besonderheiten, die dir auffallen, lass es einfach geschehen. Gibt es Tiere? Wie ist das Wetter? Schau dir alles in Ruhe an und spüre die Geborgenheit, die dieser Ort versprüht. Du spürst eine positive Energie und tankst neue Kraft aus diesem besonderen Ort.* (Mache eine Pause und fahre nach einer Weile fort.)

Dies ist nun dein ganz persönlicher Wohlfühlort, an den du jederzeit zurückkehren kannst, um bei Sorgen und Ängsten Kraft zu schöpfen. Präge dir alles ein und genieße noch einen Moment, bevor du in dein Kinderzimmer zurückkehrst. Voller Mut, Zuversicht (füge noch mehr Gefühle ein, die dein Kind jetzt gerne hören würde) *darfst du jetzt langsam zurückkehren und deinen Körper spüren, bewege deine Arme und Hände* (alle Körperteile durchgehen), *spanne deine Muskeln dabei an. Wenn du dich gut fühlst und soweit bist, öffne deine Augen."*

Passe die Anleitung altersentsprechend an.

Optional: Im Anschluss kann das Kind seinen persönlichen Wohlfühlort auch malen.

Du kannst gerne auch weitere Entspannungsübungen, Meditationen oder Krafttiere in eurem Familienalltag fest verankern. Setze Anreize, um dein Kind in andere Welten zu führen oder Krafttiere kennenzulernen. Der Fantasie deines Kindes sind dabei keine Grenzen gesetzt. Deine Worte werden zu bildhaften Vorstellungen, deine Stimmlage und dein Sprechtempo schlagen eine Brücke in die Welt der kindlichen Fantasie. Durch die tiefen Atemzüge oder die bewusste Entspannung beruhigt sich das Nervensystem und die Muskeln lockern sich. Dein Kind spürt die neue zuversichtliche Kraft, die es bei Herausforderungen (z. B. Ängsten) selbstständig einsetzen kann. Sie fördert die Selbstwirksamkeit und verbindet dein Kind mit seinen eigenen Kräften, die es ab jetzt jederzeit in jeder Situation anwenden kann.

Schweigende Kinder

Wenn Kinder erst spät sprechen lernen

Wenn dein Kind am Ende des zweiten Lebensjahres noch keine 50 Wörter spricht und/oder keine Zwei-Wort-Sätze nutzt (z. B. MAMA KOMM oder HUND WAUWAU), könnte es ein „Später Sprecher“ sein. Die erste Frage, die geklärt werden muss: Ist dein Kind körperlich gesund? Sind die Grundvoraussetzungen (Hören, eine gesunde Stimme, kognitive Fähigkeiten) für den Spracherwerb erfüllt, kann es sich bei deinem Kind um einen „Late Talker“ handeln. Late Talker beginnen später als andere Kinder mit dem Sprechen. Aber keine Sorge, viele dieser Late Talker holen die verzögerte Sprachentwicklung bis zum dritten Geburtstag vollständig auf. Diese Kinder können als „Late Bloomer“ (Spätblüher) bezeichnet werden. Doch auch die Kinder, bei denen sich die Sprache tatsächlich nicht signifikant weiterentwickelt, können durch eine spezifische logopädische Behandlung „aufblühen“.

Hinweis: Bei einem Großteil der Kinder, die mit einer unbehandelten Sprachentwicklungsstörung in das erste Schuljahr kommen, kann im weiteren Verlauf eine Lese-Rechtschreibschwäche ersichtlich werden.

Mehr zu Late-Talker-Kindern siehe das Interview von Prof. Bockmann im Kapitel *Was passiert im Kind – Was dein Kind versteht und wie du kommunizieren kannst.*

Selektiver Mutismus

Unter selektivem Mutismus leiden Menschen, die eine grundsätzliche Sprechfähigkeit besitzen, die sie jedoch in bestimmten Situationen oder zusammen mit bestimmten Personen nicht einsetzen können. Da die Erkrankung meist zwischen dem zweiten und fünften Lebensjahr ausbricht, aber häufig erst zu einem viel späteren Zeitraum diagnostiziert und behandelt wird, ist es umso wichtiger, dass Eltern frühzeitig über das Krankheitsbild informiert werden. Beim selektiven Mutismus ist es also möglich, dass dein Kind zu Hause ganz „normal" kommuniziert, aber im Kindergarten oder bei bestimmten Verwandten kaum oder gar nicht spricht. Für das Erkennen und Diagnostizieren der Erkrankung ist zum einen eine vorhandene Sprechfähigkeit des Kindes sowie die Vorhersehbarkeit, wann ein Kind spricht und wann nicht, wichtig (wenn dein Kind zum Beispiel bei Oma Helga spricht, bei Oma Inge wiederum nicht). Zum anderen muss ein Zeitkriterium von mindestens einem Monat erfüllt sein, in dem dein Kind in den spezifischen Bereichen nicht bzw. kaum spricht.

Weitere Symptome sind:

- ein oft versteinert wirkender Gesichtsausdruck
- die Schwierigkeit Blickkontakt zu halten
- eine perfektionistische Ader
- gravierende Einschränkungen im Kindergarten, in der Schule und vor allem im sozialen Miteinander

Der Großteil selektiv mutistischer Kinder (95–100 %) leiden zeitgleich an einer sozialen Phobie bzw. an einer sozialen Ängstlichkeit des Kindesalters. Nicht selten spielen oder spielten bei Kindern mit einem selektiven Mutismus frühkindliche Regulationsstörungen (problembehaftetes Essverhalten, exzessives Schreien und/oder Schlafstörungen) eine Rolle sowie Probleme im Ausscheidungsbereich. Deinem Kind können daher der Toilettengang im Kindergarten oder in der Grundschule sowie bestimmte Essenssituationen zusammen mit vielen Menschen große Probleme bereiten. Viele Eltern fragen sich dann, ob sie in der Erziehung etwas falsch gemacht haben und Schuld an der Erkrankung ihres Kindes sind. Studienergebnisse zeigen hier jedoch ganz klar, dass selektiver Mutismus eine Vielzahl an Ursachen haben kann (ängstliches Temperament, genetische Faktoren usw.) und eine nicht förderliche Erziehung alleine meist nicht der ausschlaggebende Grund für einen selektiven Mutismus ist.

UNTERSTÜTZUNG BEI MUTISMUS

- Suche eine Mutismus-Sprechstunde mit speziell geschultem Personal auf und informiere dich über das Krankheitsbild.
- Wenn notwendig, startet so früh wie möglich eine (therapeutische) Behandlung.
- Führe dir immer vor Augen, dass dein Kind nicht böswillig oder absichtlich in der Situation des „NICHT-Sprechens" steckt.
- Dränge dein Kind nicht zum Sprechen! Druck bringt euch dabei nicht weiter! Habe Geduld mit deinem Kind!
- Kläre das soziale Umfeld deines Kindes auf (z. B. Kindergarten und Schule).

Diese Methoden und Verhaltensweisen können einem Kind mit selektivem Mutismus im Alltag helfen:

- Reduziere in einem Gespräch den frontalen Blickkontakt und positioniere dich eher seitlich zu dem Kind.
- Generell fällt mutistischen Kindern das Kennenlernen von neuen Personen im vertrauten Umfeld leichter. Eltern helfen ihrem Kind, wenn sie aktiv andere Kinder zum Spielen einladen und die Spielsituation zu Beginn begleiten.
- Denke laut und stelle dabei Fragen quasi in den Raum hinein. Das nimmt Kindern mit selektivem Mutismus den Druck, antworten zu müssen.
- Reagiere nicht überrascht oder übertrieben freudig, wenn das Kind das erste Mal mit dir spricht.
- Es empfiehlt sich zunächst ein Gespräch über unpersönliche Themen.
- Spielt bekannte Gemeinschaftsspiele, wie z. B. Uno. Dabei könntet ihr darauf achten, dass zunächst eine vertraute Person (z. B. Mutter/Vater) mit dem Kind spielt und nach und nach eine weitere Person (z. B. Erzieherin) dazukommt. Diese Person kann sich zunächst mit einer anderen Tätigkeit im Raum beschäftigen, den Spielenden keine Aufmerksamkeit schenken und sich erst nach einer Weile

langsam dazugesellen. Wichtig ist dabei, dass alles kleinschrittig an das Kind mit selektivem Mutismus angepasst wird. Man kann sich zudem zu Beginn überlegen, ob das Kind in den ersten Runden auf den Boden klopfen darf, anstatt „Uno“ sagen zu müssen oder die gewünschten Farben durch Zeigen ersichtlich machen kann. Je sicherer sich das Kind in der Situation fühlt, umso mehr kann es in ein Gespräch verwickelt werden. Dabei helfen am Anfang vor allem geschlossene Fragen. Da kann das Kind dann einfach nicken oder mit einem kurzen „ja“ oder „nein“ antworten.
- Nutzt in neuen Umgebungen oder Situationen Vertrauenspersonen, über die sich das mutistische Kind verständigen kann.

Schüchterne Kinder

Auch wenn Kinder entwicklungsbedingt phasenweise schüchtern sind oder fremde Situationen eher meiden, stellen sich Eltern schnell die Frage, was kann ich tun, damit mein Kind selbstbewusster wird. Die Grundangst wird meist so geäußert: „Sie soll sich nicht die Butter vom Brot nehmen lassen, es tut mir weh, zuzuschauen, wie sie sich selbst im Weg steht!“ Besonders dann, wenn das vorsichtige Vorgehen des Kindes als negative Charaktereigenschaft gesehen wird, prallen zwei verschiedene Bedürfnisse aufeinander. Eltern wollen dabei, dass das Kind mutiger wird, damit es für sich selbst einstehen kann. Das Kind möchte sich in seinem eigenen Tempo weiterentwickeln und angenommen werden. Wenn die schüchtern-ängstlichen Verhaltensweisen nicht durch belastende Ereignisse (z. B. Umzug, Ausgrenzung, Tod etc.) entstanden sind, sondern die Schüchternheit zum Temperament des Kindes gehört, ist die wichtigste Erkenntnis, das eigene Kind so anzunehmen, wie es ist. Sinnvoll ist hier die Rückmeldung an das Kind, dass du seine positiven Entwicklungen bemerkt hast: „Ich sehe deine Bemühungen und freue mich, dass du die neue Sache ausprobierst!“ Falls es aber einen Leidensdruck beim Kind erzeugt, z. B. weil es auf dem Spielplatz eigentlich auf andere zugehen will, das aber nicht kann, dann sollte man eingreifen und Unterstützung holen oder eine professionelle Beratung oder Therapie in Anspruch nehmen.

Statt:
Auslachen: „Ah, komm stell dich nicht so an!"
Vergleichen: „Dein Bruder sagt auch Hallo!"
Aufgaben abnehmen: „Das dauert mir zu lange, dann mach ich das!"
Geschlechterklischees: „Jungen sind mutiger, du bist halt ein Mädchen!"
Zwingen: „Da musst du jetzt durch!"

Probiere es so:
Mitgefühl: „Ich sehe, dass es dir schwerfällt. Ich bin bei dir und bleibe, bis du so weit bist!"
Bedingungslose Liebe: „So wie du bist, bist du gut und so liebe ich dich auch!"
Biete mehr Rückzugsmöglichkeiten: „Das war aufregend heute, lass uns gerne den Rest des Tages langsamer angehen!"
Schüchternheit als Chance: „Was hast du heute alles beobachtet?"

Stärken stärken und Freundschaften schließen

Gerade schüchterne Kinder können es schwer haben, auf Anhieb Freundschaften zu schließen. Wenn dann der Satz fällt „Ich spiele immer allein!" oder „Ich wurde wieder nicht eingeladen!", fangen Eltern das Grübeln an. Es kann weh tun oder ängstigen, wenn das eigene Kind beim Kontakt mit Gleichaltrigen abgewiesen oder isoliert wird. Zu den Gefühlen des schüchternen Kindes kommen dann noch die elterlichen Sorgen hinzu. Ein klares Denken und Handeln ist in solchen Gefühlsstürmen nicht möglich. Daher ist es ratsam, einen Schritt aus den geballten Emotionen herauszutreten, um distanziert die Situation zu betrachten, so werden zielgerichtete Lösungen sichtbar.

Probiere es so:

- Sucht gemeinsam nach einem Hobby (am besten bei einer kleineren Gruppe, z. B. Sportgruppe, Chor, Tanzstudio). Schaut euch die Räumlichkeiten oder den Ort erst mal von außen an. Wenn das Kind sich dann sicher fühlt, wird es in den Räumen entspannter sein. Sprich die/den Trainer*in vorab an und bitte um feinfühlige Begleitung. Ist dein Kind mit der Gruppe und den Abläufen vertraut, versuche dich aus der beobachtenden Rolle schrittweise zurückzuziehen. „Ich warte auf dich vor der Tür!" oder „Ich laufe eine Runde!" bis hin zu „Ich hole dich nach der Stunde wieder ab!"
- Führt für neue oder herausfordernde Situationen gleichbleibende Rituale wie gemeinsame Lieder (zusammen summen) oder einen speziellen Übergangshandschlag ein.
- Überlegt gemeinsam welche Stärken dein Kind hat. Visualisiert seine Fähigkeiten, indem ihr für jede Stärke Symbole, Glückssteine, einen Talisman oder Superheldensymbole bastelt. Dein Kind wird überrascht sein, was so alles in ihm steckt.
- Übt die soziale Annäherung spielerisch z. B. mit einer Puppenhausfigur. Lass deine Figur leise sprechen und frage: „Hast du das gehört? Was denkst du, was das Kind gesagt hat?"
- Probiert das selbstbewusste Auftreten vor dem Spiegel (bitte ohne Druck). „Hi ich bin xx (Name), darf ich mitspielen!?" Bei leisen Kindern ist die Radioübung („Stell dir einen Knopf vor, der deine Stimme lauter werden lässt, wie laut möchtest du sprechen?") hilfreich, ihre Lautstärke von „leise sprechen" auf „mittel" zu drehen.
- Gerade schüchternen Kindern tut der Austausch mit Tieren gut. Sie fühlen sich gebraucht, kümmern sich fürsorglich um das eigene Tier, merken, dass sie nicht allein sind. Dabei wird das Selbstbewusstsein gestärkt.
- Der Kontakt zu jüngeren Kindern tut gut; wie z. B. Schulpatenschaften oder Streitschlichter für niederere Klassen.

Beim Arzt und im Krankenhaus

Eine anstehende Untersuchung oder Impfung kann bei Kindern Unsicherheiten auslösen. Aussagen wie „Du brauchst doch keine Angst zu haben!“ oder „Ist doch nicht so schlimm“, sind für Kinder nicht zufriedenstellend. Sie brauchen ehrliche Informationen, um eine reelle Vorstellung über den geschützten Rahmen während der Untersuchung oder Impfung zu entwickeln. Schon Eltern von Neugeborenen sollten dem Kind beispielsweise vor einer Impfung erklären, dass es einen kleinen Piks geben wird. Wichtig ist hierbei, darauf zu achten, wie die eigene Gefühlslage ist. Das Kind wird die emotionalen Schwingungen spüren und sich bei großen Ängsten und Nervosität der Eltern mitreißen lassen. Diese können sich dann auf dein Kind übertragen.

Um eine Gefühlsansteckung zu vermeiden, versuche zunächst dich selbst zu stärken und deine Gedanken zum Thema Arztbesuch/medizinischer Eingriff zu reflektieren. Je positiver die Stimmung und Kommunikation ist „Ich mag deine Ärztin, sie ist wirklich sehr feinfühlig!“ oder „Dort gibt es diese riesigen Bausteine zum Spielen!“, desto angenehmer wird dein Kind auf den bevorstehenden Praxisbesuch reagieren. Schließlich geht es hierbei um die Gesundheit deines Kindes.

Bei verängstigten Kindern ist es wichtig, auf die Bildsprache zu achten. Bei einer Impfung kann es von Vorteil sein, die Worte „Impfung“ oder „Spritze“ ggf. zu vermeiden. Im Vorfeld reicht es, wenn von einem Piks gesprochen wird, statt einer Nadel (alternativ „dünnes Röhrchen“). In der Praxis (wenn das Kind die tollen Bausteine entdeckt und die Grundstimmung entspannt ist), kann der weitere Ablauf erläutert werden: „Möchtest du wissen, was gleich passiert?“ Problematisch wird es, wenn besorgte Eltern das Thema Impfen oder Arztbesuch viel zu früh thematisieren. Dabei können Kinder mit negativen Vorerfahrungen gestresst werden, sodass der Alltag bis zum Termin durcheinanderkommt (unruhige Nächte, vermehrt Nähe suchen) und die Angst enorm steigt.

WIE KÖNNEN ELTERN KINDLICHE SORGEN LINDERN?

- Kinderbücher vorlesen oder Kinderfilme zum Thema Arztbesuch anschauen.
- Arzt spielen. Materialien wie Verkleidung, Requisiten und Schminke (Ärztinnenkittel, Arztkoffer) erleichtern Kindern den Einstieg in das kindliche Rollenspiel.
  Der Vorteil eines Rollenspiels: Kinder schlüpfen in die Ärzterolle und entwickeln gleichzeitig ein Verständnis für die Funktionen der Arztwerkzeuge, z. B. wann und wieso ein Stethoskop eingesetzt wird. Weiterhin können sie den Ablauf einer Untersuchung besser verinnerlichen. Im Rollenspiel können Kinder ihre Emotionen ausdrücken und bewältigen. Durch das spielerische Ausprobieren der verschiedenen Rollen (Ärztin – Patient) können sie unterschiedliche Sichtweisen kennenlernen.
- Kinder konkret fragen: „Was würde dir guttun?" oder „Was können wir machen, damit es dir beim nächsten Arztbesuch leichter fällt?"

Kinder sind neugierig. Wenn sie Fragen stellen, bedeutet dies, dass sie sich mit dem Thema beschäftigt haben. Der beste Weg den Wissensdurst deines Kindes zu stillen, sind authentische und altersentsprechende Antworten. Je vertrauter sie mit der bevorstehenden Situation sind, desto sicherer werden sie sich fühlen.

Hier sind einige kindgerechte Antworten auf die Fragen der kleinen Patienten:

„Warum brauche ich eine Impfung?“
„Eine spannende Frage. Stell dir das so vor: Durch die Impfung bekommt dein Körper eigene kleine Polizist*innen (Antikörper, Antigene), diese bauen dann in deinem Körper eine Polizeistation auf und überwachen und schützen ihn damit. Wenn dann plötzlich ein doofer Virus oder ein böses Bakterium kommt, können die Polizist*innen mit ihrer Kraft diese Krankmacher kaputtmachen oder wegsperren.“

Optional, wenn mehrere Impfungen anstehen: „Um die Polizeikontrollen zu stärken, schickt jede Impfung neue Polizist*innen in deinen Körper!“

„Bleibst du bei mir?“
„Ich bin bei dir und begleite dich, das schaffen wir gemeinsam. Wenn du meine Nähe brauchst, kannst du dich auch auf meinen Schoß setzen!“ In der Untersuchungssituation kann das Kind gefragt werden: „Möchtest du hinsehen oder lieber wegschauen?“

„Tut die Spritze weh?“
„Es pikst ein bisschen, geht zum Glück aber ganz schnell vorbei! Du darfst gerne entscheiden, an welchem Arm du gepikst werden möchtest!“

Kann ich mein Kuscheltier mitnehmen?
„Das ist eine gute Idee. Teddy braucht auch ganz viele kleine Polizist*innen, damit er gesund bleibt. Dein Arzt kann dann erst deinen Teddy piksen, dann fragen wir Teddy, wie es war.“

Hat dir deine Impfung wehgetan?
„Ich erzähl dir mal, wie es bei mir war. Beim Warten auf die Impfung hatte ich ein mulmiges Gefühl. Es hat dann super kurz gepikst, ist dann aber echt schnell wieder vorbeigegangen!“ (ehrlich, kurz und knackig antworten).

Unangenehme Untersuchungen

Leider gibt es auch Kinderärzt*innen, die nicht besonders feinfühlig mit ihren kleinen Patienten umgehen und kaum bzw. gar nicht auf ihre Bedürfnisse und Ängste eingehen. Von ihnen hört man dann Sätze, wie „Jetzt stell dich mal nicht so an!“ Wenn dir und deinem Kind das auch passiert und du spürst, dass die plumpe Art des Arztes/der Ärztin die Luft zum Knistern bringt, sich deine Stimmung der beobachtbaren Kommunikation des Sprechenden anpasst und zu kippen droht, übernimm das Gesprächs-Ruder und vermeide aktiv, dich von den negativen Gefühlen der Mediziner anstecken zu lassen. Aus diesem Grund ist es in solchen Momenten sinnvoll, sich bewusst dem eigenen Kind zu widmen, um die unangenehme Emotionsübertragung zu stoppen und so deinem Kind positive Erfahrungen zu ermöglichen.

Wenn dein Kind während der Impfung oder der Untersuchungssituation zögerlich und ängstlich reagiert, biete deinen Körperkontakt an, denn es kann auch auf deinem Arm untersucht werden. Eine weitere Möglichkeit ist es, verbal eine Verbindung zu deinem Kind aufzunehmen und es zu begleiten: „Erinnerst du dich, wie wir zu Hause mit Teddy gespielt haben, genau das macht jetzt Dr. xx auch. Er möchte deinen Herzschlag hören, lass uns kurz dein T-Shirt ausziehen!" (leicht an- und ausziehbare Kleidung aussuchen)

Für ältere Kinder kann die Untersuchung unangenehm werden, wenn sie nackt auf den Arzt/die Ärztin warten müssen. Schlage eurem Kinderarzt eine flexible Herangehensweise (T-Shirt erst kurz vorher ausziehen – untersuchen – sofort wieder anziehen) vor, dies könnte die Situation für dein Kind entspannen.

Vor einer Untersuchung im Intimbereich muss der Arzt/die Ärztin aufklären, was er vorhat und fragen, ob dein Kind einverstanden damit ist. So kann eine vertrauensvolle Beziehung zwischen Arzt/Ärztin und Kind erwachsen. Wenn du aus deinen bisherigen Erfahrungen den Verdacht hast, dass euer Kinderarzt/eure Kinderärztin diese Frage nicht stellen wird, wäre es sinnvoll, wenn du die Frage „Ist es für dich in Ordnung, im Intimbereich untersucht zu werden?" laut stellst. Es wäre begrüßenswert, wenn die Beobachtung der feinfühligen Eltern-Kind-Kommunikation dann das weitere Gespräch mit Ärztin oder Arzt positiv beeinflusst. Für Kinder ist es wie ein Schutzzauber, wenn sie über ihre persönlichen Grenzen sprechen und entscheiden können.

Eine Operation steht an

Wenn ein Arzt oder eine Ärztin nach einer Untersuchung erklärt, dass eine Operation nötig ist, werden das Unbehagen und die Sorge der Eltern oft in ihrem Blick deutlich. Jedes Kind reagiert auf eine solche Nachricht unterschiedlich. Eins bleibt unbestreitbar, medizinische Eingriffe stressen ahnungslose Kinder und lösen ein Gefühl von Angst aus. Zeigen sich die Eltern dabei auch ängstlich, beeinflusst dies das Angstlevel des Kindes.

Studien zeigen, dass es offenbar einen Zusammenhang gibt zwischen ausgeprägten Ängsten vor der Operation und einem schlechten Genesungsverlauf danach. Aus diesem Grund sollten die Sorgen des Kindes ernst genommen und individuelle beruhigende Gespräche über die bevorstehende Operation geführt werden. Wie tiefgehend das Gespräch sein muss oder wie viele Informationen dein Kind benötigt, kannst du anhand der Fragen erkennen, die dir dein Kind stellt. Eine Überforderung kann ausgeschlossen werden, wenn dein Kind die Unterhaltung führt, das Tempo angibt und weiteres Interesse zum Ausdruck bringt. Wichtig: Bei den Vorbereitungsgesprächen im Krankenhaus sollte dein Kind anwesend sein und am Gespräch aktiv teilnehmen, damit es mit dem Arzt und der Situation im Krankenhaus vertraut wird, und gleichzeitig durch die Informationen, die es bekommen hat, Bescheid weiß, was passieren wird. Durch den Austausch mit Arzt oder Ärztin kann dein Kind eine Beziehung aufbauen und gleichzeitig seine Kooperationsbereitschaft gesteigert werden. Dies kann dann eventuell zu einem besseren Behandlungserfolg führen. Es wird also deutlich, dass durch die Kommunikation Angst und Stress verringert werden können.

So könnt ihr auf die Fragen eures Kindes antworten und erklären, was vor, während und nach der Operation passiert:

Warum muss ich ins Krankenhaus?
„Kannst du dich noch daran erinnern, als wir im Krankenhaus xx besuchen waren? Genau, da kam deine Cousine auf die Welt. Im Kran-

kenhaus kommen Babys auf die Welt oder es werden kranke Menschen behandelt oder operiert, damit es ihnen ganz schnell wieder gut geht. Es gibt also ganz viele verschiedene Anlässe, um ins Krankenhaus zu gehen. Hast du eine Idee, warum du eine Einladung zur Operation erhalten hast?“

Was ist eine Operation?
„Fällt einem Arzt bei der Untersuchung auf, dass etwas mit deinem Körper/Organ nicht stimmt, sucht er einen Weg, um es zu heilen. Die OP macht dich also ganz schnell gesund.“

Tut mir das weh?
„Wenn wir in deinem Krankenhauskinderzimmer sind, darfst du einen lustigen Kittel anziehen, der wie eine Malschürze aussieht. Dann besucht dich der Schlafdoktor und stellt sich dir vor. Du bekommst einen süßen Schlafsaft, durch den du dich entspannen und sogar einschlafen kannst. Wenn du einschläfst, spürst du nichts mehr. Danach kommst du in den Operationssaal, dort wartet der Schlafdoktor, und die OP-Expert*innen freuen sich auf dich. Die bleiben bei dir, achten auf dich und wenn du wieder aufwachst, bin ich dann auch bei dir!“

Optional: „Manchmal gibt es, wie beim Kinderarzt, einen kleinen Piks, aber dort gibt es ganz coole Zauberpflaster, und dann spürst du kaum was!“

Blick auf das Positive
„Wenn du operiert wirst, werden wir vorher gemeinsam unsere Sachen für unseren Krankenhausaufenthalt packen. Was würdest du gerne mitnehmen? Wer darf in unserem Koffer nicht fehlen? „Hasi“ darf uns dann begleiten. Im Krankenhaus gibt es dann eine Kinderstation, dort werden wir ganz viele bunte Bilder sehen!“

„Wenn du deinen Schlafsaft getrunken hast, was denkst du wirst du schönes träumen?“

Wenn die Seele der Eltern erkrankt

„Ich fühle mich heute nicht gut, ich glaube ich bin erkältet." Diesen Satz äußern Eltern, wenn sie vermuten körperlich krank zu werden. Kinder sind richtig clever, empfindsam und verstehen, dass jetzt „Piano" angesagt ist. Sie denken über die Erkrankung nach und überlegen, ausgehend von ihrem Erfahrungsschatz, wie sie unterstützen können: „Soll ich dir einen Tee machen?" Schon die Kleinsten streicheln die Mama mit den Worten „Aiiii", wenn sie gekrümmt mit Bauchschmerzen im Bett liegt. Die Verknüpfung, wenn Mama krank ist, braucht sie Ruhe oder eine Suppe, lässt sich schnell durch die beobachteten Erfahrungen herstellen. Nachbarn wünschen „gute Besserung", das Umfeld erklärt den Kindern, dass Mama/Papa bald gesund wird. Über die Krankheit und die möglichen Behandlungsmöglichkeiten wird kommuniziert, das Kind scheint eine klare Vorstellung davon zu haben.

Wie sieht es aber aus, wenn jemand psychisch erkrankt? Für viele ist es immer noch ein Tabuthema, kaum jemand spricht offen darüber, weder das Umfeld noch die Person selbst. „Ich fühle mich seit Jahren schlecht, ich habe mir immer wieder gesagt, dass Mamis nicht krank sein dürfen!" Da es niemand sieht und es „nur" psychisch ist, kann es unter „privates Leiden" eingeordnet bzw. darüber geschwiegen werden. Eltern wissen nicht, was sie ihren Kindern und auch ihrem Umfeld sagen sollen. Obwohl die psychischen Erkrankungen einen Namen haben und es geeignete Behandlungen gibt, wird nicht darüber gesprochen. Aus Angst, Unsicherheit, Schuld, Scham oder weil die Kraft fehlt.

Es gibt viele Ursachen, wieso die Psyche leidet. Dass es auch keine Einzelfälle sind und jeder erkranken kann, zeigen Statistiken. Die psychische Gesundheit von ca. 1/3 aller Menschen in Deutschland scheint beeinträchtigt zu sein. Das Stigma psychischer Erkrankungen wie „Du siehst doch gar nicht krank aus!" oder „Du musst einfach mal positiv denken!", erschwert den Zugang zu geeigneten Therapien. Psychische

Erkrankungen stören, sie beeinträchtigen den Alltag und lösen einen Leidensdruck aus und müssen daher professionell behandelt werden. Wichtig zu wissen ist, dass die Erziehungskompetenz psychisch kranker Eltern krankheitsbedingt zumindest vorübergehend erheblich eingeschränkt sein kann. Aus diesem Grund ist es notwendig, betroffenen Menschen (auch Erwachsenen) eine Unterstützung anzubieten, darüber zu sprechen und sie bei Bedarf auch zu den Fachärzten zu begleiten. Falls du bemerkst, dass jemand betroffen ist, kannst du auch vorsichtig fragen: „Ich merke, dass es dir in letzter Zeit nicht gut ging, ich bin mir unsicher, ob du mit mir darüber sprechen möchtest." (Pause) „Kann ich dich oder dein Kind unterstützen?"

Die einzelnen Schritte der Kommunikation mit deinem Kind können bei einer psychischen Erkrankung eines Elternteils so aussehen:

- die Symptome aufzeigen
- die Krankheit benennen
- mögliche Schuldgefühle des Kindes abbauen
- Behandlungsmöglichkeiten aufzeigen
- signalisieren, dass ihr als Eltern gesprächsbereit seid

Schuldgefühle abbauen

Die meisten gesunden Kinder nehmen die Signale, dass irgendetwas mit Mama oder Papa nicht stimmt, recht früh wahr. Wie die Erkrankung heißt oder was sie genau mit ihren Eltern macht, ist ihnen dabei nicht bewusst.

Die psychische Störung zu verbergen oder darüber zu schweigen ist dabei kontraproduktiv. Dein Kind braucht Informationen darüber, wie deine Krankheit heißt, wie sie sich auswirkt und was man in solchen Situationen tun kann. Wenn niemand etwas sagt, wird das Kind versuchen, eigene Informationen, Beobachtungen, Gedanken und Gefühle in einen für sich sinnvollen Zusammenhang zu bringen. Dabei können Kinder Schuldgefühle wie „Wenn ich lieber wäre, wäre mein

Papa nicht traurig!“ oder „Meine Mama schreit mich an, weil ich böse bin!“ entwickeln. Sie können den Zusammenhang nicht herstellen, dass die gedrückte Stimmung des Vaters auf eine Depression oder die Gereiztheit der Mutter auf Alkoholprobleme zurückzuführen sind. Sie können die Erkrankung nicht ein- und zuordnen. Viele Kinder fühlen sich hilflos und ohnmächtig, sprechen mit niemandem darüber und fühlen sich mit der Belastung allein gelassen. Manche versuchen in eine fürsorgliche Elternrolle zu schlüpfen, um dem betroffenen Elternteil zu helfen (Parentifizierung). Diese überwältigende altersunangemessene Verantwortung kann dabei die kindliche Entwicklung hemmen und eigene psychische Störungen hervorrufen.

Sicherheit schaffen

Auch wenn es sich manchmal falsch anfühlt darüber zu sprechen, und deine Intuition dich zurückhält, deinem Kind dieses Thema näherbringen zu wollen, ist die altersentsprechende offene Aufklärung die einzige Möglichkeit, deinem Kind die schweren Gefühle und Gedanken abzunehmen und gleichzeitig Sicherheit zu schaffen. Wissen und Worte haben Macht. Damit es dir leichter fällt, deine Sprachlosigkeit abzulegen, erkläre ich dir, worauf du im Gespräch achten kannst.

Welche Möglichkeiten hast du, dein Kind über die psychische Krankheit aufzuklären?

Als Gesprächsgrundlage können Bilderbücher angeschaut werden (Diagnosespezifische Kinderbücher können Symptome näher erläutern, z. B. „Annikas andere Welt“ oder „Papa Panda ist krank“). Ihr könnt aber auch ein eigenes Buch gestalten und damit einen Überblick über die Erkrankung, Behandlung, Therapiemaßnahmen und Selbsthilfestrategien geben.

„Ich würde heute gerne mit dir malen. Schau mal, das bin ich, wie ich dich in die Schule bringe, arbeiten gehe … Manchmal merkst du bestimmt, dass ich fröhlich bin, wie sieht mein Gesicht dann aus?“ (das Kind das Gefühl zeichnen lassen) „Es gibt aber auch Tage, da komme ich kaum aus dem Bett, wie z. B. am Samstag. Weißt du noch, wie ich da ausgesehen habe?“

So können die verschiedenen Symptome und die dazugehörigen Gefühle, Gedanken oder Verhaltensweisen festgehalten werden. Dann werden verschiedene körperliche Krankheiten wie z. B. eine laufende Nase oder ein Ausschlag und zuletzt ein Gehirn gezeichnet. Dabei kannst du dem Kind erklären, dass es auch Erkrankungen gibt, die die Psyche, die „im Gehirn sitzt“, verändern und die nicht gleich erkennbar sind. „Da denken, fühlen und handeln Menschen anders und merken, dass irgendetwas mit ihnen nicht stimmt. Und so eine psychische Erkrankung habe ich, die nennt sich xx“ (z. B. Depression, Angststörung, Zwangsstörung, etc.). Viele Mamas oder Papas haben eine psychische Erkrankung oder manchmal auch Kinder. Das Gute ist, dass es Expert*innen gibt, die diese Krankheit behandeln können. Die nennen sich Therapeut*innen. Manchmal bekommen die Mamas oder Papas auch Medikamente, damit es ihnen bald besser geht. Wichtig ist mir, dass du verstehst, warum ich mich manchmal anders oder seltsam verhalte. Das liegt an meiner Erkrankung und sonst an nichts, du machst nichts falsch! Ich hab dich sehr lieb. Hast du noch weitere Fragen?“

Wenn ein stationärer Behandlungsaufenthalt ansteht, kann jüngeren Kindern eine Geschichte erzählt werden: „Merkst du, dass es Papa manchmal nicht so gut geht? Er fühlt sich gerade ein bisschen farblos. Seine Farben sind ganz schön durcheinander gekommen, manche Farben findet er auch gar nicht mehr. Die letzten Wochen war es sehr anstrengend für ihn, dadurch hat er sich so richtig farblos gefühlt. Er denkt dann z. B. ‚Heute ist ein doofer Tag! Er fühlt sich traurig an!‘ Was macht er dann? Ja, er bleibt auf dem Sofa liegen und lacht kaum noch! Papa hat aber eine gute Idee. Er hat eine Gehirn- und Gefühlsexpertin gefunden, die ihm hilft, alle Farben zu sortieren, um sich dann wieder bunt fühlen zu können. Aus diesem Grund wird er ... (z. B. bald/morgen) ein paar Tage im Regenbogenhaus schlafen und mit den Expert*innen dort in Ruhe schauen, warum er farblos geworden ist und wie er wieder bunt werden kann. Im Regenbogenhaus sind viele Mamas und Papas, die neue Farben entdecken (neue Kräfte). Während Papa wieder bunt wird und lernt (z. B.) wieder zu lachen, können wir beide ganz viele schöne Dinge unternehmen. Wenn er dann zurück ist, erzählen wir ihm unsere Erlebnisse."

Tod von Familienangehörigen

Intuitiv schrecken viele Eltern davor zurück, ihren Kindern das Thema Tod näherzubringen. „Es wird wieder alles gut Schatz, Papa ist grad nur traurig!", kann dann spontan gesagt werden. Diese Schutzfunktion, das eigene Kind nicht traurig sehen zu wollen, lässt viele Eltern verstummen. Die im Verborgenen gehaltene Trauer der Eltern wird das Kind dennoch spüren und irritiert darüber sein, weil das Gesagte nicht mit den Empfindungen übereinstimmt. Eine empathische Kommunikation über die Themen Tod, Abschiednehmen, Verlust liefert dem Kind hingegen Informationen und dadurch auch eine gewisse Art der Kontrolle über diese traurige Situation. Dabei ist es wichtig, Gesprächsimpulse durch geeignete Kinderbücher zu geben, die aufkommenden Fragen altersentsprechend zu beantworten und durch Beispiele zu bekräftigen. So lernen Kinder ihre eigene Trauer und die verschiedenen Ausdrucksformen besser zu verstehen. Hier muss keine bestimmte Zeit oder Situation abgewartet werden, der Alltag bietet viele Möglichkeiten, den Kindern die Themen Abschied, Verlust, Tod, Trauer näher zu bringen. Wenn etwa auf einem Waldspaziergang ein totes Tier gefunden wird, wäre das eine Möglichkeit um miteinander ins Gespräch zu kommen. Auch eine verwelkte Zimmerpflanze oder Kindersendungen bieten den Anlass für einen Austausch.

Dabei kannst du dein Kind fragen, ob es schon etwas über das Thema Tod weiß. Entstehen dabei Fragen, ist es hilfreich sich an diesen zu orientieren und darauf ehrlich zu antworten. Natürlich wird dabei die eine oder andere Frage auftauchen, auf die du vielleicht keine Antwort hast. Dann kann auch erst einmal eine Gegenfrage wie zum Beispiel „Was stellst du dir darunter vor?“ oder „Was meinst du?“ einen Hinweis darauf geben, wie der Wissensstand deines Kindes ist. Fällt dir zu der Frage keine Antwort ein, kannst du deinem Kind auch mit den Worten „Ich habe bisher nicht darüber nachgedacht“ oder „Ich bin mir nicht ganz sicher“ antworten. Gemeinsam darüber zu forschen (z. B. Lebenskreisläufe erklären) oder nach Antworten in Büchern (z. B. religiöse Antworten) oder im Internet zu suchen, wären weitere Optionen.

Was denkt mein Kind?

Wenn Eltern wissen, wie das Verständnis, das Kinder vom Tod haben, ungefähr aussieht, fallen ihnen die Antworten leichter. Ausreichende Informationen schützen vor Überlastung des kindlichen Systems. Aus diesem Grund schauen wir uns die verschiedenen Altersstufen bis zum Grundschulalter an. Auch hier können die Altersangaben variieren.

Bis zum 3. Lebensjahr

Schon Säuglinge ab dem Alter von ca. 6 Monaten können laut Bindungsforschern trauern. Wird das emotionale Bindungsband abrupt abgebrochen, wird der Säugling wegen des Verlusts trauern und seine Trauer durch Unwohlsein, Schlafstörungen, vermehrtes Weinen etc. verdeutlichen. Werden diese Gefühle wahrgenommen und von einer anderen Bezugsperson liebevoll begleitet sowie gestillt, kann eine angemessene Trauerbegleitung stattfinden.

Ungefähr ab dem 1. Geburtstag können Kinder zwischen belebten Dingen und unbelebten unterscheiden. Diese Erkenntnis und die Entwicklung der kognitiven und kommunikativen Fähigkeiten werden ihnen helfen, später den Unterschied zwischen tot und lebendig verstehen zu können. Hinzu kommt, dass Kinder die ersten Jahre die Welt „Ich-bezogen" sehen und alles auf sich beziehen. Dieses Denken verhindert teilweise, dass sie sich in andere Menschen hineinfühlen bzw. die Situation aus einer anderen Perspektive betrachten können (die sogenannte *Theory of Mind* entwickelt sich noch; siehe dazu Kapitel *Was passiert im Kind – Entwicklungsmeilensteine*). Weiterhin können das magische Denken („Ich kann mir meine Oma herbeizaubern") und das noch nicht entwickelte Zeit- und Raumgefühl verhindern, eine Vorstellung über den Tod zu haben, wie wir Erwachsene es verstehen. Kinder in dieser Altersspanne begreifen die Endgültigkeit des Todes nicht und fragen meistens nach Beerdigungen, wann die verstorbene Person denn wiederkommt.

4–6 Jahre

Kinder in diesem Alter stillen ihren Wissensdurst mit „Warum-Fragen". Sie sind neugierig und wenn sie die Begriffe Sterben oder Tod im Umfeld hören, wollen sie nun auch wissen, was dies bedeutet. So langsam entwickelt sich ein einfaches Verständnis von Tod. Da sie auch mit vier Jahren noch ausschließlich in der Gegenwart leben, glauben Kinder, dass „Tot-sein" eher „Weg-Sein" oder nur „ein bisschen tot" bedeutet. Weggehen könnte wiederum dazu führen, dass die Person zurückkommt. Auch hier scheint es nicht endgültig für sie zu sein. Weil Kinder damit nichts „Dramatisches" verbinden, kann bei Diskussionen auch mal „Dann fall doch um und sei tot!" fallen.

FRAGEN ZUM THEMA TOD

Um das Thema Tod anzusprechen, kannst du deinem Kind folgende Fragen stellen. Bitte führe ein solches Gespräch aber nur, wenn das Kind signalisiert, dass es das Thema interessant finden würde.

- Was würdest du tun, wenn du ein totes Tier im Wald finden würdest?
- Was denkst du, wieso das Tier gestorben ist?
- Was passiert denn, wenn ein Tier stirbt?
- Wie würdest du von diesem Tier Abschied nehmen?
- Was glaubst du, was mit dem Tier danach passiert?
- Wie würdest du dich wegen dem toten Tier fühlen? Würdest du dann getröstet werden wollen? Hast du schon einmal jemanden getröstet?
- Ist das Gefühl Trauer wichtig?
- Welches Ritual könnten wir für das tote Tier einführen? Ein mögliches Ritual könnte sein: eine Kerze anzünden und Wünsche wie z. B. „Ich wünsche dir im Tierhimmel bunte Flügel zum Fliegen."

Ab ca. 6–7 Jahre

Bei einem Grundschulkind ist das Verständnis vom Tod realistischer, dabei spielt das Wissen über Ursache und Wirkung eine besondere Rolle. Kinder in diesem Alter haben große Entwicklungsschritte gemacht und können komplexer denken. Dies bringt sie dazu, das Thema mithilfe tiefergehender Fragen besser verstehen zu wollen. Wenn sie dann begreifen, dass der Tod unwiderruflich ist, kann das bei manchen Kindern zu Ängsten oder Sorgen führen, dass ihre Eltern sterben könnten. Auch wenn die meisten Kinder ein gewisses Konzept über den Tod haben, kann die Fantasie (je nach Ausprägung) auch noch am Anfang der Grundschulzeit dazu verleiten, die Endgültigkeit des Todes abzulehnen. Mit der Zeit wird dann aber vermehrt ein sachliches und eher naturwissenschaftliches Interesse am Thema Tod gezeigt.

Daher ist es wichtig, diese Sätze zu vermeiden:
„Der Opa ist eingeschlafen und schläft jetzt im Grab weiter." Dieser Satz könnte Ängste bezüglich des Schlafens auslösen. Kinder nehmen vieles wortwörtlich.
„Mama ist im Krankenhaus gestorben!" Kinder könnten die Institution Krankenhaus als unsicheren Ort wahrnehmen.

Stattdessen können solche Formulierungen verwendet werden:
Todesursachen: „Es gibt leichte, schwere und sehr schwere Krankheiten oder ganz schlimme Verletzungen (z. B. Unfall). Opa ist gestorben, weil er Krebs hatte, das ist eine sehr, sehr schwere Krankheit und kann zum Tod führen."

Erklärung anhand von Körperfunktionen: „Oma war sehr, sehr alt. Sie hat 89 Jahre gelebt. Ihr Körper hat nicht mehr gut funktioniert. Ihr Herz hat nicht mehr geschlagen. Sie hat nicht mehr geatmet. Jetzt ist sie tot."

Sprich kindgerecht und positiv über religiöse oder spirituelle Ansätze: „Ich glaube daran, dass ich, wenn ich sterbe, ein Schutzengel für dich sein werde. Es gibt auch andere Menschen, die an ... glauben (göttliche Wesen, Jenseitsvorstellungen wie Himmel nennen). Welche Vorstellung gefällt dir?"

Gib deinem Kind immer Raum und Zeit, um über Gefühle, Gedanken, Ängste und Sorgen zu sprechen. Wenn das Kind trauert, können Eltern empathisch darüber sprechen, dass es sich sehr schmerzhaft anfühlen muss, sich dieser riesige Schmerz aber vermutlich bald auch verändern oder verringern kann.

Scheidungskinder

Wenn Eltern auseinandergehen und die Gefühle der Elternebene mit denen der Paarebene vermischt werden, ist es häufig schwierig, das eigene Kind im Fokus zu behalten. Die überwältigenden Emotionen von Enttäuschung, Wut, Angst, Trauer, Scham- und Schuldgefühlen verstärken das Hilflosigkeitsdenken aufseiten der Eltern: „Was soll ich meinem Kind sagen?" und „Wann ist der richtige Zeitpunkt?" Viele Väter und Mütter zerbrechen sich den Kopf und am Ende des Tages sind die richtigen Worte immer noch nicht ausgesucht.

Aufgrund der hohen Scheidungszahlen (2020 gab es fast 150000 Scheidungen in Deutschland) sollten wir eine Ahnung davon haben, wie Scheidungs-/Trennungskinder einfühlsam aufgeklärt und aufgefangen werden können. Leider ist das häufig nicht der Fall, denn zahlreiche Eltern berichten, dass sie aus Verunsicherung „Meine Worte werden mein Kind verletzen" oder Unwissenheit „An wen können wir uns wenden?" (z. B. Scheidungsberatung, Mediation), so wenig wie möglich sagen oder Notlügen erfinden. Sie wollen, dass es ihrem Kind gut geht, und mit dem Satz „Wir werden uns trennen!" scheinen sie sich von ihrem instinktiven Schutzziel als Eltern zu entfernen. Allein dieser Satz kann überraschte Kindertränen oder heftige Gefühle wie Angst, Trauer, Wut und Schuld auslösen.

Da die Trennung auch die Eltern psychisch in hohem Maß belastet, werden viele dann sprachlos. „Kein weiteres Wort! Ich mach alles nur noch schlimmer!", denken sich die meisten. Hier besteht die Gefahr, dass das Schweigen zum Leugnen führt. Die Ankündigung der dauerhaften Trennung ist ein einschneidendes und prägendes Ereignis für Kinder. Mit der emotionalen Erschütterung umgehen zu lernen gehört dabei zu den Scheidungsaufgaben der Kinder. Sie entwickeln Kompetenzen, um den Schmerz und die bevorstehenden Konflikte bewältigen zu können. Wenn Eltern aufhören zu reden, fangen Kinder an, die nonverbalen Signale zu deuten. Wenn die daraus gezogenen Rückschlüsse sie dann verunsichern, wird die Informationslücke mit irrationalen Antworten und Gründen gefüllt. Vor-/Grundschüler stellen sich oft vor, dass sie für die Trennung mitverantwortlich sind: „Weil ich so böse war, trennen sie sich!" oder „Hätte ich meine Hausaufgaben brav gemacht, wäre das nicht passiert!" Wichtig ist da die Co-Begleitung der Eltern und eine authentische altersgemäße Kommunikation, um das, was die Kinder selbst in Erfahrung gebracht haben, im Dialog zu ergänzen. Es wird nicht nur ein Aufklärungsgespräch geben, das Kind wird immer wieder in unterschiedlichen Momenten Fragen stellen und dabei versuchen, das Rätsel der Trennung zu lösen.

Außerdem ist es wichtig, das Umfeld wie z. B. Lehrkräfte oder Erzieher*innen einzubeziehen. Diese können dem Kind signalisieren, dass sie gesprächsbereit sind, es sich auf das „sichere Netz" verlassen kann und der Trennungsstress nicht alleine verkraftet werden muss.

Trennungsgespräch

Bevor ein Gespräch mit dem Kind geplant wird, wäre es hilfreich, gemeinsam zu überlegen, ob die Emotionen der Elternebene von der Paarebene getrennt werden können. Eltern können sich dabei fragen, in welcher emotionalen Verfassung sie sind und ob eine geduldige, empathische Kommunikation möglich ist. Dabei sollte die Wunschvorstellung, dass das Kind die Trennungsgründe versteht, hinterfragt werden. Das Denken und Fühlen eines Kindes ist weit entfernt von dem eines Erwachsenen und erst Jugendliche scheinen solche Erklärungen zu verstehen.

Wenn sich Eltern im Vorfeld die Mühe machen wollen, das Trennungsgespräch zu planen, wäre es sinnvoll, sich in die Welt des Kindes hineinzuversetzen: Was würde mein Kind verstehen? Wie viel Informationen über die Trennung braucht es jetzt? Welcher Zeitpunkt wäre sinnvoll? (Wenn andere wichtige Lebensereignisse wie der 1. Schultag anstehen, wäre es besser, bis danach zu warten.) Was würde meinem

Kind Halt geben? Manche Aussagen können Kinder verwirren, daher sollte der Fokus nicht nur auf den Gründen der Trennung liegen, sondern auch darauf, wie es ab jetzt weitergeht. Was bleibt auch danach gleich? Was verbindet uns weiterhin? Was versteht mein Kind unter Ehe/Familie? Wie sehen die nächsten Schritte aus? Im Gespräch ist darauf zu achten, dass Emotionen Raum und Zeit gegeben und kindliche Fragen ehrlich und altersentsprechend beantwortet werden.

Aussagen, die von Kindern im Vorschulalter missverstanden werden können:

„Wir lieben uns nicht mehr!"
Das Wort Liebe ist sehr komplex. Die einzige Liebe, die das Kind kennt, ist die bedingungslose Liebe seinen Eltern gegenüber und diese würde es nie aufkündigen. Wird das aber im Trennungsgespräch hervorgehoben, kann die Angst entstehen, dass die Liebe scheinbar an bestimmten Faktoren hängt und ein „Nicht-mehr-Lieben" auch eine Option ist. Den Ausdruck der kindlichen Angst können Eltern an Rückversicherungsfragen „Hast du mich noch lieb?" erkennen.

„Wir streiten uns viel!"
Im Vorschulalter wird dein Kind bereits Streiterfahrung haben, denn sei es in der Kita oder auf dem Spielplatz, streiten gehört dazu. Bisher war aber klar, dass gestritten wird und danach die Versöhnung folgt. Wieso sollte es also bei den Eltern anders sein? Wieso ist bei ihnen die Versöhnung keine Option? Diese unklare Aussage kann je nach Alter und Reifestand des Kindes zu der Aufforderung an die Eltern führen „Wieso sagt ihr nicht einfach Entschuldigung!"

Sätze, die Sicherheit vermitteln

Da die psychischen Bedürfnisse des Kindes in dieser unsicheren Zeit mehr Aufmerksamkeit benötigen als sonst, ist es wichtig, im Gespräch mit deinem Kind Sätze zu benutzen, die dessen Bedürfnisgläser füllen können. Bei sehr zerstrittenen Eltern ist es wichtig, dass das Gespräch entweder von einer neutralen Person geführt oder begleitet wird. Die Eltern müssen die Verantwortung für die Schwierigkeiten auf der Paarebene übernehmen und überlegen, wie sie sich als Paar trennen, aber als Eltern weiterhin zusammenbleiben können.

Darauf sollten Eltern bei einem Trennungsgespräch achten:
Formuliere klare Botschaften, die deinem Kind Sicherheit und Geborgenheit vermitteln. Bei jüngeren Kindern sind in Trennungsgesprächen weniger die Worte oder Erklärungen bedeutend, als die Gefühlsübertragung und das Handeln der Eltern. Bleibe dabei authentisch und ehrlich. Behalte im Hinterkopf, dass sich das Zeit- und Raumgefühl von Kindern erst allmählich entwickelt. Erklärungen, die zeitliche Aspekte beinhalten „Früher haben wir uns geliebt, jetzt nicht mehr!" sind für jüngere Kinder nicht nachvollziehbar. Achte darauf, die neue Lebensform so einfach wie möglich zu erklären, damit die Kinder klar verstehen, was auf sie zukommt. Sinnvoll ist es, immer wieder die eigene innere Haltung zu überprüfen, um nicht in die Kommunikationsfalle zu tappen. Dabei senden Eltern oft widersprüchliche Signale, was beim Kind Verwirrung erzeugt. Eine einfühlsame Kommunikation hingegen kann Mut und Hoffnung vermitteln, die Brücke für den Übergang gemeinsam zu schlagen.

Schuldgefühle abbauen: „Wir haben lange darüber nachgedacht und haben beschlossen, uns zu trennen! Dabei ist es uns wichtig, dass du verstehst, dass nur WIR BEIDE uns trennen, als Eltern bleiben wir ein Leben lang – also für immer – *deine* Eltern, so wie wir es jetzt auch sind! Es ist *unser* Entschluss und hat mit dir nichts zu tun!"

Gefühle respektieren und begleiten: „Ich sehe, dass du ... (Gefühl benennen) bist, und das Gefühl ist völlig berechtigt (validieren). Können wir etwas für dich tun, damit du dich besser fühlst?"

Bedingungslose Liebe für das Kind: „Wir sind beide glücklich dich zu haben, dich werden wir immer lieben, so wie wir es bisher getan haben!“

Selbstoffenbarung: „Natürlich bin ich gerade auch traurig, das hast du vermutlich gespürt.“

Veränderungen: „Wir haben dir erklärt, dass Papa/Mama ausziehen wird. Schau mal (ein Blatt Papier nehmen, die eigene Wohnung sowie die neue einzeichnen) hier wird Papa/Mama bald wohnen, das ist ganz in der Nähe von ...! Dort bekommst du auch ein Zimmer. Lass uns darüber nachdenken, was du von hier mitnehmen könntest? Wie soll dein neues Zimmer aussehen?“

Sexualerziehung

Wenn du dich fragst, ab welchem Alter du mit deinem Kind über Sexualität sprechen kannst, stelle ich eine Gegenfrage: „Ab wann fängst du an, deinem Kind die Farben beizubringen?“ Die Farben werden automatisch schon in den Bilderbüchern für die Allerkleinsten angesprochen, die Namen der Geschlechtsteile nicht. Genauso fragen viele Eltern ihre Kinder: „Wo sind deine Ohren? Zeig mir mal deine Nase?“ Unsicherheit und Scham kann Eltern verkrampfen und stressen. Wenn wir über Sexualerziehung sprechen, soll nicht an einen trockenen Vortrag gedacht werden, eher z. B. an eine altersgemäße Benennung der Geschlechtsteile, Körperhygiene, Körpergefühle, körperliche Rollenspiele (z. B. Doktorspiele in der Kita), Selbstbestimmung, Wissen über Fortpflanzung und Schwangerschaft u.v.m. Hierbei ist es wichtig, sich an der kindlichen Neugier zu orientieren und sich an das Tempo des Kindes anzupassen.

Wenn ein Kind auf die Welt kommt, könnten Eltern dazu verleitet werden, verniedlichende oder absurde Ausdrücke wie z. B. Mumu, Muschi, Muschel, Perle, Schmuckkästchen, Schniedelwutz, Pullermann, Feuerwehrschlauch und ja, sogar Gisela zu verwenden, statt ganz einfach Vulva und Penis zu sagen. Alle Körperteile und Organe werden beim Namen genannt, nur die im Intimbereich nicht („Das da unten"). Doch wenn wir nicht das richtige Vokabular benutzen, können wir die Geschlechtsteile und alles, was damit zusammenhängt, tabuisieren. Je entspannter wir damit umgehen, den Kindern sachliche Informationen darüber zu geben, desto leichter fällt es ihnen auch, Unangenehmes auszusprechen, wie zum Beispiel: „Papa, im Kindergarten wurde ich von Sonja angefasst, das war kein schönes Gefühl." Aufklärung bedeutet Schutz!

DIR FEHLEN DIE WORTE

Ist das Thema Sexualität bei dir allzu schambesetzt? Hast du deinem Kind gegenüber Hemmungen und weißt nicht, was du sagen sollst? Überlege kurz, woran das liegen könnte.

- Wurdest du aufgeklärt?
- Was stellst du dir unter Sexualerziehung vor?
- Welche Ängste, Scham oder andere Gefühle stehen dir im Weg?
- Welche Vorteile hättest du, wenn du darüber (in deinem Tempo bzw. dem deines Kindes) sprechen würdest?
- Würdest du lieber selbst deinem Kind Informationen liefern oder würdest du das lieber Institutionen wie z. B. Kita oder Schule überlassen?

Kindliche Sexualität

Wenn wir über kindliche Sexualität sprechen, geht es um die spielerische, explorative und unbefangene Entdeckung des eigenen Körpers. Also darum, dass Kinder die eigene Neugierde stillen möchten. Es geht aber auch um spannende Körpergefühle, um Verliebtheit, darum, eigene Grenzen wahrzunehmen und zu kommunizieren u.v.m. Das alles sollte aber nicht mit Erwachsenensexualität verwechselt werden (körperliche Berührungen wie z. B. Küssen, Berühren, Kuscheln, Geschlechtsverkehr mit dem Ziel Orgasmus). Viele Eltern, die an sexuelle Aufklärung oder an die Beantwortung der kindlichen Fragen denken, gehen von ihrer Erwachsenensicht aus. Daher ist meine Empfehlung, das Thema aus der kindlichen Perspektive anzugehen.

Schon kleine Säuglinge wollen ihren Körper erforschen und wahrnehmen. Sie entdecken schon sehr früh, dass ihre eigenen Berührungen oder die ihrer Bezugspersonen zu angenehmen Gefühlen führen können. Je älter sie sind, desto bewusster können sie solche angenehmen Körpergefühle selbst erzeugen. Dabei ist es wichtig, dass Eltern diese wichtige Entdeckung nicht unterbinden oder gar bestrafen.

Wenn Kinder ihre eigenen Geschlechtsteile berühren, kannst du das tun/sagen:
Statt „Hör auf damit, das ist eklig." könntest du lieber so reagieren:
„Ich sehe, dass du deinen Körper entdecken und berühren möchtest. Du kannst das gerne in deinem Zimmer tun."

Überlegt gemeinsam:
- Welche Berührungen sich gut und welche unangenehm anfühlen
- Wer das Kind wo und wie berühren bzw. anfassen darf
- Wie Körpergrenzen kommuniziert werden können (z. B. gegenüber Gleichaltrigen, Verwandten, anderen Erwachsenen)
- Wo der eigene Körper ungestört erkundet werden darf und wo nicht (z. B. in der Öffentlichkeit)

Damit ermöglichst du deinem Kind eine altersgerechte und geschützte Entdeckung der eigenen Körpergefühle. Gleichzeitig vermittelst du dabei Schamgrenzen, damit es Rücksicht auf andere sowie auf sich selbst nehmen kann. Dein Kind bekommt dadurch seinen eigenen intimen Ort und versteht, dass es seinen Körper liebhaben kann. So stärken Kinder ihr Körperbewusstsein.

Kinder sind sexuelle Wesen, von Anfang an. Sie sind physisch zum Orgasmus fähig, und, wie oben erklärt, können sie auch während der sexuellen Entwicklung die Erfahrung machen, dass sich das Kribbeln beim Berühren super anfühlt (Sexualtherapeut*innen beschreiben es als kindliche Masturbation oder Selbstbefriedigung). Wenn du dein Kind beim Erforschen siehst, ist es wichtig, dich von den Gedanken der Erwachsenensexualität zu distanzieren. Kinder wenden sich bewusst ihrem Körper zu und erleben angenehme Gefühle, daran ist nichts verwerflich und es gehört zu einer gesunden Entwicklung dazu.

Das Kind wächst, erkennt langsam sein eigenes Geschlecht und nimmt die Unterschiede zwischen Mädchen und Jungen wahr. „Ich habe einen Penis und mein Papa auch“, sind dann gängige Sätze. Es übernimmt Verhaltensweisen erwachsener Rollenmodelle und Gleichaltriger. Kinder beobachten vor allem in der Kita die sozialen „Codes“, die untereinander kommuniziert werden. Dabei kann es interessant werden, über die körperlichen, gesellschaftlichen und sozialen Unterschiede zwischen Menschen zu sprechen. Das Interesse daran, wie Tante Luzie ihr Kind bekommen hat, wächst. Die Fragen, die dein Kind ab jetzt stellt, werden dir verdeutlichen, worüber es gerne sprechen möchte. Solche Momente sind ideal, um kindgerechte und ehrliche Antworten zu geben, ggf. auch Bilderbücher heranzuholen.

In der Kita-Zeit werden Eltern auch mit dem Thema „Doktorspiele“ konfrontiert. Kinder betrachten dabei spielerisch (nie zielgerichtet), welche biologischen Unterschiede (andere Kinder sehen anders aus) es gibt, wie sich Berührungen und Annäherungen von anderen Kindern anfühlen. Daher ist es sinnvoll, mit Kindern über Selbstbestimmung zu sprechen.

Ich entscheide, was ich mag oder nicht

Statt „Du wirst so etwas nie wieder spielen." probiere es lieber so, wenn du mit deinem Kind über das Doktorspielen sprichst:

„Ich finde es interessant, was du im Kindergarten erlebt hast. Wie hast du dich dabei gefühlt? Was findest du angenehm/unangenehm? Wann würdest du denn Nein sagen? Wie kannst du Grenzen setzen? Wem könntest du dich anvertrauen, wenn du mal unangenehme Gefühle spüren würdest?"

Durch Alltagserlebnisse können Kinder den Umgang mit angenehmen und unangenehmen Gefühlen lernen. Wenn dein Kind solche Spiele nicht möchte, solltest du es ermutigen, sich ganz klar zu äußern. „Stopp, das möchte ich nicht!" Es sollte lernen, selbst Grenzen zu setzen und Nein zu sagen. Dein Kind wird dir solche Erlebnisse erzählen, wenn es weiß, dass du ein offenes Ohr dafür hast.

Unterstütze die Selbstbestimmung deines Kindes

Wenn Tante Sulwe sagt: „Umarme mich jetzt zum Abschied!", dein Kind aber einen Schritt zurücktritt und abwinkt, vermeide nach Möglichkeit Formulierungen wie:

„Umarme Tante Sulwe, sonst wird sie traurig."

Du solltest dein Kind folgendermaßen unterstützen: „Amari möchte lieber winken, daher sollten wir das respektieren."

Ein solcher Vertrauensbeweis und die Erkenntnis, über den eigenen Körper selbst bestimmen zu dürfen, lassen sensible Antennen für grenzüberschreitendes Verhalten entstehen. Spürt dein Kind, dass etwas nicht in Ordnung ist oder werden seine Grenzen missachtet, wird es sich nicht scheuen, sich für seine Grenzen einzusetzen oder es dir zu erzählen.

Prävention

Auch wenn Eltern es nicht immer wahrhaben wollen, und es für sie schmerzhaft ist, sich mit dieser Thematik auseinandersetzen zu müssen, ist es wichtig, über sexuelle Übergriffe und Präventionsmaßnahmen nachzudenken. Täter und Täterinnen sind meist aus dem nahen sozialen Umfeld der Kinder und Jugendlichen. Und Missbrauch findet größtenteils auch dort statt. Dazu gehören Angehörige, der Freundes- und Bekanntenkreis der Familie oder auch Mitarbeitende in Bildungs-, Sport- und Freizeiteinrichtungen. In den meisten Fällen erleiden Kinder und Jugendliche sexuelle Gewalt in ihrer Kernfamilie.

Schütze dein Kind

Statt „Du gehst nicht mit Fremden mit!" kannst du dein Kind als Vorbereitung auf das Thema fragen, wie es bei drohender Gefahr oder einem Unfall reagieren würde:

„Was würdest du machen, wenn es im Nachbarhaus brennen würde? Genau richtig, die Feuerwehr rufen. Was solltest du aber auch noch tun? Ja, gleichzeitig musst du es einem Erwachsenen erzählen, am besten mir."

„Wie ist es, wenn du mit einem Erwachsenen oder älteren Jugendlichen sprichst, dir das ein ungutes Gefühl macht oder dir nicht gefällt, was er sagt oder tut? Was würdest du dann tun? Und was würdest du sagen, wenn diese Person sagt, dass es euer Geheimnis ist?"

In diesem Zusammenhang sollten Kinder die Unterscheidung zwischen Geheimnissen, Überraschungen und Privatsphäre kennen.

1. **Geheimnisse** sind langfristig und zielen darauf ab, jemanden vor Ärger zu schützen. Geheimnisse sollte kein Kind haben. Daher sollten Geheimnisse immer weitergesagt werden dürfen.
2. **Überraschungen** haben ein festes Enddatum und sind mit Spaß und Freude verbunden wie zum Beispiel einer Überraschungsparty. Überraschungen sind das Einzige, was das Kind für sich behalten darf. Sie gelten daher als „sicher".

3. **Privatsphäre** darf jedes Kind haben, es ist ein Grundrecht. Dazu gehört zum Beispiel, wenn das Kind über seine persönlichen Gefühle oder Gedanken berichtet und möchte, dass es nicht weitererzählt wird.

Auch wenn häufig in Elternratgebern über die Unterscheidung zwischen guten und schlechten Geheimnissen berichtet wird, ist die Unterteilung in Geheimnisse, Überraschungen und Privatsphäre eindeutiger, und deshalb sinnvoller. So wissen Kinder ganz genau, dass sie jedes Geheimnis ihren Bezugspersonen sagen müssen.

Das Bewusstsein für sichere und unsichere Berührungen
Vermeide im Zusammenhang mit Berührungen Bewertungen wie „Es gibt gute und schlechte Berührungen."

Auch wenn Medien nur die brutalen Fälle darstellen, können Grenzüberschreitungen oder Missbrauch auch bei alltäglichen Dingen passieren. Wird dem Kind die Unterscheidung zwischen guten und schlechten Berührungen beigebracht, kann es bei schlechten Berührungen und der Offenbarung darüber leichter in einen moralischen Konflikt geraten.

„Es gibt sichere, aber auch unangenehme/schmerzhafte, geheime Berührungen."

Die Berührungen sollten explizit besprochen und konkretisiert werden. Erkläre deinem Kind, dass es sichere (z. B. wenn Mama mich streichelt) oder unangenehme/schmerzhafte (etwa wenn mich mein Freund schubst) aber auch geheime Berührungen gibt (z. B. wenn Menschen sagen, dass man das niemandem erzählen darf). Frage es, ob es solche Arten von Berührungen kennt. Bei geheimen Berührungen könntest du dann hinzufügen: „Es gibt Menschen die Kinder am Penis oder an der Vulva berühren und streicheln wollen und dabei sagen, dass Kinder das nicht weitererzählen dürfen. Das stimmt nicht. Geheime oder unsichere Berührungen dürfen immer weitererzählt werden."

Sichere und unsichere Erwachsene

Statt „Das würde xx nie tun." zu sagen, erkläre deinem Kind, dass es sichere und unsichere Menschen gibt. So kannst du deinem Kind den Unterschied erklären:

Ein sicherer Mensch ...

- kann dir Hilfe holen, wenn jemand in Gefahr oder verletzt ist oder sich unsicher fühlt.
- würde dich nie darum bitten, ein Geheimnis zu bewahren.
- gibt dir ein gutes Gefühl.
- kann eine Vertrauensperson für dich sein, mit der du leicht über schwierige Themen sprichst.
- sollte dich immer beschützen können.

Ein unsicherer Mensch ...

- würde dich bitten ein Geheimnis zu bewahren.
- würde versuchen, Zeit allein mit dir zu verbringen.
- würde sagen, dass einzig und allein nur du ihm/ihr helfen kannst und es sich um eine Notfallsituation handelt. In Notfällen sollten aber Erwachsene und keine Kinder um Hilfe gebeten werden.
- würde behaupten, dass nur er/sie dich verstehen kann.
- würde dir Geschenke hinter dem Rücken deiner Eltern machen oder etwas im Gegenzug verlangen.
- würde dir gemischte Gefühle bereiten.

Wenn das Kind dir dann einen „unsicheren Menschen oder Ort" nennt, sollte diese Aussage ernst genommen werden. Kindern zu helfen, sichere Erwachsene/Menschen in ihrem Leben zu erkennen, kann dazu beitragen, sie vor Missbrauch zu schützen.

Für Eltern ist es nicht immer leicht, die eigene Scham oder Angst zu überwinden, um über manche Themen zu sprechen. Die meisten Bezugspersonen befürchten, ihr Kind damit zu ängstigen. Damit dein Kind Situationen einschätzen kann, braucht es Informationen und eine offene Kommunikation, Vertrauen und Sicherheit. Solche Gespräche vermitteln deinem Kind, dass es auf sein Gespür vertrauen kann und seine Worte gehört werden. Werden Präventionsprinzipien im Alltag gelebt, wird das Selbstvertrauen deines Kindes wachsen.

Sensible Themen

Terror, Krieg, Leid, Armut, Naturkatastrophen, Diskriminierung, Rassismus, das sind alles Themen, mit denen dein Kind in Kontakt kommen wird. Auch wenn du es instinktiv vor solchen Themen schützen willst, ist es die elterliche Verantwortung, sich damit auseinanderzusetzen. Dabei sind Kinder auf einfache verständliche Worte angewiesen. Sie brauchen ihre Eltern, die im geschützten Rahmen, in einfachen Worten und wohldosiert sensible Themen verständlich machen. Bevor ihr in eurem Alltag davon überrascht werdet und nicht wisst, wie ihr mit dieser Situation zurechtkommen sollt, stärke dein Kind mit altersgerechten Informationen. Dabei ist es wichtig, sich selbst erst einmal mit diesen Themen auseinanderzusetzen. Eine Möglichkeit besteht zum Beispiel darin, Kinderbücher zu diesen Themen zu kaufen, diese ins Bücherregal zu stellen, und wenn das Kind Interesse zeigt, darüber zu sprechen. Auch wohldosierte Kindernachrichten (z. B. Kika Logo) können Kinder aufklären. Außerdem können auch Beratungsstellen aufgesucht werden, die kindgerechte Aufklärung anbieten.

Wie du sensible Themen in Kindersprache übersetzen kannst, erkläre ich dir im Folgenden.

Rassismus

Es ist wichtig, dass unsere Kinder ein Bewusstsein dafür entwickeln, wann Rassismus „wirkt“ oder wie von Rassismus betroffene Menschen sich fühlen und wie sich Kinder für sich selbst und andere solidarisch einsetzen können. Es gibt verschiedene Gründe und Intensitäten, warum Menschen Rassismus erfahren, z. B. aufgrund ihrer Hautfarbe, Religion oder der geografischen Herkunft. Beispiele hierfür sind Anti-Schwarzer Rassismus, Anti-Asiatischer Rassismus, Antisemitismus, Anti-Muslimischer Rassismus, Rassismus gegen Sinti und Roma. Kinder sollten verstehen, dass es früher Menschen gab, die sich für etwas Besseres hielten und andere Menschen ausgebeutet haben. Dass es aber auch heute noch rassistische Handlungen gibt, die unfair sind und andere Menschen verletzen. Aus diesem Grund ist es auch sinnvoll, mit Kindern Äußerungen oder Situationen zum Beispiel in Büchern durchzugehen, die rassistisch dargestellt sind. Das Einfühlen in andere Perspektiven, das kritische Reflektieren und das Gespräch darüber können die solidarische Haltung deines Kindes fördern. Wie auch bei allen anderen Themen ist das Vorleben das A und O für Kinder. Diversität sollte in eurem Alltag kein Fremdwort sein. Beachte dabei, dass dein Kind eine Ahnung von Gerechtigkeit und Fairness bekommt.

Gegen Rassismus positionieren

Statt „Natürlich kannst du dich als Indianer (ich werde es hier einmalig ausschreiben und folglich als I-Wort verwenden) verkleiden.“ erkläre es deinem Kind lieber so:

„Das I-Wort und das Kostüm gibt es gar nicht. Es gibt Menschen, die in Amerika leben und *Natives* oder *Indigene* genannt werden. Ihre Kleidung ist besonders und für jede besonders vollbrachte Tat bekommen sie Federn. Dies ist aber keine Verkleidung, auch wenn manche Läden so etwas verkaufen. Was würdest du denken, wenn Menschen sich als DICH verkleiden würden und dann an Fasching sagen, ich bin als xx verkleidet? Was denkst du, wie sich Kinder fühlen würden, wenn du ihre traditionelle Kleidung anziehen würdest?“

Krieg

Je nach Alter und Entwicklungsstand werden Kinder über dieses Thema Fragen stellen. Diese sollten dann mit altersgerechten Informationen beantwortet werden. Eltern mit eigenen Fluchterfahrungen können auch panisch auf solche Fragen reagieren. Deshalb hilft es, dabei im Hier und Jetzt zu bleiben, um eine Gefühlsübertragung zu vermeiden. Natürlich können betroffene Eltern ihrem Kind ehrlich rückmelden, dass es ihnen schwerfällt über dieses Thema zu sprechen, weil sie selbst in der Vergangenheit flüchten mussten. Da die Bewältigungsmöglichkeiten des Kindes bis zur Pubertät begrenzt sind, sollten die Informationen wohldosiert gegeben werden. Bemerken Eltern selbst Wissenslücken über den Krieg, sollten sie das offen zugeben und gemeinsam mit dem Kind nach Antworten suchen. Dabei ist es wichtig, nicht zu weit auszuholen und auch keine Informationen zu geben, die Kinder überfordern. Kindgerechte Medienangebote wie zum Beispiel Kindernachrichten geben hilfreiche Informationen weiter und können die Wissenslücken deines Kindes schließen. Nachrichten sollten im besten Fall nachmittags konsumiert und von den Eltern begleitet werden, damit sie bei Bedarf im Verlauf des Tages noch verarbeitet werden können.

Das Thema Krieg kannst du folgendermaßen begleiten:
Statt „Es betrifft uns nicht, du brauchst dir keine Sorgen machen.“ zu sagen, kannst du das Thema Krieg mit deinem Kind altersgerecht besprechen:

Vorschulkinder
„Stell dir vor, zwei Menschen streiten sich um etwas, wie könnten die beiden einen Kompromiss finden? Wäre es gut, sich anzuschreien? Wäre es gut, sich zu schubsen? Was wäre deine Idee? Länder, die im Krieg sind, kommen nicht auf eine vernünftige und friedvolle Lösung, so wie du.“

Oder, wenn ein großes Land ein kleines Land angreift: „Stell dir vor, es gibt einen Jungen im Kindergarten, der immer bestimmen möchte und dann richtig wütend wird, wenn andere das nicht wollen. Er möchte keinen Kompromiss und droht anderen Kindern. Wenn er dann so richtig wütend wird, schubst und schlägt er und verletzt sie sogar. Obwohl er merkt, dass es niemandem gefällt, und alle anderen sauer und traurig werden, möchte es seinen Willen durchsetzen und gewinnen. Durch Gewalt verliert er aber alle seine Freunde."

Grundschulkinder

- Frage dein Kind, was es unter dem Wort Krieg versteht.
- „Was hast du bisher darüber gehört oder gesehen?"
- „Welche Bilder fallen dir ein?"
- „Kriege entstehen, wenn zwei oder mehrere Länder nicht dieselbe Meinung teilen. Wenn ein Land dann mächtiger ist, versucht es durch Gewalt zu bestimmen, dass das andere Land seine Meinung aufgibt. Wenn sie sich dann streiten, fallen nicht nur fiese Worte, sie fangen dann auch an, sich mit Waffen zu verletzen. Länder schicken dann ihre Soldat*innen in den Krieg. Dabei wollen sie ihre Macht zeigen und gegen die anderen gewinnen. Menschen, die in solchen Ländern wohnen, müssen dann oft in andere „sichere" Länder fliehen und das ist sehr belastend für sie, weil sie ihr eigenes Land verlassen müssen."

Die Antworten auf die Fragen oben verraten dir, auf welchem Wissensstand dein Kind aktuell ist. Daran kannst du dann deine Erklärung anknüpfen. Wichtig ist es, Hoffnung zu vermitteln, dass Kriege immer ein Ende haben. Aber auch, dass jede/jeder Einzelne etwas tun kann, wie z. B. als Erwachsene auf Demonstrationen zu gehen. Und dass auch Kinder ihre Meinung dazu äußern können, indem sie Friedensbriefe schreiben, eine Kerze für die Menschen im Kriegsgebiet anzünden oder Friedenssteine bemalen.

WEITERFÜHRENDE INFORMATIONEN

Wenn du merkst, dass du dich in einzelne Kapitel vertiefen möchtest und gleichzeitig eine/n Ansprechpartner*in benötigst, um deine offenen Fragen zu klären, wäre es hilfreich über Unterstützungsmaßnahmen wie Familien-/Eltern-/Erziehungsberatung nachzudenken. Bereitet dir etwas zwischen dir und deinem Kind Sorgen, und du merkst, dass es dir dabei nicht gut geht, du zunehmend besorgter wirst oder die Belastungen schon länger anhalten, wäre die Abklärung bei einer/m Fachärztin/Facharzt oder einer/m Psychotherapeut*in sinnvoll.

Interviewpartner*innen und Menschen, die zum Gelingen dieses Buches beigetragen haben

Euch allen herzlichen Dank für eure Beiträge:

Inke Hummel; Instagram: inkehummel, sAchtsam Hummel;
  Webseite: https://inkehummel.de/

Dr. Daniela Galashan; Instagram: liebeundhirn;
  Webseite: https://liebeundhirn.de/

Dr. rer. nat. Ann-Katrin Bockmann
  Buch: Sachse, S., Bockmann, AK., Buschmann, A. (Hrsg.): Lehrbuch Spracherwerb und Sprachentwicklungsstörungen. Springer

Dr. Anastasia Pyanova; Instagram: ein_bisschen_rational;
  Webseite: https://anastasia-pyanova.de/

Buch: Rittenau, N., Pyanova, A. & Wiedmann, C. Vegan von Anfang an: Optimal versorgt: Schwangerschaft, Stillzeit, Beikost, Kindesalter. Becker Joest Volk Verlag

Stefanie Dellmann; Instagram: steffi.dellmann

Caroline Bechmann; Instagram: liebevoll.aufwachsen
  Webseite: www.liebevollaufwachsen.de

Buch: Bechmann C., Reimer D.: Ich kann schon schlafen! humboldt

Carina Kittelberger; Instagram: sprecherei;
Webseite: https://www.sprecherei.at/
Patricia Pomnitz; Instagram: sprachgold;
Webseite: https://www.sprachgold-online.de/
Armin Kaser (Computerspiel-Sucht);
Webseite: www.dr-armin-kaser.com/computerspiel-sucht

Und besonders möchte ich mich bei meiner Freundin und Erstleserin Esragül Güzeldal für ihre Impulse und ihre Geduld mit mir bedanken: Instagram: esraguelschoenast, weisewortwahl.de,
Webseite: weisewortwahl.de

Empfehlungen für Kinder

Ein gutes Gefühl. Gefühlstagebuch für Kinder. Gefühle verstehen. Achtsamkeit lernen. Tagebuch schreiben. Ein guter Verlag.

Michel, W., Buschkamp, u. a.: Die kleine Eule Luna – und wie sie lernte, mit ihrer Trennungsangst umzugehen (Psychologische Kinderbücher). Hogrefe AG 2018

Hesse, F. (2021). Asa und Mucks: Freundschaft mit der Angst: Praktische Übungen für Kinder und Eltern. Fabienne Hesse.

Eder, S.: Annikas andere Welt – Hilfe für Kinder psychisch kranker Eltern. Edition Riedenburg 2013

Südbeck, A.: Papa Panda ist krank – Ein Bilderbuch für Kinder mit depressivem Elternteil. Mabuse-Verlag 2016

Spannende Experimente für Kinder findest du auf dieser Seite: https://www.vci-nord.de/bildung/kindergarten

Literaturempfehlungen

Informationen zum Thema Late Talker:

Fragebogen mit einer Wörterliste für die U7: https://www.ph-heidelberg.de/fileadmin/wp/wp-sachse/SBE-2-KT/SBE-2-KT.pdf

Broschüre: Late Talker – Informationen für Eltern und andere Interessierte: https://www.zel-heidelberg.de/upload/Eltern/Broschueren/Elterninformation_Late_Talker_ZEL_Buschmann.pdf

Heidelberger Elterntraining:
http://www.heidelberger-elterntraining.de/

Largo, R. H.: Babyjahre: Entwicklung und Erziehung in den ersten vier Jahren Piper 2019

Spitzer, M. & Herschkowitz, N.: Wie Kinder denken lernen: Die kognitive Entwicklung vom 1. bis zum 12. Lebensjahr. mvg Verlag. 2019

Renz-Polster, H.: Kinder verstehen. Born to be wild: Wie die Evolution unsere Kinder prägt. Kösel-Verlag 2022

Largo, R. H.: Kinderjahre: Die Individualität des Kindes als erzieherische Herausforderung | Erziehungsratgeber für individuelle kindliche Entwicklung. Piper. 2021

Juul, J.: Leitwölfe sein: Liebevolle Führung in der Familie. Beltz. 2016

Dweck, C. & Neubauer, J.: Selbstbild: Wie unser Denken Erfolge oder Niederlagen bewirkt. Piper Taschenbuch. 2017

Retz, E. & Bongertz, C. S.: Wild Child: Entwicklung verstehen, Kleinkinder gelassen erziehen, Konflikte liebevoll lösen | Der Erziehungsratgeber zu Attachment Parenting. Piper 2021

Schmidt, N.: Geschwister als Team: Ideen für eine starke Familie. Kösel 2018

Graf, D. & Seide, K.: Das gewünschteste Wunschkind aller Zeiten treibt mich in den Wahnsinn: Gelassen durch die Jahre 5 bis 10. Beltz 2018

Imlau, N.: Freundschaft: Wie Kinder sie erleben und Eltern sie stärken können. Beltz 2014

Schroeter-Rupieper, M.: Für immer anders: Das Hausbuch für Familien in Zeiten der Trauer und des Abschieds. Patmos 2020

Reeker-Lange, C., u. a.: Handbuch der Progressiven Muskelentspannung für Kinder. Klett-Cotta 2018

Koch, C. (2019). Trennungskinder: Wie Eltern und ihre Kinder nach Trennung und Scheidung wieder glücklich werden (1. Aufl.). Patmos Verlag.

Largo, R. H. & Czernin, M.: Glückliche Scheidungskinder: Was Kinder nach der Trennung brauchen. Piper 2015

Hummel, I.: Mein wunderbares schüchternes Kind: Mut machen, Selbstvertrauen stärken, liebevoll begleiten. Humboldt 2021

Doef, S. V. D. & Kiefer, V.: Kleine Menschen–große Gefühle: Die sexuelle Entwicklung von Kindern (0–12 Jahre) Beltz 2015

Müller, C., Siegl, S. & Gruhl, V.: Sex ist wie Brokkoli, nur anders – Ein Aufklärungsbuch für die ganze Familie. EMF Verlag 2020

Fajembola, O. & Nimindé-Dundadengar, T.: Gib mir mal die Hautfarbe – Mit Kindern über Rassismus sprechen. Beltz 2021

Reznick, C. & Bischoff, U.: Innere Starkmacher: Wie Kinder Stress und Angst in Freude und Selbstvertrauen verwandeln. Kösel 2013

Pantley, E.: Fremdeln–Klammern–Trennungsangst: So helfen Sie Ihrem Kind liebevoll beim Loslassen. TAS 2016

von Thun, S. F. (2010). Miteinander reden 1: Störungen und Klärungen: Allgemeine Psychologie der Kommunikation (48. Aufl.). Rowohlt Taschenbuch.

Rosenberg, M. B. & Holler, I.: Gewaltfreie Kommunikation: Eine Sprache des Lebens. Junfermann Verlag. 2016

Chapman, G., Campbell, R. & Rothkirch, I.: Die 5 Sprachen der Liebe für Kinder: Wie Kinder Liebe ausdrücken und empfangen. Francke-Buch 2014

Faber J., King J.: Wie Sie sprechen sollten, damit Ihr Kind Sie versteht. Ein Überlebenshandbuch für Eltern mit Kindern von 2–7 Jahren, Koerner Medien UG 2020

Hilgers, B. V. & Ellneby, Y.: Die Kunst, mit Kindern zu reden. Lambertus 2012

Siegel, D., Bryson, T. & Kauschke, M.: Achtsame Kommunikation mit Kindern: Zwölf revolutionäre Strategien aus der Hirnforschung für die gesunde Entwicklung Ihres Kindes. Arbor 2013

Leser und Leserinnen, die sich noch tiefergehender über die im Buch angesprochenen Themen informieren wollen, finden auf meiner Webseite: www.hilalvirit.de eine **ausführliche Literaturliste** dazu.

Kinder wachsen – Eltern wachsen mit

- So finden Eltern ihren eigenen souveränen Erziehungsstil und schaffen die Basis für eine vertrauensvolle Eltern-Kind-Bindung
- Für alle, die sich im Familienalltag weniger stressen und dennoch ihre Kinder gut erziehen wollen

Stand 2022. Änderungen vorbehalten.

Ulla Nedebock

Wie wir die Eltern werden, die wir sein wollen

192 Seiten, Softcover
14,5 x 21,5 cm
ISBN 978-3-8426-1653-0
€ 19,99 (D) / € 20,60 (A)

Der Ratgeber ist auch als eBook erhältlich.

humboldt
...bringt es auf den Punkt.

Bindungsorientiert durch die Trotzphase

- Der zeitgemäße Eltern-Ratgeber für die Trotzphase
- Mit konkreten Handlungstipps, Formulierungshilfen und „Feel goods“ für Eltern – so funktioniert der bindungsorientierte Erziehungsstil auch im Familienalltag

Stand 2022. Änderungen vorbehalten.

Barbara Weber-Eisenmann, Lisa Wurzbach

Liebevoll durch die Trotzphase

248 Seiten, Softcover
14,5 x 21,5 cm
ISBN 978-3-8426-1681-3
€ 20,00 (D) / € 20,60 (A)

Der Ratgeber ist auch als eBook erhältlich.

humboldt
... bringt es auf den Punkt.

Bibliografische Information der Deutschen Nationalbibliothek
Die Deutsche Nationalbibliothek verzeichnet diese Publikation in der Deutschen Nationalbibliografie; detaillierte bibliografische Daten sind im Internet über https://dnb.de abrufbar.

ISBN 978-3-8426-1690-5 (Print)
ISBN 978-3-8426-1691-2 (PDF)
ISBN 978-3-8426-1692-9 (EPUB)

Originalausgabe

Die Ratgebermarke der Schlütersche Fachmedien GmbH
Hans-Böckler-Allee 7, 30173 Hannover
www.humboldt.de
www.schluetersche.de

Du hast Anmerkungen zu diesem Ratgeber? Dann freuen wir uns über eine Nachricht von dir: lektorat@humboldt.de.

Lektorat: Susanne Straub, Stuttgart
Korrektorat: Miriam Buchmann, Hannover
Covergestaltung: ZERO, München
Covermotiv: Shutterstock / Tory Levi
Abbildungen: stock.adobe.com / topvectors: 105, 110, 140, 167
Satz und Illustrationen: PER MEDIEN & MARKETING GmbH, Braunschweig
Druck und Bindung: gutenberg beuys feindruckerei GmbH, Langenhagen